BASTEI LÜBBE

*Über dieses Buch*

Von außen betrachtet scheint für den gut aussehenden, jungen Schauspieler alles bestens zu laufen: Seine erste Fernsehrolle in der TV-Soap *Unter uns* machte ihn zum Publikumsliebling, und nun kann er einer viel versprechenden Karriere entgegensehen. Dennoch, in seinem Innern tun sich schon bald tiefe Abgründe auf: Liebeskummer, Ängste und Einsamkeit trüben die Freude am Erfolg. Als sich dann auch noch der beste Freund und engste Vertraute das Leben nimmt, bricht für Stephen eine Welt zusammen. Der Gedanke an Selbstmord ist auch ihm plötzlich nicht mehr fremd. Doch er gibt nicht auf. Mit enormer Kraft und Lebenswillen gründet er das *dky*-Projekt *don't kill ya'self!,* mit dem er anderen suizidgefährdeten jungen Menschen helfen möchte.

*Über den Autor*

Stephen Dürr, geboren 1974 in Hamburg, ist einem breiten TV-Publikum vor allem bekannt aus den Serien *Unter uns, St. Angela* und *In aller Freundschaft*. 2001 gründete er das Internetportal www.dky.de des *dky*-Projekts, ein wichtiges Beratungs- und Informationsforum für selbstmordgefährdete Jugendliche.

# Stephen Dürr

# Zurück im Leben



BASTEI
LÜBBE

BASTEI LÜBBE TASCHENBUCH
Band 61556

1. Auflage: Oktober 2004

Zum Schutz der Rechte sämtlicher Personen
wurden Namen, Orte und Details verändert.

Bastei Lübbe Taschenbücher ist ein Imprint
der Verlagsgruppe Lübbe

Originalausgabe

Titelbild: Willi Klingebiel, © Stephen Dürr
Umschlaggestaltung: Bianca Sebastian
Satz: Textverarbeitung Garbe, Köln
Druck und Verarbeitung: Ebner & Spiegel, Ulm
Printed in Germany
ISBN 3-404-61556-5

*Wenn deine Liebe sich dem Ende neigt,*
*bedeutet es nicht das Ende deiner Lebenszeit!*

*Stephen Dürr*

# INHALT

Intro ........ 9

1. 3,4 Promille ........ 11
2. Die (erste) große Liebe ........ 16
3. Wolke sieben ........ 28
4. Erfolg macht einsam, oder wo viel Licht ist, ist auch viel Schatten ........ 35
5. Angst um meine Mutter ........ 44
6. Mit einem Schlag befreien ........ 59
7. Unheimliche Visionen und heimliche Hoffnungen ........ 72
8. Allein ........ 84
9. Gebrochenes Herz ........ 94
10. Suche nach Bestätigung ........ 100
11. D.K.Y. – *don't kill ya'self!* ........ 118
12. Ein letzter Versuch ........ 129
13. Hoffnung L.A. ........ 150
14. Musterung ........ 177
15. Wille zur Veränderung ........ 198
16. Der 17. Februar 1999 ........ 217
17. Zurück im Leben ........ 230
18. Die zweite große Liebe ........ 238
19. Lebenswert ........ 266

Anhang
Ein Wort zum Schluss – von Pater Maurus Dörpinghaus ........ 269

DKNY vs. D.K.Y. oder die juristische Karriere des *dky-projects* ........ 280

Adressen ........ 285

# INTRO

Hallo. Bitte erlaube mir zu Beginn, dir mein Du anzubieten. Gleichzeitig möchte ich auch dich duzen. Je mehr du von diesem Buch liest, desto mehr erhältst du Einblick in meine Gefühlswelt. Manches ist ziemlich intim, und so weit lasse ich eigentlich nur gute Freunde an mich heran. Deshalb lade ich dich, zumindest für die Dauer dieses Buches, herzlich in meinen Freundeskreis ein.

Das hier ist mein erstes Buch, und darin erzähle ich von meinen Erfahrungen, die ich in meinem noch jungen Leben gemacht habe, Erfahrungen, die ich vorher nur aus Filmen oder von Songtexten kannte. Wie also anfangen? Vielleicht schreibe ich einfach mal drauf los …

Bis ich zweiundzwanzig war, strotzte ich vor Selbstbewusstsein – mir konnte nichts passieren! Doch ich wurde eines Besseren belehrt: der Neid von Kollegen, Liebeskummer, die Trauer um einen verlorenen Freund, Schuldgefühle und Selbstzweifel quälten mich, raubten mir den Schlaf. Bald konnte ich mit neuen Erfahrungen und Ereignissen nicht mehr rational umgehen.

Ich wurde extrem verletzlich und angreifbar und reagierte zunehmend auch symptomatisch: Drei Jahre lang versuchte ich, ohne Erfolg, gegen die Schmerzen in meinem Körper anzukämpfen.

Ich fühlte mich eingesperrt in mir selbst und bewegte mich gedanklich eigentlich nur noch im Kreis. Es lief alles auf diesen einen Tag hinaus …

# KAPITEL 1

## 3,4 Promille

Am 17. Februar 1999 hätte ich mein Leben beinahe verloren. Das ist der Tag, mit dem ich nun beginnen möchte – er führt unweigerlich zu meinem großen Wunsch nach Liebe und Geborgenheit, zu den negativen Gefühlen, die so stark wurden, dass sie mich zur Flucht vor mir selbst zwangen, und zu der wachsenden Sehnsucht nach Ruhe und Frieden und dem alles überragenden Gedanken, dem Ganzen ein Ende zu bereiten.

Dieser Tag veränderte mein Leben. Er stand am Ende eines allmählichen Absturzes, war Wendepunkt und Anfang. Als ich am 18. Februar 1999 meine Augen öffnete und ich mich scheinbar in gewohnter Umgebung wähnte, war der Geruch der Luft, die ich einatmete, jedoch ein anderer …

Das Erste, was ich verspürte, war, dass meine Blase kurz vor der Explosion stand. Praktischerweise hing links am Bett von mir eine Flasche, die für solche Fälle gedacht war. Im ersten Moment freute ich mich richtig darüber, dass ich gemütlich pinkeln konnte, ohne aufstehen zu müssen. Mir war nämlich überhaupt nicht danach, meinen Körper in die Senkrechte zu bringen, und ich hatte zudem das Gefühl, mich in Kürze übergeben zu müssen. Ich griff also zur Flasche und ließ einfach laufen. Toll! Im Liegen erledigen, was sonst im Stehen gemacht wird. Eine total neue Erfahrung für mich.

Als ich mich aufrichten wollte, um die Flasche wieder abzusetzen, merkte ich, dass ich nicht weit kam. Die Bewegungsfreiheit meiner Arme war ziemlich eingeschränkt.

Ich ging nun dem Widerstand an meinen Armen nach. Ich erblickte mehrere Kanülen, in denen Schläuche steckten. Ich hing am Tropf!

Kurz darauf war ich schon wieder eingepennt.

Als ich das nächste Mal aufwachte, war ich mir sicher, dass ich in einem Krankenhausbett des ITS-Set, der Intensivstation im Studio der Krankenhausserie *In aller Freundschaft*, lag.

Aber bitte, wo waren die Kameras, und was zum Teufel sollte ich sagen? Wie peinlich! Große Szene und den Text nicht parat. Das Licht sah sehr klinisch aus, kalt und ungemütlich, aber das wollte ich den Beleuchtern nicht sagen, denn die sind da immer sehr eigen, und dann heißt es bestimmt gleich, ich solle mich lieber um meinen Text kümmern, anstatt mich fürs Licht zu interessieren.

Sollen die doch machen …

Aber irgendetwas stimmte hier nicht. Ich inspizierte die Umgebung vom Bett aus und musste mich richtig anstrengen, jedes Detail einzuordnen. Nur allmählich wurde mir klar, dass ich tatsächlich am Tropf hing und an einer Maschine angeschlossen war. Auf dem Oberkörper verteilt klebten verkabelte Buttons, die meine Herzfrequenz an die Maschine übermittelten und für den fortwährenden Piepton verantwortlich waren, den ich erst jetzt deutlich wahrnahm.

Ich musterte mich und stellte fest, dass ich splitternackt auf dem Bett lag. Irgendwo am linken Schienbein sah ich etwas Grünes, das wie eine Decke aussah.

Plötzlich ging die Tür auf und ein junger Typ in Grün kam herein. Ich glaube, es war ein Zivi.

Ich zeigte auf den Tropf und fragte, warum mir all diese verschiedenen Flüssigkeiten verabreicht werden. Er erwiderte, dass ich so viel Flüssigkeit verloren hätte, dass sie den Verlust sämtlicher Mineralien ausgleichen und diese intravenös zuführen müssten.

Ich werde ihn mit großen fragenden Augen angesehen haben, denn er erklärte mir, dass ich unentwegt gekotzt hätte, sie mir aber trotzdem noch den Magen hätten auspumpen müssen. Dann nahm er den Urinbehälter und verschwand.

Sobald die Tür ins Schloss gefallen war, war ich mir nicht mehr sicher, ob der Zivi tatsächlich da gewesen war oder ob ich das nur geträumt hatte. Mir wurde kalt, und ich zog die Decke über meinen Körper.

Das nächste Mal, als ich aufwachte, stand Oliver Vogel an meinem Bett. Oliver Vogel ist der Produzent der Serie *In aller Freundschaft*, in der ich seit Sommer '98 in der Rolle des Vladi Nemetz mitspielte. Oliver trug einen OP-Kittel und sah mich traurig an.

Zuerst glaubte ich, dass ich nun Ärger bekommen würde, weil ich absolut keine Ahnung hatte, wie mein Text lauten sollte. Aber dann fiel mir wieder ein, dass ich ja auf einer echten Intensivstation lag und nicht im Studio. Oliver fragte, wie es mir ginge, und ich fragte, was ich hier mache.

»Du hast einen über den Durst getrunken.«

»Ach, ne«, entgegnete ich verwundert mit einem Versuch, meine Lippen zu einem Lächeln zu formen.

Der Zivi kam wieder herein und teilte mir mit, dass ich das Zimmer räumen müsse, denn sie würden das Bett benötigen.

Oliver hatte Klamotten für mich dabei.

Der Zivi befreite mich von den Kanülen, den Schläuchen und den Nadeln in meinen Armen und half mir, mich aufzurichten. Ich musste erst mal noch einen Moment lang sitzen bleiben, weil sich plötzlich alles um mich herum drehte, dann zog ich mich langsam mit Hilfe von Oliver und dem Zivi an.

Kurz bevor wir fertig waren, ging mit großem Schwung die Tür auf, und eine Ärztin brauste herein. Sie sagte nicht Hallo oder stellte sich vor, sondern machte mich gleich an und schimpfte: »Herr Dürr, Sie wurden heute Nacht mit einer Alkoholintoxikation bei uns eingeliefert. Sie befanden sich bis zwei Uhr morgens in einem lebensbedrohlichen Zustand, hatten mehrmals einen Atemstillstand und wären beinahe wegen Ihrer Sauforgie draufgegangen. Dies hier ist eine Intensivstation, und dieses Bett ist für schwer verletzte Patienten vorgesehen und nicht für Alkoholiker. Eine Nacht in diesem Bett kostet 1 600 Mark (umgerechnet etwa 800 Euro). Ich bitte Sie jetzt, schnellstmöglich die Intensivstation zu verlassen.«

Ich wusste nicht genau, was die Ärztin von mir wollte und bat Oliver, ihr doch meine Kreditkarte zu geben, damit sie die Kosten abrechnen könne. Teures Bett, da gibt es bessere Hotels.

Beim Hinausgehen grummelte die Ärztin, dass ich mit 3,4 Promille auch hätte tot sein können … »Und dann noch frech werden!«

Moment, was hatte sie da gesagt: 3,4 Promille? Ich verlor abermals das Bewusstsein. Oliver fing mich auf und legte mich wieder aufs Bett.

Nach einer Weile kam ich wieder zu mir.

Was zum Teufel war hier los? Ich sah Oliver fragend an, dessen besorgter Blick irritierte mich aber nur noch mehr.

Dann betrachtete ich abermals die Apparaturen in Bettnähe. In der Rolle als Vladi Nemetz hatte ich mich nach und nach zum Medizinstudenten gemausert. Also eigentlich hätte ich mich mit den technischen Geräten um mich herum gut auskennen müssen. Aber als Schauspieler tut man häufig eben nur so, als hätte man ein bestimmtes Fachwissen. Das stammt in Wahrheit größtenteils aus den Drehbüchern.

Ich setzte mich auf den Bettrand. Wieder drehte sich alles um mich herum. Als der Schwindel nachließ, stand ich auf. Oliver stützte mich. Auf dem Weg nach draußen durch den Krankenhausflur versuchte ich mich zu sammeln und die Situation zu erfassen, brabbelte jedoch lediglich unverständliches Zeug, denn Oliver fragte mich unentwegt: »Was hast du gesagt?«

Genervt entgegnete ich, er solle doch richtig zuhören.

Kurz darauf setzten wir uns in den Wagen, und er fuhr mich ins Hotel.

Ich hatte mich also betrunken. Oder besser gesagt, ich hatte mich fast zu Tode gesoffen.

Aber wie kam es dazu?

Bis zu diesem Zeitpunkt hatte noch so gut wie kein Tropfen Alkohol den Weg in meine Blutbahn gefunden. Was war passiert? In meinem Schädel begann es zu arbeiten, Bilder schossen mir durch den Kopf, plötzlich kamen Erinnerungen an Zeiten auf, die schon lange vorbei waren.

Was war passiert?

Ich gehe nun ein paar Jahre in meine Vergangenheit zurück, um die Entwicklung meiner Psyche und meines Lebens darzustellen.

# KAPITEL 2

## Die (erste) große Liebe

Als ich neunzehn war, wohnte ich noch bei meiner Mutter, in einer Wohnung im Osten von Hamburg. Meine Mutter und ich verstanden uns immer noch sehr gut. Sie war eine gute Freundin und nicht so konservativ wie die Eltern meiner Freunde oder ehemaligen Klassenkameraden. Wir ernteten dafür häufig irritierte Blicke, dabei hatten wir einfach nur jede Menge Spaß miteinander und waren locker drauf.

Ich hatte zwei Jahre zuvor die Höhere Handelsschule abgeschlossen und träumte davon, im Showbiz zu arbeiten. Ich machte verschiedene Praktika und hatte sogar erste Erfahrungen vor der Kamera gesammelt.

Mit Mädchen war bis dahin noch nicht viel gelaufen, und diesen Zustand wollte ich unbedingt ändern. In der Nachbarschaft gab es auch ein Mädchen, mit dem ich's mir vorstellen konnte. Wir waren schön länger befreundet, und sie hatte bereits ein Sexualleben, von dem ich nur träumen konnte.

Dieses Mädchen hieß Caro, es war achtzehn und heimlich mit einem Typen zusammen, der ebenfalls aus der Nachbarschaft kam. Heimlich, weil ihr Vater andere Vorstellungen von einem Mann für seine Tochter hatte. Vor allem, was den Zeitpunkt ihrer Entjungferung betraf.

Caro erzählte mir als ihrem nächsten Vertrauten von ihren Treffen und ging dabei sehr ins Detail.

Ehrlich gesagt, ich hätte am liebsten alles, was sie erzählte, noch einmal nachgespielt, traute mich aber natürlich nicht, so einen Vorschlag zu machen.

Eines Abends landeten Caro und ich in einer angesagten Kneipe in der Sternschanze. Wir setzten uns an den Tresen und quatschten über dies und das und wie immer über Sex. Das war das erste Mal, dass wir beide abends zusammen aus waren.

Ich hatte mir, aufgeheizt von ihren vielen Berichten, vorgenommen, sie höflich davon zu überzeugen, dass wir beide es doch auch mal miteinander versuchen sollten, schließlich wusste ich inzwischen auf den Punkt genau, was ihr gefiel und wie sie es mochte. Ich drehte mich auf dem Barhocker hin und her, um für mein Anliegen noch ein wenig lockerer zu werden und ließ meinen Blick währenddessen durch das Lokal schweifen.

Mitten in einer Drehung stockte ich. Ich wandte mich erst mal nicht mehr zu Caro zurück, sondern hing mit meinem Blick an den Augen eines anderen Mädchens.

Sie stand zwei Stehtische weiter Richtung Ausgang und schaute mich ebenfalls an. Ich sah nur noch diese wunderschönen blauen Augen und das blonde Haar, und alles um mich herum verlor an Wichtigkeit.

Die Intention, meinen Hormonhaushalt ins Gleichgewicht zu bringen, schwand gegenüber dem Wunsch, das fremde Mädchen kennen zu lernen. Ich beobachtete, wie es kurz seine Freundin am Tisch anblickte und dann wieder zu mir herübersah.

Die schöne Fremde begann zu grinsen, was ich mit einem Grinsen meinerseits erwiderte. Dann sah sie weg, und diesmal richtete ich meinen Blick wieder auf Caro, die meinen

Flirt nicht mitbekommen hatte. Wir wechselten ein paar Worte, an die ich mich nicht mehr erinnern kann. Ich hielt die Spannung jedoch nicht lange aus und wandte mich erneut Richtung Stehtisch, um hoffentlich ein weiteres Mal in die Augen des Mädchens schauen zu können. Sie war jedoch in ein Gespräch verwickelt.

Ich war hin und her gerissen. Caro interessierte mich plötzlich überhaupt nicht mehr, aber ich war zu feige, etwas zu unternehmen, um die andere kennen zu lernen. So beließ ich es erst einmal bei dem kleinen Augenflirt, ärgerte mich aber gleichzeitig, dass ich nicht den Mut aufbrachte, aufzustehen und das fremde Mädchen anzusprechen. Kurze Zeit später bezahlte sie und zog ihre Jacke an. Da sagte Caro plötzlich: »Bin gleich wieder da«, und ging Richtung Toilette.

Nun stand ich da, allein, ein Mädchen im Blick, das mir sehr gefiel und das im nächsten Moment durch die Tür verschwinden würde. Allen Ängsten, einen Korb zu bekommen, zum Trotz stand ich auf und ging zu ihr hin.

Wir sagten im gleichen Augenblick »Hallo« und erröteten. Ich fragte sie, warum sie jetzt schon gehen würde, wartete ihre Antwort aber nicht ab, sondern schrieb ihr meine Telefonnummer samt Namen auf einen Bierdeckel. »Wir müssen unbedingt mal telefonieren.«

»So, müssen wir das?«

»Ja.« Mit einem Lächeln bat ich sie, mir ihre Nummer ebenfalls zu geben, was sie auch tat.

Sie schrieb zuerst Anja auf den Bierdeckel, womit sie mir die Frage nach ihrem Namen ersparte. Das Mädchen neben Anja grinste die ganze Zeit nur. Es war keine Freundin, sondern Anjas Schwester, wie sich herausstellte. Dann verließen die beiden die Kneipe.

Ich beobachtete durchs Fenster, dass sie in den Club auf der gegenüberliegenden Straßenseite gingen, und kehrte wieder an den Tresen zurück, an dem die nun doch etwas verstimmte Caro saß. Sie hatte die ganze Nummer beobachtet und schien sich ein wenig vernachlässigt zu fühlen. Jedenfalls musste sie plötzlich nach Hause, sagte aber noch eingeschnappt, dass ich ja noch bleiben könne, wenn ich wolle. Das machte ich, und sie verschwand.

Kurz darauf bin ich rüber in den Club auf der anderen Straßenseite. Doch ich konnte Anja nirgendwo entdecken. Enttäuscht bin ich dann mit dem Nachtbus nach Hause gefahren.

Ich konnte es kaum abwarten, Anja anzurufen. Am liebsten hätte ich schon am nächsten Morgen zum Telefon gegriffen, doch ich wollte nicht gleich mit der Tür ins Haus fallen. Am Abend wählte ich dann ihre Nummer. Viermal musste ich es klingeln lassen, bis sie den Hörer abnahm. Ich sagte ihr offen, dass ich froh sei, ihr begegnet zu sein und erzählte ihr auch kurz von meiner Nachbarin Caro, damit sie wusste, in welcher Beziehung ich zu ihr stand. Plötzlich hörte ich, wie jemand im Hintergrund ihren Namen rief, und sie musste das Gespräch beenden. Wir verabredeten uns für den nächsten Mittwoch gegen achtzehn Uhr in der gleichen Kneipe.

Nach dem Telefonat konnte ich mein Glück kaum fassen und hopste vor Aufregung ein paarmal in die Luft.

Ich war fünfzehn Minuten vor der verabredeten Zeit in der Kneipe, um die Lage zu checken. Ich setzte mich auf einen Hocker, lehnte mich an den Tresen und bestellte eine Apfelsaftschorle. Ich hatte eine Rose dabei, die ich auf zwei Kleiderhaken unter dem Tresen ablegte, damit Anja sie nicht gleich entdecken konnte. Den Eingang im Blick wartete ich ab. Ich wollte sehen, wenn sie die Kneipe betrat, damit ich dann bewusst in eine andere Richtung schauen konnte.

Etwas später kam auch Anja. Doch sie war nicht allein. Sie kamen zu dritt. Zuerst betrat eine Freundin die Kneipe, dann Anja, gefolgt von einer weiteren Freundin. Mein Herz raste, und ich wäre am liebsten wieder abgehauen, so viel Angst hatte ich, mich zu blamieren. Ich schaute dann schnell in eine andere Richtung und wandte meinen Kopf wie zufällig wieder zu den drei Mädchen hin und begrüßte sie so cool wie möglich.

Anja stellte die beiden Mädchen vor. Zuerst dachte ich, dass es ein wenig unfair sei, dass sie in Begleitung zweier Freundinnen kommt, während ich mich der Situation ganz allein stellen musste. Aber die beiden Freundinnen zogen sich dezent zurück, nachdem sie mich mit ihren Blicken gründlich gescannt hatten.

»Na, wie geht's?«

»Gut, und dir?«

»Bin auch gut drauf, danke!«

Das waren unsere ersten Sätze. Dann fragte ich sie, was sie trinken wolle. Sie wusste nicht so recht und ich half ihr bei der Entscheidung. Die Situation eignete sich hervorragend, um mir den Einstieg in unser Kennlerngespräch zu erleichtern – ich konnte ihr so ganz nebenbei von meinen gelegentlichen Jobs in den Sommerferien als Barkeeper erzählen. Ich redete zwar zuerst nur über alkoholfreie Getränke, doch mein Wissen schien ihr zu imponieren. Ich gab deshalb damit an, welche tollen Cocktails ich machen könne; in Wahrheit hatte ich bis dahin nicht ein einziges Mal selbst gemixt. Zum Glück konnte sie es in diesem Moment nicht überprüfen.

Nachdem die Kellnerin, die ihr einen KiBa gebracht hatte, verschwunden war, zauberte ich die Rose hervor und schenkte sie ihr.

Anja wurde knallrot und wirkte plötzlich sehr nervös. Genauso wie ich, aber das überspielte ich. »Erzähl mal von dir«, bat ich sie.

»Okay. Was willst du wissen?«

»Na, was du so machst.«

»Ich geh noch zur Schule. Aber da läuft's gerade nicht so gut. Ich bin in der Zwölf, und eigentlich will ich auch Abi machen, aber ich weiß nicht, ob ich das packe … Und du?«

Ich erzählte ihr von meinen Praktika beim Radio, bei einer Fernsehproduktionsfirma und bei der Werbeagentur, in der ich gerade arbeitete. Dann spielte ich ihr vor, wie ich vor der Kamera bei einem Industriefilm für einen Fensterhersteller einen Azubi hatte mimen dürfen.

Das fand sie lustig, und sie musste lachen.

»Die Fensternummer war meine erste *tragende* Rolle«, scherzte ich. »Ich durfte zwar nichts sagen, aber ich musste unentwegt das Fenster von links nach rechts tragen, um es dann schließlich mit dem echten Meister in die Dachschräge einzubauen.« – Ich machte meine Späße, aber dieser Job hatte mir tatsächlich richtig viel Kohle eingebracht. Mit dem Verdienst konnte ich meinen Führerschein finanzieren und mir ein paar wirklich gute Klamotten leisten. Außerdem meldete ich mich zu einem Fernstudium an, machte einen Bootsführerschein und konnte obendrein auch noch zu Hause etwas von dem Verdienst abgeben.

Anja war in der elften Klasse hängen geblieben. Im Rückblick gab sie ihrer großen Liebe zu Pferden die Schuld am Sitzenbleiben. Sie hing fast täglich in irgendeinem Stall rum und pflegte die Pferde. Selbst geritten ist sie auch, aber nicht regelmäßig. Es reichte ihr voll und ganz, die Tiere zu bürsten, zu schrubben, reitklar zu machen und den Stall auszumisten. »Einmal in der Woche bin ich da immer noch«, sagte sie.

»Ich habe mit elf mal einen Reitkurs gemacht«, warf ich beiläufig ein. Ich war froh, bei diesem Thema mitreden zu können.

Anja wollte auch sogleich mehr über meine Reitkünste wissen.

Kein Problem, wenn sie es unbedingt wissen will … »Meine ersten Stunden hatte ich auf einer alten Dame der Rasse Haflinger. Die hat dann aber irgendwann keinen Bock mehr gehabt, und dann musste ich auf einen dreijährigen Hengst umsatteln, der mich aber irgendwie nicht mochte. Der rannte immer gleich los, wenn ich mich gerade im Sattel niederlassen wollte.«

Anja schien sich bei dieser Vorstellung köstlich zu amüsieren.

»Ich hab das Reiten dann aufgeben. Ist ja auch sauteuer. Außerdem hatte ich auf dem Hengst oft so große Angst, dass ich manchmal zu atmen vergaß. Die Trainerin fand das nicht so lustig. Die hatte ständig Panik, dass ich ohnmächtig vom Pferd kippe. Keine gute Reittechnik!«

Wir hatten richtig Spaß miteinander, und da ich schon mal dabei war, ihr meine Vorlieben und Abneigungen zu gestehen, gab ich auch zu, kein Vorzeigeschüler gewesen zu sein. »Ich hatte schon früh andere Interessen als die Schule …«

»Und die waren?«, fragte Anja mit hochgezogenen Augenbrauen.

»Also, mit elf hab ich angefangen, Zeitungen auszutragen, mit zwölf heuerte ich in einem Imbiss an, der drei Minuten von unserer Wohnung entfernt war. Ich hab fast täglich vom Nachmittag bis in die Nacht hinein gearbeitet. Geschirr gespült, Salatbar und Tsatsiki aufgefüllt, Hähnchen aufgetaut und die darin verbliebenen Innereien rausgezwiebelt … Extrem stressig der Job, und nur zwanzig Mark pro Schicht.« Ich genoss Anjas Aufmerksamkeit. »Ich hab bis zur Elf in dem Imbiss gearbeitet, zum Schluss für zehn Mark die Stunde. Da hab ich aber noch zusätzlich Pommes in die Fritteuse geworfen und die Kunden bedient.«

»Klingt nicht gerade nach einem lauen Job«, meinte Anja mitleidig.

»War's auch nicht. Aber der Job danach, da hatte ich so viel Zeit während der Arbeit, dass ich sogar meine Hausaufgaben zwischendurch erledigen konnte.«

Anja guckte skeptisch.

»Ich hab als Eisverkäufer gearbeitet. Im Hamburger Streit's Filmtheater.« Während ich über meine Jobs als Schüler sprach, merkte ich, wie froh ich war, dass das Kapitel Schule weit hinter mir lag, die Gesamtschule ebenso wie die Höhere Handelsschule im Anschluss. Weil ich Anja imponieren wollte, erzählte ich ihr nun, dass ich der Einzige in der Abschlussklasse gewesen wäre, der sich nicht um einen Ausbildungsplatz beworben hatte. »Ich wollte lieber Praktika machen, um einen Überblick im Medienbiz zu bekommen.«

Anja wusste nicht, was da nun so toll dran war, aber ich fing ja auch gerade erst an zu erzählen … »Durch meine Praktika hab ich jetzt schon 'nen guten Überblick im Medienbiz.«

Toll, toll, meinte ich in Anjas Augen zu erkennen, weshalb ich lieber die Bremse zog. Ich wollte ja nicht angeben. Ich wollte Anja kennen lernen. Also ließ ich sie erzählen.

»Ich bin erst mit sieben eingeschult worden und deswegen mit neunzehn noch in der Zwölf, eigentlich ja sogar in der Dreizehn, wenn ich nicht hängen geblieben wäre …« Plötzlich wirkte sie sehr bedrückt. Dann sagte sie: »Mein Hund ist vor kurzem gestorben, Asko, ein Golden Retriever. Das hat mich völlig aus der Bahn geworfen. Ich habe Asko über alles geliebt.« Anjas Stimme war leise geworden. Sie erzählte, dass sie seitdem am Sinn des Lebens zweifle und dass sie sogar darüber nachgedacht habe, sich deswegen das Leben zu nehmen. Während sie das sagte, schaute sie mir in die Augen, was sie ohnehin die ganze Zeit tat, aber nun noch intensiver. Ich erfuhr, dass ihr Hund ihr engster Vertrauter gewesen war. Ich konnte kaum glauben, wie offen Anja mit mir darüber sprach, schließlich kannten wir uns noch kaum. Aber ich konnte ihre Gefühle auch gut verstehen. Ich hatte selbst einen ähnlichen Verlust in meinem Leben zu überstehen gehabt. Mein Hamster Rocky war nach einem Sturz vom Schreibtisch in meinen Händen verstorben. Damals glaubte ich, dass damit auch mein Leben zu Ende gehen würde. Zwar hatte ich da nicht an den eigenen Tod gedacht, aber ich konnte mir ein weiteres Leben ohne meinen »Hamsti« nicht vorstellen. Als ich ihr erzählte, dass ich Rocky im Garten meines Onkels vergraben hatte – ein paar Wurzeln und Sonnenblumenkerne hatte ich mit ins Grab gelegt, falls er auf seiner Reise in den Himmel Hunger bekommen würde –, schaute Anja mich an, als wollte sie mir sagen, wie lieb sie das von mir fände.

Ich hatte von Beginn an das Gefühl, dass wir auf einer Wellenlänge waren. Schließlich stellten wir noch fest, dass wir sogar das gleiche Sternzeichen hatten: Löwe. Wir hatten einige Gemeinsamkeiten.

Vor lauter Gequatsche hatte ich die beiden Freundinnen in der anderen Ecke der Kneipe total vergessen. Doch die riefen sich von selbst in Anjas Gedächtnis zurück, die in diesem Moment ankündigte, dass sie mit den beiden noch zu einer anderen Freundin wollte und nun gehen müsse.

Mädchen und ihre Freundinnen!

Mitten im Aufbruch blickte Anja ihre Freundin Milena zweimal auffordernd an, woraufhin diese mich dann zu ihrem Geburtstag drei Tage später, am Samstag, einlud.

Ich sagte gleich, dass ich kommen würde, war mir aber nicht sicher, ob ich wirklich den Mut aufbringen würde. Noch mehr neue Leute kennen lernen – und dann ganz allein unterwegs. Das war nicht so mein Ding.

Ich bin dann doch zu der Geburtstagsfeier gefahren. Anja kam gerade mit einem Mädchen die Treppe aus dem Souterrain hoch, als sie mich entdeckte. Sie lief direkt auf mich zu und umarmte mich. Aufgeregt stellte sie mich all den anderen Gästen vor, die alle schon wussten, wer ich war. Anja hatte allen erzählt, dass sie einen Traumtypen kennen gelernt hatte. So musste ich mich nun als Traumtyp ansprechen und begutachten lassen, auch von den anderen Jungs auf der Party. Das war schon ein wenig peinlich.

Als sich die Party dem Ende zuneigte, sind Anja und ich gemeinsam gegangen. Sie wollte mir zeigen, wo sie wohnte, und wir wollten zu ihrem Wagen. Sie holte die Schlüssel aus der Tasche, doch bevor sie auf die Fahrerseite gehen konnte, hielt ich sie fest, schaute ihr in die Augen und küsste sie. Wir umarmten uns und küssten uns zum ersten Mal … Bis wir bemerkten, dass sich am Hauseingang die anderen Partygäste versammelt hatten, die zu ihren Autos wollten, uns aber nicht stören mochten. Hatten sie aber längst. Wir stiegen dann in den Wagen und fuhren zu ihr.

Es blieb dabei, dass sie mir zeigte, wo und wie sie wohnte. An Sex dachten wir überhaupt nicht, wir waren viel zu aufgeregt und scheu.

Einen Tag später war ich dann wieder bei ihr und wieder einen Tag später wieder und so weiter.

Nach ungefähr drei Wochen machten wir es uns bei ihr abends dann mal richtig gemütlich. Wir hatten inzwischen so viel Vertrauen zueinander gefasst, dass wir miteinander schlafen wollten. Wir hatten für den Abend keine Vereinbarung getroffen, aber wir wussten beide, dass es in dieser Nacht passieren würde.

Anja verteilte einige Kerzen im Zimmer. Sie war noch Jungfrau, und es war für uns beide ein besonderes Ereignis. Wir ließen alles ganz ruhig angehen, tauschten Zärtlichkeiten aus und schauten uns immer wieder verliebt in die Augen. Wir erlebten ein sehr romantisches und einfühlsames erstes Mal.

Von diesem Abend an waren wir richtig fest zusammen.

Wir waren sehr verliebt und wir stärkten uns gegenseitig. Vor allem Anja, die eher schüchtern war und ihre Wünsche und Ansprüche oft zurückhielt, gewann in dieser Zeit an Selbstvertrauen. Sie war für ihre Hilfsbereitschaft bekannt, wurde aber nicht selten ausgenutzt. Nun lernte sie, auch mal Nein zu sagen und an sich zu denken.

Anja wollte Architektur studieren. Doch da die Aussicht auf ein entsprechendes Abizeugnis nicht bestand, gab es die Frage zu klären, ob sie überhaupt die dreizehnte Jahrgangsstufe besuchen oder ob sie sich mit der Fachhochschulreife begnügen sollte.

Wir wägten dieses Thema gemeinsam ab, und sie entschied, nach der Zwölf abzugehen.

Sicherlich hatte ich Einfluss auf diese Entscheidung, ich selbst bereute es nicht, meine Schullaufbahn mit der Fachhochschulreife beendet zu haben. Heute denke ich, wenn ich Anja damals bestärkt hätte, Abitur zu machen, sie hätte es geschafft.

Etwa drei Monate später entpuppte sich die Entscheidung gegen Anjas Abi für uns jedoch als sehr gut, denn dadurch hatten wir die Freiheit, gemeinsam nach Köln zu ziehen.

# KAPITEL 3

## Wolke sieben

Anja und ich waren uns sehr nah und einfach glücklich, und dieses Glück wollten wir halten, gleichgültig, wie es beruflich für uns weiterging. Die Beziehung stand schon nach kurzer Zeit an erster Stelle.

Das war auch noch so, als ich erfolgreich bei einem Casting in Hamburg und in Berlin mitgemacht hatte: Ich konnte es selbst kaum glauben, aber ich erhielt tatsächlich das Angebot, eine Hauptrolle, die Rolle des Till Weigel, in der RTL-Serie *Unter uns* zu spielen.

Anjas Angst, dass unsere Beziehung auseinander gehen könnte, setzte ich den Vorschlag entgegen, zusammen nach Köln zu ziehen. Anja zögerte nicht eine Sekunde. Wir waren uns sicher, dass unsere Beziehung bereits sehr an Reife gewonnen hatte und dass wir uns in eine fremde Stadt trauen und zusammen einen Haushalt meistern konnten.

Außerdem hatte uns die Erfahrung, eine Extremsituation gemeinsam bewältigt zu haben, zusammengeschweißt: Als wir einmal miteinander geschlafen hatten, war das Kondom gerissen, was wir aber erst hinterher bemerkt hatten. Da Anja noch nicht die Pille nahm, geriet sie in Panik und gab mir im ersten Moment die Schuld an dem Dilemma. Wahrscheinlich regte sie sich auch deshalb so auf, weil es Sonntag war und weder ein Arzt noch eine Apotheke geöffnet hatten. Also bin ich mit ihr in ein Krankenhaus gefahren, um uns die »Pille danach« geben zu lassen. Schlucken musste sie den Hammer allein, aber ich wich keine Sekunde von ihrer Seite. Auch nicht die Stunden danach, in denen sie sehr mit den Nebenwirkungen zu kämpfen hatte. Nach diesem Erlebnis fühlten wir uns beide verantwortlich und mehr noch verbunden. Gefühlsmäßig machten wir nach dieser Nacht einen Quantensprung an Vertrauen und Nähe.

Bevor wir nach Köln zogen, musste ich Anja versprechen, dass sich dadurch an unserer Beziehung nichts ändern würde. Das tat ich: Ich konnte mir damals auch gar nicht vorstellen, dass etwas unser Glück und unser Verliebtsein trüben könnte. Ich war mir sicher, wir würden in Köln wie in Hamburg auf Wolke sieben weitermachen. Zu diesem Zeitpunkt hatte ich allerdings noch keinerlei Erfahrungen mit dem Alltag eines Serienschauspielers im Fernsehgeschäft.

Ich hatte alle Hände voll zu tun und arbeitete mich in meine Rolle ein. So vieles war neu, was ich erlebte; ich musste mich an die Aufnahmen im Studio und die vielen Kollegen vor und hinter den Kameras erst mal gewöhnen. Ich war auf alles neugierig und wollte nichts falsch machen.

Anja und ich wohnten zunächst in einer von der Produktionsfirma zur Verfügung gestellten Einzimmerwohnung, die fünf Minuten vom Kölner Hauptbahnhof entfernt lag, direkt neben einer Eisenbahnbrücke. Die Nächte waren daher alles andere als romantisch, denn bei jedem durchfahrenden Zug wackelten der Schrank und das Bett. Das nervte uns so sehr, dass wir bereits nach drei Monaten dort auszogen.

Wir hatten uns nun genau das Gegenteil von der ersten Wohnung gesucht und sind so in einem Zweifamilienhaus in Liblar gelandet. Das liegt etwa zwanzig Kilometer außerhalb von Köln, völlig ländlich, umgeben von Feldern und Wäldern. Extremer konnte der Unterschied nicht sein. Die neue Wohnung – möbliert, achtzig Quadratmeter groß mit großem Südbalkon und Gartennutzung – war mit der Bahn fünfundzwanzig Minuten von den Studios entfernt, sodass ich gut zur Arbeit kam.

Anja und ich genossen die Ruhe der Wohngegend und die Nähe des Waldes. Für dieses Idyll mussten wir 1 450 Mark zahlen. Das war verdammt viel Geld. Doch als Seriendarsteller konnte ich es mir leisten. Zudem gaben Anjas Eltern ihrer Tochter in der ersten Zeit auch noch ein Taschengeld von 700 Mark, und so konnten wir gemeinsam alle Kosten abdecken.

Wir fühlten uns in unserem neuen Domizil wohl. Hier konnten wir spazieren gehen, auf dem Balkon frühstücken und noch viele andere Dinge tun, die einer jungen Liebe zu romantischen Momenten verhelfen – wenn wir denn die Zeit für solche schönen Momente fanden. *Unter uns* spannte mich nämlich voll ein.

Im ersten halben Jahr drehten wir fast täglich zwölf bis vierzehn Stunden. Wenn ich dann nach Hause kam, war ich meist derart k.o., dass ich nach der Abenddusche gleich ins Bett bin, wo ich meist aber noch den Text für den Folgetag lernen musste. Kurzum: Für ausreichende Kommunikation und Zärtlichkeit zwischen Anja und mir blieb nicht viel Zeit übrig. Die wenigen Minuten vor dem Einschlafen erzählte ich von meinen Erlebnissen am Set und auf dem Studiogelände. Die vielen neuen Leute, interessante und zum Teil ungewöhnliche Typen, das grelle Scheinwerferlicht, alles kam mir zunächst vor wie in einem Traum – jeder Tag war spannend für mich. Danach schlief ich dann meist recht schnell ein.

Für Anja war es zuerst völlig in Ordnung, dass ich wenig Zeit für sie hatte und mit meinen Gedanken meist bei der Arbeit war. Sie freute sich für mich und nahm, so weit es ging, an meinem Job Anteil.

Sie selbst konnte am Abend jedoch nicht allzu viel Aufregendes berichten, denn sie war ja die meiste Zeit allein in unserer Wohnung und höchstens mal zum Einkaufen draußen gewesen. Anja steckte voll zurück, und wir beschränkten unsere gemeinsamen Unternehmungen auf die Wochenenden. Das lief mehrere Monate so, und wir beide hofften, dass sich der Zustand bald entspannen und normalisieren würde und dass ich wenigstens hin und wieder früher nach Hause kommen würde.

Nach einem guten halben Jahr hatte sich dann endlich für alle an der Serie Beteiligten ein angenehmerer Produktionsrhythmus eingestellt, und ich ging nun wie jeder andere Arbeitnehmer morgens zur Arbeit und kam abends relativ pünktlich nach Hause.

Es war also wieder Zeit für unsere Liebe da. Dachten wir zumindest.

Doch es kam mal wieder anders.

Plötzlich schlug die Sendung ein wie eine Bombe, und wir Schauspieler wurden zu Stars, die sich neben der Schauspielerei nun auch um ihre PR, die Fanpost und Ähnliches zu kümmern hatten.

Wer darunter litt, war Anja. Wieder war ich fast ausschließlich für die Produktion unterwegs. Selbst wenn ich zu Hause war, ging es fast nur um *Unter uns*. Ich ging voll in meinem Job auf, und ohne es zu wollen, rutschte Anja auf meiner Prioritätenliste von Platz eins auf Platz zwei. Ich behauptete zwar immer das Gegenteil, aber im Nachhinein muss ich zugeben, dass mir meine Arbeit unendlich viel bedeutete. Ich wollte das Leben vor der Kamera auskosten, auch alle damit einhergehenden Vorzüge und Verpflichtungen.

Dieser Umstand führte dazu, dass auch die Wochenenden zunehmend von PR-Terminen in Beschlag genommen wurden. Doch ich hatte nicht nur wenig Zeit für Anja, ich verschwieg auf Wunsch der Produktionsleitung, dass es sie überhaupt gab. Eine Freundin könnte die Hoffnungen weiblicher Zuschauer enttäuschen, hieß es. Das fand ich zuerst unglaublich, doch nachdem ich es mit Anja besprochen hatte, hielten wir uns daran. Anfangs war das für Anja auch in Ordnung. Schon bald aber konnte sie nicht mehr verbergen, dass sie unzufrieden war, und das machte sie mir auch unmissverständlich klar. Sie begann, der Serie die Schuld dafür zu geben, dass unser Glück Risse bekam. Die Stimmung zu Hause war oft getrübt.

Anja hatte aber auch Grund sauer zu sein. Ich war derart von der Serienarbeit gefangen, dass ich mich oft, wenn ich nach Hause kam, als Erstes vor die Glotze setzte, um *Unter uns* zu gucken, weil ich sehen wollte, was wir da fabrizierten. Den Gesamteindruck einer Serie bekommt man beim Dreh nicht wirklich mit. Doch es wäre falsch, wenn man nun denken würde, ich wäre ungern nach Hause gekommen. Im Gegenteil, Anja war der wichtigste Mensch für mich, zu Hause bei ihr konnte ich durchatmen.

Anja brachte irgendwann aber kein Verständnis mehr dafür auf, hinter der Serie zurückzustecken. Sie hielt mir vor, dass sie nicht mit mir nach Köln gezogen sei, um nun allein in der Wohnung zu hocken. Sie befand sich in einem Konflikt. Zum einen gönnte sie mir meinen Erfolg und dass ich meinen Traum vom Showbiz realisieren konnte, doch zum anderen war sie es auch, die darunter zu leiden hatte.

Ich sah ein, dass es ihr nicht gut ging und schlug vor, sie in irgendeiner Form in der Produktionsfirma unterzubringen. Aber das wollte sie nicht. Sie wollte mit dem Fernsehgeschäft lieber nichts zu tun haben. Ihr war in der Branche alles viel zu oberflächlich, und im Großen und Ganzen hatte sie damit wahrscheinlich auch Recht. Ich selbst vermisste dort aber nichts, denn ich konnte nach Hause kommen und – wenn ich wollte – die ganze Serienwelt hinter mir lassen. Ich wusste, ich wurde jeden Abend von Anja empfangen. Das verschaffte mir einen sehr wichtigen Ausgleich und hielt mich am Boden. Dass ich dadurch gemeinsame Abende und Partys mit den Kollegen nicht wahrnehmen konnte, hatte mich nicht gestört, zudem hab ich mich seit meinem Erfolg auch nicht mehr so wohl am Set gefühlt.

Ich fand es schade, dass Anja keinen Job bei der Produktion haben wollte, denn so hätten wir uns tagsüber wenigstens zwischendurch mal sehen können – vorausgesetzt, ich hätte wirklich etwas für sie arrangieren können.

Um sich zu beschäftigen, machte sie erst mal einen Schreibmaschinenkurs in Köln. Doch auch der füllte sie nicht wirklich aus. Mein schlechtes Gewissen ihr gegenüber wuchs, denn ich konnte im Gegensatz zu ihr täglich meiner Arbeit nachgehen und hatte immer etwas erlebt. Ihr Leben beschränkte sich aber seit über einem Jahr darauf, den Haushalt zu machen und auf mich zu warten, um mir dann zuzuhören. Sie lebte quasi von Luft und Liebe und mit dem Glauben an ein gemeinsames Leben, das wieder so eng und harmonisch werden würde wie zu Beginn unserer Beziehung.

So, wie es lief, ging es nicht mehr weiter. Anja brauchte etwas Eigenes, einen Beruf. Sie interessierte sich sehr für eine Ausbildung zur Physiotherapeutin und begann, sich nach einem Ausbildungsplatz umzusehen. Ich bestärkte sie. Schließlich bewarb sie sich für ein einmonatiges Praktikum in einer Klinik in unserer Nähe. In dieser Zeit ging es wieder bergauf mit uns, denn sie musste früher als ich zur Arbeit und kam teilweise erst nach mir wieder nach Hause. Sie war nach ihren Arbeitstagen so erschöpft, dass sie genauso wie ich einfach nur noch ins Bett fiel.

Bevor wir einschliefen, erzählte sie mir jeden Abend, was sie am Tag erlebt hatte. Das schaffte einen sehr guten Ausgleich, und sie konnte auch meine Situation besser verstehen. Es war sogar so, dass ich in diesem Monat zufällig ein paar Tage freihatte und nun den Quengelpart übernahm. Ich war tagsüber schon mal zu Hause und musste auf Anjas Rückkehr warten und konnte meine freie Zeit nicht mit ihr zusammen verbringen.

Nach dem Praktikum bewarb sich Anja an einer Privatschule in Kiel. Bis sie erfuhr, dass sie im August 1996 eine Ausbildung beginnen konnte, und bis diese Ausbildung anfing, hatten wir noch so einige Krisen zu bewältigen. Wir liebten uns nach wie vor und sehnten uns nach den verliebten Stunden zurück – doch unsere Wolke sieben war nicht in Sicht. Aber wir hatten den festen Willen, sie wiederzufinden.

# KAPITEL 4

## Erfolg macht einsam, oder wo viel Licht ist, ist auch viel Schatten

Während Anja und ich versuchten, unser gemeinsames Leben um meinen Beruf herum zu gestalten, erlebte ich als Seriendarsteller einige Höhepunkte meiner bisherigen Fernsehkarriere. Ich erhielt in der Rolle des Till Weigel große Anerkennung und genoss es, dass ich bekannt war. Ich dachte überhaupt nicht daran, dass dieser Erfolg zu einem Problem werden könnte. Im Job hätte es mir eigentlich prächtig gehen müssen. Ging es mir aber nicht – zumindest nicht immer. Ich verlor ganz allmählich aber stetig die Lust, bei *Unter uns* zu spielen.

Als ich diese Unlust bemerkte, dachte ich, sie läge zum einen an der Routine, die sich nach fast vierhundert Folgen wohl automatisch einstellt, zum anderen an der Tatsache, dass ich total ausgebrannt war. Denn hinter dem Glamour, der nach außen hin so schön erscheint, verbergen sich harte Arbeit und hohe Ansprüche, die erfüllt werden wollen, die eigenen Ansprüche, die der Regisseure und anderer Vorgesetzter.

Es gab etwas, mit dem ich nicht gerechnet hatte, das alles überschattete: der Neid der Kollegen. Je erfolgreicher ich wurde, je strahlender die Scheinwerfer auf mich fielen, desto distanzierter und missgünstiger wurden meine Kollegen, natürlich nicht alle und nicht von Beginn an in der gleichen Intensität. Es war eher ein schleichender Prozess, den ich zuerst gar nicht wahrnahm.

Am Anfang dieser Entwicklung stand der Erfolg: Die Rolle des Till Weigel war entgegen den Erwartungen des Senders sehr, sehr gut vom Publikum angenommen worden. Meine Rolle war von den Machern anfangs einfach nicht darauf angelegt worden, an vorderster Front Zuschauer zu gewinnen. Man hatte damit gerechnet, dass andere Charaktere der Serie Publikumslieblinge würden. Die Rolle des Till Weigel entsprach aber dem, was die Teenager sehen wollten. Till war frech, charmant und ehrlich bis zum Gehtnichtmehr – abgesehen von ein paar notwendigen Lügen, um ab und zu schneller ans Ziel zu gelangen. Dieser Typ gefiel.

Nach einigen Monaten, die wir auf Sendung waren, besuchte uns die *Bravo* und brachte gleich einen ganzen Sack voller Fanbriefe mit – überwiegend für mich. Dann wurde eine Story mit den Autogrammadressen aller Darsteller veröffentlicht. Von dem Tag an erhielt ich mindestens sechshundert Fanbriefe pro Tag. Es war unfassbar, was damals abging. In dem ganzen Rummel bemerkte ich nicht, dass es Neider gab, die meinen Erfolg nicht gern sahen. Anfangs waren es wohl nur ein, zwei Kollegen, später wurden es mehr.

Das Fanmailing artete regelrecht aus. Deshalb ließ ich mir ein Postfach am Empfang des Studiogeländes einrichten, wo auch die ganzen Produktionsgesellschaften ihre Postfächer hatten. Sonst kamen die Briefe in die Fächer der Schauspieler, die im Büro der Aufnahmeleitung waren. Die waren für meine tägliche Post aber viel zu klein geworden. Das, was ich hundertfach an Anerkennung täglich mit nach Hause nehmen konnte, blieb vielen anderen verwehrt. Einige Kollegen fanden auch mehrere Tage hintereinander überhaupt keinen Brief in ihrem Kasten.

Der Neid der Kollegen wurde wohl dadurch noch geschürt, dass in den Medien überwiegend über meine Person berichtet wurde, wenn es um die Serie ging. Dennoch hatte ich mir zu diesem Zeitpunkt noch keine Sekunde ernsthaft Sorgen gemacht, dass mir der Erfolg in anderer Weise auch schaden könnte. Ich genoss die Bestätigung der Öffentlichkeit. Dabei freute ich mich aber nicht weniger für die Serie als für mich. *Unter uns* kam beim Publikum an, gleichgültig, wer dafür seine Nase hinhalten musste. Davon war ich überzeugt.

Als wir immer erfolgreicher wurden und die Serie nach Senderplanung noch lange Zeit laufen sollte, konzentrierte ich mich verstärkt auf meine Karriere – weiterhin zum Kummer von Anja und auf Kosten meines Privatlebens. Nach außen hin entstand jedoch der Eindruck, mir würde der ganze Erfolg einfach so zufliegen.

Klar, ich hatte auch manchmal das Glück, im richtigen Moment die richtigen Leute zu treffen, aber deshalb verdiente ich mir meinen Erfolg nicht weniger als andere Kollegen durch harte Arbeit und Zurückstecken. Außerdem bin ich der Meinung, Glück wird einem nicht geschenkt, man muss es auch ergreifen und etwas daraus machen.

Ein glückliches Zusammentreffen geschah im Herbst 1995, als ich mit ein paar Kollegen zu Thomas Koschwitz in die *Late-Nite-Show* gegangen bin – das Studio der Koschwitz-Produktion lag keine fünf Minuten von unserem entfernt.

Gast der Sendung war David Faustino, besser bekannt als Bud Bundy aus der Serie *Eine schrecklich nette Familie*. Meine Kollegen und ich saßen im Publikum. Nach der Aufzeichnung gingen wir gemeinsam mit dem Produktionsteam und den Gästen in eine Kneipe nahe beim Studiogelände. Dort lernte ich David kennen, und wir verstanden uns auf Anhieb sehr gut. Er gab mir seine Adresse und Telefonnummer in Los Angeles und lud mich zu sich ein.

Ein paar Wochen später bin ich der Einladung gefolgt und nach L.A. geflogen. Das war mein erster Besuch in den USA, und es war sehr, sehr aufregend für mich.

Zunächst flog ich allein, also ohne Anja, nach L.A.

David holte mich vom Flughafen ab. Wir sind zu ihm nach Hause in seine Wohnung in Hollywood gefahren. Er stellte mich seinen Freunden vor und zeigte mir in den folgenden Tagen L.A. Er nahm mich auch mit ins Studio, und ich konnte mir anschauen, wie *Eine schrecklich nette Familie* produziert wurde. Durch David lernte ich das ganze Cast kennen.

Bei *Unter uns* wurden montags und mittwochvormittags sämtliche Szenen geprobt; die übrigen Tage wurde gedreht. Bei *Eine schrecklich nette Familie* wurde von Montag bis Donnerstag geprobt und am Freitag vor Livepublikum aufgezeichnet – bis ich selbst im Publikum saß, hatte ich angenommen, dass der Applaus in der amerikanischen Serie von einem Band kommen würde.

An den Abenden zogen wir dann meist durch die In-Clubs am Sunset Boulevard. Ich genoss den Aufenthalt und fühlte mich in L.A. vom ersten Tag an wohl.

Nach einer Woche musste David nach Las Vegas, und ich checkte für sieben Tage im Bel-Age-Hotel am Sunset Boulevard ein, da ich noch Urlaub hatte. David handelte für mich einen Preis aus und gab an, ich würde für Sony Entertainment arbeiten. Trotzdem kostete das Zimmer noch satte 135 Dollar, also etwa 135 Euro, die Nacht. Dass um die Ecke Hotels waren, die nur 50 Dollar kosteten, wusste ich zu der Zeit noch nicht. Ich fühlte mich im Bel Age allerdings auch gleich sehr wohl. Ich erinnerte mich, es mal im Fernsehen gesehen zu haben, da es in einer Folge der Serie *Beverly Hills, 90210* mal eine der Hauptlocations gewesen war.

Ich rief Anja an und fragte sie spontan, ob sie nicht nach L.A. kommen wolle. Ich schlug vor, zusammen eine Woche Urlaub zu machen. Anja gefiel die Idee. Sie konnte zusammen mit einem Fotografen fliegen, der ein paar Bilder von mir in L.A. für die Teenie-Presse machen wollte.

An dem Abend, an dem ich in das Hotel eingezogen war, ging ich dann noch auf eine Party, für die mich David auf die Gästeliste hatte setzen lassen. Dort lernte ich einen jungen deutschen Kameramann kennen, der gerade einen Non-Union-Film drehte. Er lud mich für den nächsten Tag an den Set ein, und dort lernte ich wiederum die Produzenten und den Regisseur und Hauptdarsteller Damian Chapa des Films *Kill you twice* kennen. Wie es der Zufall wollte, suchten sie noch einen Schauspieler für eine kleine Nebenrolle. Und da mich der Kameramann als Superhuppaduppa-TV-Soap-Star vorstellte, wurde ich am nächsten Tag eingeladen, den Line Producer Rob bei Warner Brothers in Burbank zu besuchen.

Als Anja in L.A. landete, hatte ich beinahe nur noch den bevorstehenden Dreh im Kopf. Dabei hätte uns ein kleiner Liebesurlaub zu dieser Zeit sicher sehr gut getan, doch wieder mal durchkreuzte meine Arbeit unser Liebesglück.

Extrem aufgeregt fuhr ich mit Anja in einem gemieteten Mustang Cabrio zu Warner Brothers. Der Wachmann an der Schranke wusste, dass ich kommen würde, und wies mir den weiteren Weg. Ich ging in das Bürogebäude und wurde zu Rob geführt. Nun war ich also bei Warner Brothers! *Ich*, Stephen aus Hamburg. – Anja wartete auf dem Parkplatz im Auto.

Obwohl es eher um eine sehr kleine Rolle in dem Film ging, machten die Jungs für mich eine große Nummer daraus. Amerikaner halt! So gab mir Rob das Drehbuch, und ich sollte ein so genanntes *coldreading* machen, also den für mich geplanten Text vorlesen.

Uiuiui. Handelte es sich vielleicht doch um etwas Größeres? – Die befürchtete Hoffnung wurde im nächsten Moment enttäuscht. Mein Text endete nach nur fünf Zeilen, dann sollte der junge Veterinärmediziner, den ich mimen würde, laut Drehbuch umgeknockt werden.

So geschah es am nächsten Tag dann auch. Ein Kamerateam, das die Presseabteilung von RTL organisiert hatte, begleitete mich zu dem Dreh.

Am Rande von L.A., in der Nähe eines Motels auf einer angrenzenden riesigen Pferdekoppel, war der Filmset aufgebaut. Ich sollte mich um ein Pferd kümmern, das Schnupfen hatte oder so … das war nicht so wichtig. Nach einem kleinen improvisierten Wortwechsel mit der Stute kam ein mehrere Zentner schwerer farbiger Muskelprotz mit einem kurzen Gewehr auf mich zu und forderte mich auf, ihm beim Wiederbeleben eines Mannes zu helfen. Das sollte ich ablehnen, denn ich war ja nur ein angehender Tiermediziner. Kaum hatte ich meinen Text aufgesagt, kickte mir der Kollege mit seinem Ellenbogen ins Gesicht, legte mich über seine rechte Schulter und trug mich ins Motel.

Der Typ hatte wohl noch nicht so oft in einem Film gespielt, denn sein Schlag verursachte mir echte Schmerzen. Doch der Regisseur meinte später, dass er nur so den gewünschten Gesichtsausdruck von mir bekommen konnte. – Na ja! – Jedenfalls sah ich in der nächsten Szene plötzlich in zwei Gewehrläufe und war so gezwungen, erste Hilfe zu leisten. Ich sollte weinend und voller Angst versuchen, dem auf dem Boden liegenden Typen wieder zu Bewusstsein zu verhelfen. Kurz bevor ich wegen Versagens erschossen werden sollte, kam der Typ zu sich und im nächsten Moment stürzten Mafiosi ins Zimmer und eröffneten das Feuer. Ich sollte über die Couch hinter einen Kühlschrank springen. Das klappte auch, ich blieb allerdings mit dem Fuß an der Couchlehne hängen und knallte mit dem Kopf gegen den Kühlschrank, hinter den ich mich dann wimmernd verkroch.

Der Take war durch, und der Regisseur lobte meinen Stunt. Ich tat so, als ob alles von mir geplant gewesen sei, und wir kamen zur nächsten Einstellung, in der die meisten Mitwirkenden Tote mimten. Meine Aufgabe war es, über die Leichen zu steigen und die Erschossenen mit den Worten »Ihr Wichser!« und »Ihr Penner!« und »Das habt ihr nun davon, pah!« anzuschreien und aus der Tür herauszurennen.

»*Perfect*!«, riefen mir die Produzenten zu und zogen mich zur Seite. Sie erzählten mir, dass sie gerade ein millionenschweres Filmprojekt starten würden und ich für die Hauptrolle infrage käme. In meinem jugendlichen Leichtsinn, sehr verstärkt durch die magische Umgebung, Hollywood eben, glaubte ich ihnen.

Paul, einer der Produzenten, lud mich schließlich zu sich über Silvester nach L.A. ein. Ich nahm die Einladung an.

Anja kam viel zu kurz. Wir hatten zwar seit ihrer Ankunft hin und wieder Zeit für uns allein gehabt, doch so richtig abschalten konnte ich nicht. Anja war verstimmt. Nach Ablauf der einen Woche sind wir dann zusammen zurückgeflogen. Ich freute mich auf zu Hause und die Arbeit.

In der Zwischenzeit war bei RTL der Bericht über meinen Hollywood-Trip gelaufen, und einige Zeitungen im Kölner Raum hatten über das Millionen-Filmprojekt berichtet, für das man mir eine Hauptrolle angeboten hatte. Die Sache war unglaublich aufgeblasen worden.

Ich selbst stand dem Ganzen mittlerweile eher skeptisch gegenüber und wollte erst mal ganz ruhig abwarten. Mit dieser Einstellung bin ich dann auch wieder an den Set gefahren und wollte mich zurück in die Soap-Welt begeben, musste aber nach einer Weile feststellen, dass sich etwas veränderte.

In den ersten Tagen sprach zwar niemand von der Berichterstattung, aber es stellte sich heraus, dass viele meiner Kollegen den Bericht von RTL gesehen hatten. Außerdem hing im Aufenthaltsraum ein Foto von mir vor dem Hollywood-Schriftzug und dem Artikel, dass ich in den Filmolymp aufsteigen würde. Das fand ich ziemlich hoch gegriffen. Welche Wirkung das alles tatsächlich haben würde, ahnte ich jedoch noch nicht.

Erst als bei RTL behauptet wurde, dass das Foto in der Zeitung eine Montage sei, stutzte ich. Mich wunderte dieser Gedanke, denn warum sollte man ein Foto von sich vor einem bekannten Touristenziel faken? Noch mehr verwunderte es mich, dass ein Typ, der sonst immer supernett zu mir gewesen war, sich nun eher abfällig mir gegenüber äußerte und mir aus dem Weg ging. Ein anderer Kollege, mit dem ich meine Garderobe teilte, sagte vorwurfsvoll, dass er sich zurückgesetzt und klein fühle. Vor meiner Reise waren wir immer sehr freundlich miteinander umgegangen. Ich bin ihm und einigen anderen dann erst mal aus dem Weg gegangen.

Ähnliche Reaktionen häuften sich.

Ich dachte jedes Mal, dass doch noch gar nichts passiert sei und ich doch auch überhaupt nicht in Hollywood drehen würde. Aber allein der Gedanke, eine solche Option könnte sich für mich ergeben, schürte wohl den Neid. – Heute kann ich damit gut umgehen, wenn sich andere mit solchen Gefühlen ihr eigenes Leben schwer machen. Ich weiß dem heute entsprechend stark entgegenzutreten und reagiere einfach nicht darauf! Aber damals verletzte es mich.

Es machte mich zutiefst traurig, dass sich Menschen wegen ungelegter Eier einfach so von mir abwandten. Ich konnte dieses Verhalten nicht begreifen. Warum gönnten sie mir nicht meinen Erfolg? Ich gönnte ihnen ihren doch auch!

Von nun an wurde ich isoliert. Ich spürte die wachsende Ablehnung, unternahm jedoch nichts dagegen, suchte keine Auseinandersetzung, sondern steckte meinen Kummer darüber weg.

Es war Anja, die mir in dieser Zeit Halt gab. Ich freute mich jeden Tag, Feierabend zu haben und zu ihr nach Hause zu kommen. Einerseits half mir unsere Liebe, trotz der vorhandenen Unstimmigkeiten, die schlechte Stimmung am Set erst mal wegzustecken, und andererseits ließ mich der Erfolg die privaten Krisen eine Zeit lang unbeschadet überstehen – doch dann traf meine Familie ein schwerer Schicksalsschlag!

# KAPITEL 5

## Angst um meine Mutter

Gegen Endes des Jahre 1995 klagte meine Mutter immer häufiger über sehr starke Kopfschmerzen, die in kurzen, aber heftigen Schüben auftraten. Meine Mutter war bereits mehrere Male zum Arzt gegangen, der hatte ihr jedoch bloß Aspirin verschrieben, weil er nichts Bestimmtes feststellen konnte. Ich sorgte mich dennoch um sie und schenkte ihr mehr Aufmerksamkeit.

Aber ich hatte weiterhin vor, der Silvestereinladung von Paul nach L.A. zu folgen, und buchte einen Flug. Anja war traurig, dass wir nicht zusammen feiern konnten, und natürlich würde ich sie auch vermissen … Doch ich wollte mir den USA-Aufenthalt nicht nehmen lassen.

Ich versprach Anja, dass wir das nächste Silvesterfest zusammen verbringen würden.

Kurz vor Weihnachten fuhren Anja und ich gemeinsam nach Hamburg und verbrachten die Festtage bei unseren Familien.

Meiner Mutter ging es gar nicht gut, die Kopfschmerzen wurden an Heiligabend sogar so stark, dass ich mit ihr ins Krankenhaus fuhr. Da die Ärzte dort aber nichts Ungewöhnliches feststellen konnten, wurden wir wieder nach Hause geschickt. Doch die Schmerzen wurden immer heftiger, und ich machte mir entsprechend große Sorgen. Ich überlegte, nicht nach L.A. zu fliegen, doch meine Mutter wollte, dass ich Silvester in den USA feiere.

Nach einigem Hin und Her gab ich nach, und meine Mutter brachte mich zum Flughafen.

Als ich schließlich im Flieger nach L.A. saß, ließ mich das Gefühl, etwas falsch gemacht zu haben, nicht los: Hätte ich nicht bei meiner Mutter bleiben müssen?

Auch Anja gegenüber plagte mich das schlechte Gewissen. Warum ließ ich sie kurz vor dem Jahreswechsel allein?

Ich blickte aus dem Fenster und sah zu, wie die Landschaft unter mir immer kleiner wurde, die Maschine gewann stetig an Höhe.

Zwölf Stunden später holte mich Paul am Los Angeles International Airport (LAX) ab, und wir fuhren nach Newport Beach, wo er lebte. Wir sind mit seinem Truck gefahren, der so sehr mit Luxus und Technik vollgestopft war, dass man beinahe glaubte, man sei in irgendeinem Hotelzimmer eines First-Class-Hotels.

Auf dem Grundstück, in das wir einbogen, standen einige Prachtvillen. Die Einfahrt bewachten Security-Männer.

Paul stellte mich seiner Mutter vor, die unweit zweier Palmen, die ein »W« bildeten, das John Wayne huldigen sollte, ein Haus bewohnte. Dort wurde ich einquartiert.

Am Silvesterabend zogen wir durch verschiedene Clubs und landeten schließlich auf irgendeiner Party scheinbar wichtiger Leute, zumindest taten die alle so … Insgesamt war das alles wenig aufregend, und einen 20-Millionen-Dollar-Vertrag hatte ich auch nicht unterzeichnen können.

Der Zeitunterschied machte es möglich, dass ich am frühen Morgen meine Mutter und Anja anrufen konnte. Das gefiel mir: völlig übermüdet von einer Silvesterparty zu kommen und per Telefon einen guten Rutsch ins neue Jahr zu wünschen, während in Deutschland der Höhepunkt der Party noch gar nicht erreicht war.

Die ersten Januartage lernte ich viele verschiedene Menschen kennen, darunter Models, mir nicht bekannte Schauspieler und andere mehr.

Ich rief täglich bei meiner Mutter an, um mich nach ihrem Gesundheitszustand zu erkundigen. Jeden Tag klagte sie über heftige Kopfschmerzen und sagte, dass auch ein weiterer Arztbesuch keine neuen Erkenntnisse gebracht hätte.

Am vierten Januar wählte ich wieder die Nummer meiner Mutter. Das Telefon stand auf dem Nachttisch neben dem riesigen Bett, in dem ich regelrecht versank, weil das Bettzeug und die Matratze so kuschelig waren. Es war in L.A. bereits Mitternacht, als ich in Hamburg anrief. Das Telefon klingelte, aber niemand nahm ab, nicht mal der Anrufbeantworter sprang an, was mich beunruhigte, weil meine Mutter das Gerät, wenn sie das Haus verließ, in der Regel einschaltete. Sie vergaß das eigentlich nie und wäre im Zweifelsfall eher noch einmal zurückgekehrt.

Besorgt rief ich meine Tante an.

Da meine Mutter damals gerade eine Beziehung mit einem Spediteur hatte, beruhigte meine Tante mich. Sie vermutete, meine Mutter sei bestimmt mit ihrem Freund spontan mitgefahren.

Da sie das tatsächlich einmal gemacht hatte und uns erst von irgendeiner Autobahn aus informiert hatte, gab ich mich mit dieser Erklärung erst mal zufrieden.

Etwas später schlief ich dann ein, schreckte jedoch bald durch einen Albtraum wieder auf. Meine Mutter spielte eine tragende Rolle in dem Traum, an den ich mich kurz nach dem Aufwachen aber schon nicht mehr erinnern konnte. Nur ein mulmiges Gefühl blieb.

Ich wählte abermals die Nummer meiner Mutter, und wieder klingelte das Telefon so lange, bis die Leitung automatisch unterbrochen wurde. Inzwischen war es sechs Uhr morgens, in Deutschland einundzwanzig Uhr am Abend. Nun telefonierte ich noch mal mit meiner Tante und zweifelte die Theorie mit der Fernfahrertour an. Ich bat sie, sofort zur Wohnung meiner Mutter zu fahren. Doch meine Tante und mein Onkel versuchten immer noch, mich zu beruhigen, sodass ich Petra, eine Freundin meiner Mutter, benachrichtigte und sie bat, nach meiner Mutter zu gucken.

Petra erzählte mir dann, dass sie sich auch schon Sorgen gemacht hätte, da sie mit meiner Mutter verabredet gewesen wäre, diese aber nicht zu dem Treffen gekommen sei. »Dabei meldet sie sich immer, wenn sie sich verspätet oder absagen muss«, versicherte mir Petra.

Ich wurde zunehmend unruhiger und vereinbarte mit ihr, dass sie zur Wohnung meiner Mutter fahren solle, um nach dem Rechten zu sehen.

Meine Tante informierte ich über die neue Situation.

Endlich unternahm jemand etwas.

Ich döste eine Zeit lang vor mich hin und wartete auf einen Rückruf aus Deutschland. Am liebsten wäre mir gewesen, meine Mutter selbst hätte sich gemeldet. Doch erst mal tat sich nichts. Ich konnte auch niemanden mehr erreichen. Weder Petra, noch meine Tante oder meinen Onkel.

Mittlerweile war der Tag in Newport Beach angebrochen, und Paul hatte mich ins Bel-Age-Hotel in L.A. gefahren. Er musste geschäftlich nach Las Vegas, sodass ich die letzten Tage meines USA-Aufenthaltes im Hotel verbrachte. Von dort aus rief ich erneut bei meiner Mutter an.

Diesmal wurde der Hörer abgenommen. Mein Onkel war am Apparat.

Als ich seine Stimme hörte, wusste ich, dass etwas Schlimmes passiert sein musste. Das Einzige, was ich sagte, war: »Sprich!«

Er berichtete mit gesenkter Stimme, dass Petra zu meiner Mutter gefahren sei, die Tür aber nicht geöffnet worden sei. »Dabei schimmerte Licht durch den Türspion.« Meinem Onkel versagte die Stimme.

»Was ist passiert?«

»Deine Mutter ist auf dem Weg ins Krankenhaus. Sie muss operiert werden.«

Ich wollte nun noch mal im Detail wissen, was geschehen war, und mein Onkel erzählte jetzt, was sich genau abgespielt hatte, bis der Krankenwagen eingetroffen war. »Petra hat die Nachbarn geweckt und ist von deren Balkon aus auf den deiner Mutter geklettert. Im gleichen Moment sind wir eingetroffen und haben von der Feuerwehr die Tür aufbrechen lassen. Im Wohnzimmer, im Flur und im Badezimmer brannte Licht. Deine Mutter lag auf dem Badezimmerboden. Sie blutete aus dem rechten Ohr, aus Nase und Mund. Sie war nicht bei Bewusstsein. Wer weiß, wie lang sie da schon gelegen hat. Die Kerzen auf dem Adventskranz waren jedenfalls schon runtergebrannt. Wir haben natürlich sofort einen Rettungswagen gerufen.«

Ich hörte das alles nur aus weiter Ferne, und das lag nicht an der Verbindung. Mein Onkel wollte nun so schnell wie möglich zum Krankenhaus fahren. Er hatte lediglich noch auf meinen Anruf gewartet.

Ich fühlte mich wie in Trance und saß reglos am Schreibtisch in diesem Luxuszimmer eines Hotels, zehntausend Kilometer von meiner Mutter entfernt. Ich kann gar nicht beschreiben, wie sehr ich mich dafür gehasst habe, gerade in diesem Moment nicht bei ihr zu sein.

Ich selbst hatte auch niemanden, mit dem ich über meine Angst reden konnte. Ich fühlte mich hilflos, einfach nur hilflos, und brach in Tränen aus, kniete auf dem Boden und betete. Ich wollte meine Mutter nicht verlieren.

Nachdem ich mich etwas beruhigt hatte, rief ich Anja an und erzählte ihr, was geschehen war. Wir weinten am Telefon. Sie konnte mir nicht helfen, doch sie sprach mir Mut zu.

Nach dem Gespräch versuchte ich, meinen Rückflug vorzuziehen. Es gab aber bei der Airline, bei der ich gebucht hatte, keine Flüge mehr. Eine große Rückreisewelle hatte gerade begonnen. Ich rief nun bei sämtlichen Airlines an, um doch noch einen Platz nach Hause zu ergattern. Doch außer Wartelisten war nichts zu machen. Auch nicht über den Hotelmanager, den ich um Unterstützung gebeten hatte. Verdammt, ich kam nicht weg!

In meiner Verzweiflung rief ich Paul an und sagte, dass ich so schnell wie möglich abreisen müsse. Er war auf dem Weg nach Las Vegas, machte aber kehrt, um mich abzuholen.

Da klingelte das Telefon. Es war mein Onkel, der aus dem Krankenhaus anrief und mir deutlich mitgenommen erklärte, wie es um meine Mutter stand. Leise und langsam, als würde er weinen, sagte er mir, dass die Überlebenschancen für meine Mutter bei fünfzig Prozent stehen würden.

In diesem Moment war mir, als rammte mir jemand ein Messer ins Herz! Sollte die Frau, die mich zur Welt gebracht und aufzogen hatte, die ich über alles liebte, sterben? Nein, das konnte alles nicht wahr sein.

Ich bat meinen Onkel, mir die Nummer des behandelnden Arztes zu besorgen. Wir beendeten das Gespräch, und ich bekam einen Heulkrampf. Ich hatte noch nie zuvor in meinem Leben solch eine Angst verspürt. Noch nie hatte ich mich so hilflos gefühlt und noch nie hatte ich mich so gehasst. Warum musste ich unbedingt nach L.A. fliegen? Immer wieder stellte ich mir diese Frage und fühlte mich schuldig.

Die Stunden vergingen. Ich hatte auch weiterhin kein Glück bei den Airlines und wollte es nun persönlich am Airport versuchen. Als ich schon die Türklinke in der Hand hatte, klingelte das Telefon. Es war abermals mein Onkel. Er hatte die Nummer des Professors herausgefunden, der meine Mutter operieren würde.

Ich drückte nacheinander die Tasten des Telefons, und mit jeder weiteren Ziffer der Rufnummer bekam ich größere Angst. Angst davor, hören zu müssen, dass meine Mutter nicht überleben würde.

Es klingelte zweimal und der Professor meldete sich. Er war sehr ruhig und seine Stimme klang vertrauenswürdig. In meiner Verzweiflung bot ich ihm 100 000 Mark, wenn er meine Mutter retten würde. Natürlich hatte ich gar nicht so viel Geld. Der Professor bedauerte, dass Geld die Überlebenschancen meiner Mutter nicht erhöhen würde. Er erklärte mir, dass eine Ader im Gehirn meiner Mutter geplatzt sei und somit das Hirn unter Blut gesetzt wurde, in der Fachsprache nennt man die erweiterte Ader »Aneurysma«. »Bete, mein Junge, bete!«, sagte der Arzt. Er erklärte mir dann noch, dass sie den Kopf öffnen müssten, um am Gehirn zu operieren. Die Chancen bei diesem Eingriff würden fünfzig zu fünfzig stehen, und man könnte nur hoffen, dass die richtigen fünfzig Prozent eintreffen würden. »Komplizierte Operationen dieser Art bringen immer ein nicht vorhersehbares Risiko mit sich.« Er beendete das Gespräch und verabschiedete sich mit den Worten: »Wir werden unser Bestes geben.«

Mir war klar, es gab nur die Möglichkeit: Leben oder Tod. Und nichts dazwischen.

Ich war wie gelähmt.

Etwas später traf Paul ein und wir fuhren zum Flughafen. Dort angekommen, sah ich auf die Abflugtafel und musste zu meinem Schrecken feststellen, dass an diesem Tag nur noch eine einzige Maschine Richtung Deutschland flog, bei der zu allem Unglück die Boarding-Zeit bereits abgelaufen war. Trotzdem bin ich zu dem Schalter der Airline gehechtet und erzählte der Stewardess unter Tränen von meiner Not.

Sie wies darauf hin, dass die Maschine komplett ausgebucht und im Übrigen kurz vorm Abflug sei.

Ich blickte sie an und konnte vor Kummer nicht mal mehr ruhig atmen. Dann sah ich zurück zur Anzeigentafel. Doch so sehr ich auf die Tafel starrte, es waren keine weiteren Flüge mehr Richtung Deutschland angezeigt. Ich wandte mich wieder an die Stewardess. Ich wollte, dass sie wusste, was sie mir antun würde, wenn sie mir nicht zu einem Ticket verhalf. Ich nahm sie emotional in die Pflicht.

Sekunden später wurden ihre Augen glasig. Sie sprach leise mit einem Kollegen, dann nickte sie und stellte mir ohne Worte ein Ticket aus. »*Good luck*«, gab sie mir mit auf den Weg.

Paul nahm mich noch kurz in den Arm, dann rannte ich los. Ich ließ mich beim Zoll durchchecken und lief so schnell wie noch nie zuvor in meinem Leben. Eine Stewardess aus dem Flugzeug kam mir entgegen und führte mich, ohne das Ticket zu überprüfen, in die First Class und wies mir einen Platz am Fenster zu. Sie sagte, dass die Kollegin vom Bodenpersonal mit allem Nachdruck darauf bestanden hatte, dass sie nicht ohne mich fliegen sollten. Später auf der Kreditkartenabrechnung sah ich, dass sie mir lediglich einen Economy-Tarif berechnet hatten.

Völlig fertig, immerhin aber etwas gefasster, saß ich im Flieger. Nun dauerte es noch etwa siebzehn Stunden, bis ich in Hamburg sein würde. Es war der schlimmste Flug meines Lebens. Ich konnte weder mit meinem Onkel noch mit dem Arzt telefonieren, ich konnte nur abwarten. An Schlafen oder Essen war nicht zu denken, stattdessen habe ich nur aus dem Fenster geschaut. Ich war über den Wolken. Die Sonne schien rot in mein Gesicht, und ich hoffte, dass nur ich hier oben über den Wolken im Himmel sei und nicht meine Mama. Bitte, bitte nicht!

Die Zwischenlandung in London hätte eigentlich einen Aufenthalt von mindestens vier Stunden bedeutet, doch mir wurde ein Anschlussflug zugeteilt, der nur zwanzig Minuten nach meiner Landung Richtung Hamburg abhob. Ich durfte als Erster das Flugzeug verlassen, und so war der Weg frei. Das Personal der zweiten Maschine wusste ebenfalls Bescheid, und so verlief alles ohne Zeitverlust. Ich weiß bis heute nicht, wie ich all den Leuten danken soll, die das ermöglicht haben.

Ich kam am frühen Abend in Hamburg an. Anja holte mich ab. Wir umarmten uns wortlos und machten uns auf den Weg ins Krankenhaus.

Kurz davor hielten wir an einer Telefonzelle an. Weder Anja noch ich hatten ein Handy dabei. Ich bekam es mit der Angst zu tun. Was wäre, wenn ich ins Krankenhaus käme und meine Familie mit gesenkten Köpfen sprachlos vor mir stände und sie mir wortlos mitteilten, dass ich meine Mutter verloren hätte. Was wäre dann? Ich wollte im Krankenhaus anrufen, um mich vorwarnen zu lassen, um diesem Moment zu entgehen.

Ich ging in die Telefonzelle und nahm den Hörer ab. Doch ich wählte nicht, sondern entschied, mich meinem Schicksal zu stellen. Ich versuchte, den Todesgedanken wegzuschieben und die Hoffnung nicht aufzugeben. Ich wollte um meine Mutter kämpfen. Denn das Gleiche verlangte ich ja auch von ihr, dass sie um ihr Leben kämpfte.

Wir fuhren zur Klinik.

Nachdem wir das Krankenhausgelände und das richtige Gebäude erreicht hatten, erklomm ich schweren Herzens Stufe für Stufe die Treppen, die zur Intensivstation führten. Ich war nicht mehr in der Lage, an irgendetwas zu denken.

Wenig später betrat ich den Flur, in dem meine Tante und mein Onkel standen. Ich bekam gleich einen Besucherkittel und wurde in einen kleinen Raum geführt. Ich ließ mir den Kittel zubinden, legte mir den Mundschutz an und desinfizierte meine Hände. Eine Krankenschwester wies mir den Weg.

Das einfallende Licht vom Flur erhellte uns, als wir durch die Tür schritten, den Weg zu dem Bett, in dem meine Mutter lag. Als die Tür ins Schloss fiel, lag der Raum wie im Dämmerlicht.

In diesem Moment aktivierte ich alle Kraftreserven, die in mir waren. Ich verdrängte die Trauer in meinen Augen und ersetzte sie durch einen lebensbejahenden Blick, der meiner Mutter Kraft und Hoffnung geben sollte.

Ich stand direkt vor meiner bewusstlosen Mutter, die von Schläuchen und Kabeln nur so übersät war. Ihre Haare waren komplett entfernt worden und ihre Haut war gelblich und aufgedunsen. Ich ergriff ihre Hand und sank gleichzeitig auf den Stuhl neben ihrem Bett nieder.

Ich brachte nur »Mama« heraus – so viele Fragen, aber auch Hoffnung lagen darin. Die Herz-Lungen-Maschine piepte, und das Beatmungsgerät machte ebenfalls Geräusche. Mir wurde plötzlich schwarz vor Augen, und ich musste den Raum verlassen. »Ich bin gleich wieder da«, sagte ich und verließ die Intensivstation. Ob sie mich gehört hatte?

Draußen bin ich dann schweigend auf eine Bank gesunken und musste mich erst einmal wieder fassen. Ich wusste, dass ich meiner Mutter Kraft geben konnte, dass ich ihr helfen konnte, dieses Unglück zu überstehen. Aber ich wusste auch, dass der Tod noch im Raum war und noch nicht aufgeben wollte.

Ich sah Anja an, meine Tante und meinen Onkel. Alle konnten wir nur schweigen.

Nach einigen Minuten ging ich wieder zurück. Diesmal sah ich mich genauer um. Es lagen noch zwei andere Patienten auf der Intensivstation. Rechts vom Bett meiner Mutter lag ein etwa zwanzigjähriger junger Mann, der zwar nicht künstlich beatmet wurde, aber an ähnlich viele Geräte angeschlossen war wie meine Mutter, links von ihrem Bett war ein älterer Herr. Auch er benötigte zur Lebenserhaltung technische Hilfe, konnte aber selbstständig atmen. Zwischen den Betten standen bewegliche, mit grünem Tuch bespannte Raumteiler.

Es herrschte eine unheimliche Stimmung, die ich sicher niemals mehr vergessen werde. Unpersönlicher und kälter hätte der Raum nicht sein können. Es gab nichts, das Wärme oder Geborgenheit versprach. Ich stand da, voller Lebenskraft und absolut gesund, und vor mir lagen drei Menschen, deren weiteres Leben an einem seidenen Faden hing. Es sah so aus, als ob es nur eine Frage von Stunden wäre, bis die Maschinen verstummen würden, die noch die Stille mit ihrem Piepen und ihren mechanischen Geräuschen in gleich bleibendem Takt durchbrachen.

Ich trat näher an das Bett meiner Mutter, umklammerte liebevoll ihre Hand und streichelte über ihre Wange. Sie hatte sich nicht geregt, aber ich war mir sicher, sie spürte, dass ich da war.

Ich zwang mich, nicht zu weinen, denn wenn sie ihre Augen öffnete, sollte sie in meinem Gesicht nicht lesen können, was ich tatsächlich befürchtete. Ich wollte sie nicht auch noch mit meinem Kummer belasten.

Nach ungefähr fünfzehn Minuten begann ich, meiner Mutter zu erzählen, was ich alles in Hollywood erlebt hatte: dass ich eine Hauptrolle in einem echten Hollywoodstreifen angeboten bekommen hätte und dass sie sich für den Rest ihres Lebens keine Sorgen mehr zu machen bräuchte. Ich vermischte Realität mit Fiktion und steigerte mich richtig in diese Geschichte hinein. Ich lachte ab und zu sogar. Ich stellte meiner Mutter Fragen, die ich dann selbst beantwortete – bis sie plötzlich ihre Augen öffnete und mich ansah.

Tränen liefen über ihre Wangen, und sie bewegte ihre rechte Hand. In diesem Moment wusste ich, dass wir es schaffen würden. Wir würden den Tod besiegen! Die Liebe wird siegen! Ich versicherte ihr mit meinem besten und positivsten Lächeln, dass alles wieder in Ordnung kommen würde. Sie schloss ihre Augen und schlief ein.

Meine Mutter hatte nicht nur auf mich reagiert und war wieder bei Bewusstsein, sondern sie hatte mich auch erkannt. Wie ich später erst erfuhr, war das nicht selbstverständlich. In den meisten Fällen, in denen Patienten es überleben, wenn sie eine Gehirnblutung hatten, verlieren sie das Gedächtnis und erkennen niemanden mehr wieder.

Ich fragte die Schwester, was ich für meine Mutter tun könne. Sie bat mich, eine Zahnbürste zu kaufen und ihre Pflegecremes von zu Hause mitzubringen. Sie erklärte mir, dass meine Mutter durch die Cremes etwas Vertrautes spüren und riechen würde. Dann bat sie mich, das Zimmer zu verlassen. Auch um meiner selbst willen, da ich kreidebleich war.

Ich ging zu Anja auf den Flur und umarmte sie. Dann setzten wir uns zu meiner Tante und meinem Onkel auf die Bank und redeten über irgendetwas, nur um uns ein wenig auf andere Gedanken zu bringen. Dieser Schicksalsschlag kostete uns alle sehr, sehr viel Kraft.

Als der Professor, mit dem ich schon von L.A. aus telefoniert hatte, etwas später zu uns kam, nahm er mich zur Seite und klärte mich über den Operationsverlauf auf. Er sagte, dass die OP sehr gut verlaufen sei, konnte und wollte mir aber nicht versichern, dass meine Mutter die nächsten Tage überleben würde. Der Gesundheitszustand sei nicht vorhersehbar, wir könnten nur warten und hoffen. Er war sehr freundlich, und ich hatte das Gefühl, dass er sich wirklich Sorgen machte. Dann bin ich zusammen mit Anja zu meiner Mutter nach Hause gefahren und packte alles ein, was an Pflegemitteln im Kosmetikschrank war. – Sorry, liebe Frauen, aber sind so viele verschiedene Cremes denn wirklich nötig? Augen-, Hals-,

Tages-, Nachtcreme, Bodylotion, Bodyöl und, und, und. Das hatte ich bis zu diesem Zeitpunkt gar nicht richtig wahrgenommen. – Wir sind zurück zum Krankenhaus, und dort habe ich meine Mutter sogleich liebevoll eingecremt, was nicht einfach war zwischen all den Kanülen, Kabeln und Pflastern. Während ich noch cremte, verwandelte sich die Intensivstation in eine Oase schöner Düfte. Selbst ich fühlte mich nun besser. Die Düfte der Cremes lagen nun angenehm in der Luft. Es roch dezent nach Mandeln und nach Kokos.

Zufrieden sah ich mich um, stockte aber, als ich den Spiegel über dem Waschbecken gegenüber dem Bett meiner Mutter erblickte. Ich überprüfte, ob sich meine Mutter vom Bett aus darin sehen könne. In der Liegeposition wäre das wohl nicht möglich gewesen, aber wenn sie gewaschen wurde, richtete die Schwester das Bett meist etwas auf. Deshalb bat ich die Schwester, den Spiegel abzumontieren oder etwas darüber zu hängen. Ich wollte meiner Mutter nicht zumuten, sich ohne Haare im Spiegel zu sehen. Ich war der festen Überzeugung, dass das mit das Schlimmste für sie gewesen wäre.

Die Schwestern reagierten gereizt auf meine Bitte und wollten ihr nicht Folge leisten. Da habe ich am nächsten Tag ein Poster von mir über den Spiegel geklebt. Nun lächelte ich meine Mutter auch an, wenn sie ihre Augen öffnete und ich mal nicht da war.

Außerdem wussten jetzt alle auf der Station, wer ich war. Das beruhigte mich zusätzlich. Schließlich ahnt jeder, dass ein Jung-Promi beste Kontakte zur Presse unterhält und auch ganz schnell ungemütlich werden kann. Ich wollte durchaus den Anschein erwecken, dass ich jeden Schritt der Ärzte verfolge und dass ich beim kleinsten Fehler den Laden hochgehen lassen würde. Was die Ärzte und Schwestern dachten, war mir egal. Schließlich ging es um meine Mutter.

Bevor an dieser Stelle ein falscher Eindruck entsteht, möchte ich hinzufügen: Ich weiß die Arbeit der Ärzte und des Pflegepersonals sehr zu schätzen und bin auch der Meinung, dass vor allem Letztere unterbezahlt sind. Aber es gab in dieser Zeit nur einen Menschen auf der Welt, der meine vollste Aufmerksamkeit genoss! Meine Mutter. Ich hätte alles für sie getan.

In dieser schlimmen Zeit blieb vor allem die Beziehung zu Anja mal wieder auf der Strecke. Darüber war ich selbst auch nicht glücklich. Ich konnte aber nichts dagegen machen. Ich versuchte meiner Mutter, meinem Job und meiner Freundin gerecht zu werden, aber an erster Stelle stand nun meine Mutter, dann kam der Job und erst danach Anja.

Bis meine Mutter in die Reha kam, war sozusagen Ausnahmezustand angesagt. Erst als es ihr deutlich besser ging, normalisierte sich der Alltag für Anja und mich wieder ein wenig. – Ich zweifelte nicht daran, dass Anja und ich zusammengehörten und zusammenbleiben würden.

# KAPITEL 6

## Mit einem Schlag befreien

Im Februar 1996 erreichte meine Karriere einen Höhepunkt. Damals war ich zur *Bravo-Super-Show* in Stuttgart eingeladen und erhielt dort den *Goldenen Bravo Otto*. Ich war mächtig stolz, auch weil ich nach langer Zeit der erste deutsche Preisträger dieser Auszeichnung war. Achtzehn Jahre lang war der Preis nur an Amerikaner vergeben worden.

Über fünfzehntausend Jugendliche brachten mit ihrem Applaus die Halle zum Beben. Sämtliche zu dieser Zeit angesagten Künstler waren vor Ort. Im letzten Drittel der Show wurde ich auf die Bühne gebeten. Heike Makatsch, die damals die *Bravo-Super-Show* moderierte, verlieh mir den Preis. Ich nahm ihn mit ausgestreckten Armen entgegen, und am liebsten hätte ich das ganze Publikum umarmt, so sehr habe ich mich gefreut. Aber ich war auch total überrascht, dass die Kids so ausgeflippt sind, als ich die Bühne betrat.

An diesem Tag spürte ich das Interesse an meiner Person mit enormer Wucht. Das war ein solch erhebendes Gefühl, wie ich es noch nicht kennen gelernt hatte. Ich wollte gar nicht mehr von der Bühne runter.

Nach der Veranstaltung gab es die After-Show-Party im Hotel, bei der ich aber nicht allzu lange blieb, denn ich hatte am nächsten Vormittag noch einen besonderen Besuch in Stuttgart zu erledigen. Einige Wochen zuvor hatte mich eine Agentur, die kranken Menschen Wünsche erfüllt, über die Produktion kontaktiert. Die Eltern einer schwer an Krebs erkrankten Fünfjährigen hatten sich gewünscht, dass ich einen Tag vor der entscheidenden Operation ihrer Tochter Marlies zu ihnen nach Hause kommen solle, um ihrer Tochter Mut zuzusprechen. Marlies hatte bereits zwei Chemotherapien hinter sich, und eine Zeit lang hatte es so ausgesehen, als wäre der Krebs besiegt, doch dann war ein neuer Tumor aufgetreten, und diesmal hatten die Ärzte nicht so viel Hoffnung.

Ich willigte sofort ein, und so klingelte ich am nächsten Tag, begleitet von einer Betreuerin aus der Agentur, an der Tür von Marlies' Familie.

Marlies öffnete selbst, und man sah, dass sie ihren Augen kaum traute. Sie saß in einem Rollstuhl, wirkte sonst aber gesund.

Sie war ziemlich cool. Als sie mich hereinbat, wollte sie sofort aus ihrem Rollstuhl aussteigen. Ihre Eltern schauten ein wenig besorgt, aber da stand Marlies auch schon vor mir. Sie nahm mich mit in ihr Zimmer und zeigte mir sämtliche Poster und Schnipsel, die sie von mir gesammelt hatte. Ihre Augen strahlten dabei so viel Freude und Lebensmut aus, dass sie mir die Angst nahm, die ich hatte, weil ich befürchtete, vielleicht etwas Falsches zu sagen oder zu machen. Sie war für ihr Alter sehr reif und konnte genau erklären, was mit ihr los war und welche Bedeutung die nächste Operation für sie hatte. Dann nahm sie mich mit ins Wohnzimmer, und wir aßen alle gemeinsam Kuchen und tranken Saft. Nach einer Stunde musste ich leider wieder gehen, um meinen Flieger nach Köln zu erreichen.

Einige Tage später erfuhr ich, dass Marlies die Operation gut überstanden und sie gute Chancen hatte, gegen den Krebs anzukommen. Die Eltern dankten mir noch einmal und sagten, dass mein Besuch Marlies sehr viel Kraft gegeben habe. Das freute mich.

Nach meinen Erfahrungen mit den Kollegen war ich gespannt, wie sie auf die Verleihung des *Bravo Otto* reagierten.

Wenn ich mich recht erinnere, gratulierten mir genau zwei meiner Kollegen. Für die anderen hatte dieses Ereignis nicht stattgefunden. Das wunderte mich, und ich fand es auch traurig, schließlich nahm ich den Preis auch stellvertretend für das gesamte Team an. Warum feierten wir nicht gemeinsam?

Da die Stimmung am Set durchwachsen war, reichte ich den Preis nicht einmal herum, wie ich es mir eigentlich vorgenommen hatte, sondern stellte ihn vorerst in das Büro der Produktionsleitung.

Abermals veränderte sich die Stimmung bei der Arbeit spürbar. Ich alberte für gewöhnlich öfters mal herum und gab auch schon mal einen Spruch zum Besten. Darüber hatte sich bisher nie jemand beschwert, aber plötzlich fühlten sich einige der Kollegen von meinen Späßen gestört. Auch an meinem Spiel hatten sie immer häufiger etwas auszusetzen, obwohl ich weder mich noch mein Spiel verändert hatte. Der damals amtierende Producer ließ mich wissen, dass man bei der Serie keine Stars gebrauchen könne, und fortan wurde ich auch zu Partys von Kollegen nicht mehr eingeladen und aus gemeinsamen Aktionen der anderen ausgeschlossen. Ich spürte deutlich, wie mir eine kalte Brise am Set entgegenwehte. Man wollte mich nicht mehr dabeihaben.

Auf der anderen Seite weckte meine wachsende Bekanntheit aber auch Begehrlichkeiten, und so wurde ich gemeinsam mit einem Schauspielkollegen von einem unserer Regisseure gefragt, ob wir nicht Interesse hätten, in einer neuen Serie mitzuspielen, für die zunächst ein Pilotfilm gedreht werden sollte … Das alles hatte aber unter strengster Geheimhaltung zu geschehen.

Zuerst wunderte ich mich, aber mir wurde erklärt, dass die Produktionsfirma sich nicht mit RTL anlegen wolle, weil sie versuchten, uns abzuwerben.

Von uns Schauspielern war es nicht gerade loyal, und obwohl mein Loyalitäts-Gen eigentlich recht ausgeprägt ist, machte ich mit. Ich fühlte mich bei *Unter uns* längst nicht mehr so wohl wie im ersten Jahr, und außerdem dachte ich einfach nicht weiter darüber nach, was gewiss ein Fehler war. Mich faszinierte jedoch die Möglichkeit, eine eigene Serie zu bekommen … Ich ließ mich vollends einlullen und hatte großes Vertrauen zu dem Regisseur, der das alles anleierte. Es fanden auch Gespräche darüber statt, dass sich diese Aktion negativ für uns Schauspieler auswirken könnte, aber wir wurden beruhigt und uns wurde versichert, dass wir nicht als Verlierer aus dieser Sache herauskommen würden, was sich später als großer Irrtum erweisen sollte.

Die Geheimaktion sprach sich irgendwann wie ein Lauffeuer herum, und ich lernte, dass selbst Menschen, die einem große Versprechen gegeben haben, plötzlich keinerlei Erinnerungen mehr daran haben können. Die ganze Wut der Redaktion sowie der Produktion von *Unter uns* und sogar der Filmproduktion konzentrierte sich bald immer mehr auf mich. Ich wurde als der Hauptschuldige ausgezählt. Mein Kollege, der ebenfalls bei dem Piloten mitgespielt hatte, wurde bei kritischen Bemerkungen überhaupt nicht erwähnt. Ich allein war der Dumme.

Als die Produktion des Pilotfilms zu einem finanziellen Fiasko für die Produzenten wurde, denn weder RTL noch ein anderer Sender war an dem Serienkonzept interessiert, wurden auf einmal alle zu großen Analytikern. Insbesondere diejenigen, die uns zum Mitwirken überredet hatten, lenkten gekonnt jede Schuld von sich ab und stellten auf einmal die Besetzung der Darsteller infrage, denen die Serie aber doch eigentlich »auf den Leib geschrieben« worden war. Tja, so kann es gehen. Kaum drehst du dich um, rammt dir jemand einen Dolch in den Rücken.

Grundsätzlich dachte ich mir, dass es doch normal sei, wenn man sich mal verkalkuliert. Das ist ärgerlich und kostet unter Umständen auch sehr viel Geld, aber … *so what*? Wer ein Risiko eingeht, muss auch mit den Konsequenzen leben.

Ich musste damit leben, dass mich meine direkten Vorgesetzten wie Producer und Redakteure als Verräter ansahen. Da hatten auch keine Erklärungen geholfen. Keine! Mitgefangen, mitgehangen lautete die Devise, der ich mich auch stellte. Es ärgerte mich jedoch, dass die anderen Beteiligten, insbesondere der Regisseur, sich geschickt aus der Affäre ziehen konnten.

Von dieser Zeit an flog ich – ohne Anja – häufiger nach L.A. Manchmal auch nur übers Wochenende. Meine Kollegen bekamen das mit, fragten mich aber nicht, warum ich nach L.A. jettete. Stattdessen brodelte die Gerüchteküche.

Dass ich dorthin flog, um auf irgendwelche Partys zu gehen oder am Strand von Venice Beach, zehntausend Kilometer entfernt von der Produktion, spazieren zu gehen, ahnten sie nicht. Es mag verrückt klingen, aber ich brauchte diesen Abstand und das Fremdsein – ein Spaziergang an der Elbe wäre nicht das Gleiche gewesen.

In dieser Zeit hatte ich, vor allem während der Arbeit, fast täglich mit Nasenbluten zu kämpfen. Entweder kurz vor dem Dreh, währenddessen oder danach. Ich redete mir ein, das käme von der vielen Fliegerei, dem wechselnden Luftdruck und der trockenen Luft an Bord. Doch angefangen hatte das Nasenbluten schon, kurz nachdem ich den *Bravo Otto* bekommen hatte.

Zu Beginn waren die Blutungen bis zu dreimal pro Woche aufgetreten, dann steigerte sich die Frequenz. Ich besuchte mindestens sechs verschiedene Ärzte. Mal in Köln, mal in Hamburg und einmal auch am Flughafen in Frankfurt. Ich hatte damals die Bordtoilette wegen sehr starken Nasenblutens kaum verlassen können und wurde vorsorglich zum Flughafenarzt gebracht.

Keiner der Ärzte hatte eine Erklärung. Mir wurden irgendwelche Öle verschrieben, die ich mir zweimal täglich in die Nase tropfen sollte. Aber die halfen nicht.

Anja gegenüber spielte ich das Nasenbluten herunter, erwähnte es möglichst nicht mal. Meiner Mutter erzählte ich nicht ein Wort von meinem Kummer und meinen Beschwerden, denn sie sollte sich nicht unnötig Sorgen machen. Ich zog mich also nicht nur von meinen Kollegen, sondern auch von den Menschen, die ich liebte, zurück. Ich konnte mit niemandem reden, und ich fühlte eine immer schwerer werdende Last auf meinen Schultern.

Ich war außerdem extrem ausgepowert. Von einem Liebesleben zwischen mir und Anja konnte man schon lange nicht mehr reden. Ich hatte den Spaß und die Lust am Sex verloren. Dabei fand ich Anja nicht weniger attraktiv als vorher. Es lag nicht an ihr. Ich war insgesamt unzufrieden, weswegen sie ebenfalls unzufrieden war, woraufhin ich noch unzufriedener wurde … Ein Teufelskreis.

Neben der Unzufriedenheit machten mir immer häufiger auch Ängste zu schaffen. Obwohl es meiner Mutter nach der Reha deutlich besser ging, konnte ich mich noch immer nicht von dem Gedanken lösen, dass sie von einer Sekunde auf die andere sterben könnte.

Ich wurde von Tag zu Tag dünnhäutiger. Die täglichen Angriffe auf meine Person in der Produktion konnte ich bald nicht mehr einfach wegstecken. Selbst wenn es nur kleine Äußerungen von Praktikanten waren, trafen mich die Bemerkungen sehr.

Ich fühlte mich zunehmend geschwächt, was vermutlich auch mit dem regelmäßigen Blutverlust zu tun hatte – inzwischen war das Nasenbluten jedes Mal so heftig, dass es nicht mehr ausreichte, mir ein Taschentuch an die Nase zu halten. Ich konnte meist nur so schnell wie möglich zum nächsten Waschbecken hechten, um das Blut laufen zu lassen. Irgendwann hörte es dann von selbst wieder auf. Es dauerte jedoch von Mal zu Mal zunehmend länger, und mir wurde manchmal sogar schwarz vor Augen dabei.

Dann verlor ich eines Tages von einer Sekunde zur nächsten das Bewusstsein und kam blutverschmiert auf dem Badezimmerboden wieder zu mir. Dieses Erlebnis machte mir Angst. Verzweifelt kam ich zu dem Schluss, dass ich so nicht mehr weitermachen könne. Ich musste etwas unternehmen, mein Leben radikal ändern.

An diesem Tag beschloss ich, einen Befreiungsschlag zu starten. Zuerst musste der Mensch daran glauben, dem ich meinte nicht mehr bieten zu können, was er von mir erwartete: Anja!

Da Anja damals ihre Ausbildung zur Physiotherapeutin in Hamburg machte, waren wir nicht mehr täglich zusammen und hatten uns noch mehr auseinander gelebt. Sie bekam immer weniger von meinem Leben mit und ich immer weniger von ihrem. Ich redete mir ein, dass eine Trennung uns beiden gut tun würde. Denn ich wusste, dass Anja sich von mir vernachlässigt fühlte und darunter litt. Und ich litt darunter, ein schlechter Freund zu sein, der seine Freundin vernachlässigte. Ich wollte mich und Anja entlasten.

Ich bin zu ihr gefahren, um mit ihr darüber zu reden. Doch sie freute sich so sehr, mich zu sehen, und ich fühlte mich so gut in ihren Armen, dass ich mich nicht traute, etwas zu sagen. Ich war hin und her gerissen.

Nach dem nächsten Drehtag rief ich sie dann an, und sie merkte bereits an meiner Stimme, dass etwas nicht in Ordnung war. Ich tat erst so, als würde ich nicht wissen, was sie meinte, denn ich wollte auf keinen Fall am Telefon mit ihr Schluss machen. Doch dann fragte sie mich, ob ich Schluss machen wolle. Mir schossen die Tränen in die Augen. »Ja.« Mehr brachte ich nicht über meine Lippen.

Anja weinte nun ebenfalls. Sie war traurig, aber sie war auch wütend. Dann bat sie mich, doch bitte nicht Schluss zu machen.

Ich heulte wie ein Schlosshund und sagte, dass es mir unendlich Leid täte, aber ich müsse Schluss machen, um mir Freiraum zu verschaffen. Es war von mir sehr unfair und egoistisch, mich aus der Verantwortung zu ziehen, aber ich konnte in dem Moment keine bessere Lösung für mich sehen.

Nachdem wir das Telefonat beendet hatten, legte ich mich ins Bett und heulte die ganze Nacht. Die Situation war klar. Mein Verstand hatte Schluss gemacht, mein Herz wehrte sich.

Mein Befreiungsschlag war aber noch längst nicht abgeschlossen. Als Nächstes, nur einige Tage später, kündigte ich bei

*Unter uns*. Damit hatte wohl niemand gerechnet. Die Produktion schien sogar davon ausgegangen zu sein, dass ich auf jeden Fall für zwei weitere Jahre unterschreiben würde, denn sie hatten erst einen Verhandlungstermin für mich, als ich laut Vertrag nur noch einen Tag verpflichtet war zu drehen. Um das Engagement sauber zu beenden, willigte ich ein, noch weitere drei Monate mitzuspielen. Das hatte den positiven Nebeneffekt, dass ich mein inzwischen aufgelaufenes Minus auf dem Konto in Höhe von fast 16 000 Mark ausgleichen konnte. Seitdem meine Mutter ins Krankenhaus eingeliefert worden war und ich sämtliche finanzielle Verbindlichkeiten für sie übernommen hatte, waren meine monatlichen Unkosten um einiges höher. Außerdem war ich ohne Einschränkung meinem Drang, nach L.A. zu fliegen, nachgekommen. Das hatte mein Konto ins Minus gerissen.

Die Kündigung bei *Unter uns* hatte existenzielle Bedeutung, ich konnte einfach nicht mehr. Ich hielt die Anfeindungen, den Neid und vor allem die Ausgrenzung nicht mehr aus. Mit dem Tag, an dem laut Drehbuch eine Bombe in der Schiller-Allee, einem der Serienschauplätze, verbuddelt worden war, hörte ich noch eine weitere Uhr ticken. Nur der Gedanke, dass es bald vorbei sein würde, hielt mich aufrecht.

Von meiner großen Not erzählte ich jedoch niemandem, nicht mal meiner Mutter. Ich gab vor, kein Interesse mehr an der Serie zu haben, da ich dort beruflich einfach nicht mehr weiterkäme. Das stimmte natürlich auch, war aber bei weitem nicht die ganze Wahrheit.

Mit der Befreiung auf einen Schlag hatte ich wohl gehofft, augenblicklich alle Gefühle und Ängste, die mich belasteten, über Bord werfen zu können. Doch diese Hoffnung war eine Täuschung, wie sich bereits kurz danach herausstellte.

Da Anja nicht die Kraft hatte, sich ihre Sachen aus der Wohnung zu holen, brachte ich ihr einiges nach Hamburg. Wir machten einen langen Spaziergang und redeten noch einmal miteinander, Anja versuchte, mich umzustimmen. Schließlich hatten wir gemeinsame Lebenspläne gehabt …

Ich blieb jedoch bei meiner Entscheidung, mir Freiraum verschaffen zu müssen. Ich war mir in diesem Moment sicher, dass es keine andere Lösung gab.

Als wir uns verabschiedeten, war mir jedoch, als würde mir ein Teil meines Herzens aus der Brust gerissen. Wir standen vor Anjas Haustür, und sie sagte: »Ich dachte, wir gehören zusammen.« In ihren Augen konnte ich lesen, dass sie das alles nicht verstand. »Tun wir doch auch«, hätte ich ihr am liebsten zur Antwort gegeben. Aber ich brachte es nicht über die Lippen. Ich fand kein Zurück mehr! Ich wollte nur noch weg! Ich durfte Anja keinen weiteren Schmerz zufügen, weil ich sie vernachlässigte. – Aber war der Schmerz, den ich ihr durch die Trennung zufügte, nicht tausendfach so groß? Die Gedanken, die mir durch den Kopf schossen, machten mich völlig fertig. Warum verletzte ich Anja so sehr?

Wir umarmten uns. Sie war in diesem Moment gefasster als ich. Ich setzte mich ins Auto und fuhr los. Im Rückspiegel konnte ich sehen, wie sie mir nachschaute und zu weinen begann. Dieser Anblick brannte sich in mein Gedächtnis ein. Ich bog mit dem Wagen um die nächste Ecke, dann schrie ich laut »Neeiiinnnn!« – Aber ich bin weitergefahren.

Ich ließ die Tränen laufen. Auf der Autobahn hielt ich eine Weile auf dem Standstreifen. Ich schrie mich selbst an und machte mir Vorwürfe.

Obwohl ich mir nichts mehr wünschte, als umzukehren, fuhr ich kurz darauf weiter nach Köln. Ich redete mir ein, dass der Schmerz vorübergehen und Anja auf mich warten würde. Wie selbstverliebt und egoistisch das war, habe ich damals bereits gespürt, und ich hasste mich dafür. War ich es überhaupt wert, geliebt zu werden?

Die nächsten Wochen bis zum letzten Drehtag lenkte ich mich so gut wie möglich ab und versuchte, nicht so oft an Anja zu denken. Dann endlich stand der letzte Dreh, eine Szene im Studio und eine Außenszene, für mich auf dem Plan.

Die Studioszene zu spielen war mir unerwartet schwer gefallen. Es war nicht nur einfach eine der letzten beiden Szenen, sondern es war das letzte Mal, dass ich in der Serie, in der ich von der ersten Minute an mitgespielt hatte, vor der Kamera stand. Trotz aller Vorkommnisse war ich sehr eng mit der Serie verbunden, auch mit den Menschen. Schließlich waren sie alle zwei Jahre und fünfhundert Folgen lang um mich herum gewesen. Uns verband diese gemeinsame Zeit, auch wenn sie nicht immer harmonisch gewesen war. Bei einigen war ich zugegebenermaßen schon froh, sie nicht mehr sehen zu müssen, aber bei anderen war ich richtig traurig. Allerdings baute ich darauf, dass der Kontakt zu diesen Kollegen bestehen bleiben würde.

An diesem letzten Tag als Till Weigel kamen viele Gefühle in mir hoch. Die Produktionsleitung hatte mich nicht gezwungen zu gehen, aber auch nicht viel getan, um mich zu halten. Im Gegenteil, als ich nach der letzten Studioszene zu meiner Garderobe kam, standen zwei gepackte blaue Müllsäcke davor und die Tür war abgeschlossen.

Zuerst hatte ich gar nicht geschaltet. Erst als ich in einen der beiden Säcke blickte und meine Sachen darin erkannte, wurde mir klar, was gespielt wurde. Es lief mir eiskalt über den Rücken. Was hatte ich bloß getan, dass man so mit mir umging?

Eine Praktikantin gestand mir kurz darauf unter Tränen, dass sie den Auftrag erhalten hätte, meine Garderobe zu räumen.

Das war für mich ein Schlag ins Gesicht, der noch minutenlang nachhallte. Ich bemerkte, dass wieder Blut aus meiner Nase tropfte und ging zur Toilette. Ich blickte in den Spiegel und ließ das Blut aus meiner Nase laufen. Ich fühlte mich so unfair behandelt. Niemand konnte auch nur im Geringsten ahnen, was in mir vorging. Vielleicht machte ich nach außen hin immer einen zu starken Eindruck, sodass niemand auf die Idee kam, sich zu überlegen, wie sehr ich unter all den Ereignissen des letzten Jahres leiden musste. Ich mache niemandem einen Vorwurf. Ich hätte ja etwas sagen können, doch ich wage zu bezweifeln, dass dann etwas anders verlaufen wäre. Ich wusste, dass ich mich verrannt hatte und wollte einen eigenen Ausweg finden. Ich sprach mir Mut zu und ging zum Fahrer, der auf mich wartete, um mich zur letzten Außendrehszene zu fahren.

Dort angekommen waren eine Menge meiner Kollegen vor Ort, um mir eine kleine Abschiedsfeier zu geben. Der Dreh war nur vorgetäuscht gewesen. Es war eine sehr nette Idee, aber nachdem, was ich kurz zuvor erlebt hatte, konnte ich mich nicht wirklich freuen. Ich spielte jedoch so gut es ging mit.

Ich redete mit einigen Kollegen; wirklich traurig darüber, dass ich ging, schien keiner von ihnen. Einer sagte mir erfreut, dass nun, da ich ging, alle nachrücken würden, weil ich nicht mehr der Beliebteste aus der Serie sein könne.

Wie arm.

Ich blieb nicht mal eine geschlagene Stunde auf meiner Abschiedsfeier, sondern ließ mich bald nach Hause fahren.

An Abend sehnte ich mich danach, Anja von meinen Gefühlen zu erzählen, doch das konnte ich nun nicht mehr. Ich hatte mich getrennt! Meine Mutter wollte ich nicht damit belasten, also schluckte ich den Ärger, die Wut und die Traurigkeit einfach hinunter.

## KAPITEL 7

### Unheimliche Visionen und heimliche Hoffnungen

Einen Tag nach meinem Ausstieg bei *Unter uns* verschwand das Nasenbluten, und ich wusste, die Entscheidung, die Serie zu verlassen, war richtig gewesen! Ich atmete auf.

Das Gefühl, frei zu sein, tat mir gut. Ich hatte Lust, mein Leben neu zu gestalten, mich beruflich weiterzuentwickeln. Ich wollte eine eigene Produktionsfirma, eine kleine Kreativschmiede, ins Leben zu rufen.

Durch eine Bekannte nahm ich Kontakt zu einem Anwalt auf, der mir half, meine Firma *my way productions* zu gründen. Um seine Ideen umzusetzen, muss man zwar nicht gleich eine Firma gründen, aber ich fühlte mich mit diesem Schritt besser. Außerdem, ich gebe es gern zu, wollte ich mein eigener Chef sein. Ich bekam von den Inhabern des Studiogeländes in Hürth kostenlos ein Büro zur Verfügung gestellt, weshalb sich vermutlich viele ihren Kopf darüber zerbrachen, was ich denn nun schon wieder im Schilde führte.

Kurz nach meinem Ausstieg machte mir die EMI ein Angebot und wollte eine Single mit mir aufnehmen und veröffentlichen. Die floppte … War auch ziemlich schlecht. Dachte ich damals auch, hatte mir nur niemand gesagt, man vermittelte mir eher, sie sei gut, weswegen ich dann dachte, wenn die anderen das gut finden, dann ist es wohl auch gut. Das stellte sich zwar als Irrtum heraus, aber immerhin hatte ich den Auftrag bekommen, mir mein eigenes Musikvideo zu produzieren. Das machte ich gemeinsam mit einem Team von zwanzig Mitarbeitern. Ich hatte keine Erfahrung und verließ mich einfach zu sehr auf andere Leute, die von sich behaupteten, mehr zu können, als es tatsächlich der Fall war.

Der Neuanfang war gar nicht so leicht, und der erste Schwung verpuffte.

Im November 1996 lief dann die letzte Folge von *Unter uns*, in der ich mitspielte. Das war für mich der endgültige Abschied von der Serie und auch ein vorläufiger vom Bildschirm. Es liefen zwar noch Wiederholungen der Serie bei Vox, aber die zählten für mich nicht.

Ich nahm mir vor, die gewonnenen Freiräume nun erst mal für Privates zu nutzen – ich dachte immer noch an Anja, aber ich hatte die feste Absicht nach vorn zu blicken.

Zu Weihnachten lud ich meine Mutter, meine Tante und meinen Onkel über Silvester an den Starnberger See ein. Ich wollte mich mit der Einladung für die große Unterstützung meiner Tante und meines Onkels während der schweren Krankheit meiner Mutter bedanken. Wir verbrachten dort fünf Tage und fuhren am zweiten Januar wieder nach Hamburg zurück. Einen Tag später flog ich dann nach New Orleans, begleitet von einer Auszubildenden aus dem Hotel am Starnberger See, mit der ich mich während des Aufenthalts angefreundet hatte. Ich wollte ein wenig auftanken und freute mich, nicht allein unterwegs zu sein.

Melanie und ich verbrachten eine Woche miteinander und schliefen auch in einem Zimmer – aber nicht miteinander, was sie irritierte. Nach ein paar Tagen kam Frust auf, und sie fragte: »Findest du mich eigentlich überhaupt nicht attraktiv?«

Ich schluckte. »Doch, doch, aber …«

Ich druckste herum, hatte schlichtweg aber kein Interesse daran, mit ihr oder irgendeiner anderen Frau etwas anzufangen, und nur mal so rumbumsen wollte ich auch nicht. Als ein Freund von mir aus Hamburg für ein paar Tage einflog, entspannte sich die Lage zum Glück.

Wir besuchten zu dritt den *French Market*, um den herum viele Straßenkünstler auftraten, die ihre Kunststücke zeigten, Touristen zeichneten oder Karten legten und aus der Hand lasen. Da das Wetter an diesem Tag nicht so gut war und es ein wenig regnete, war der Marktplatz nicht so voll.

Als wir an einem alten Mann mit einem auffällig gemusterten Samtumhang und einem großen Hut vorbeigingen, forderte er mich auf, mich auf den Stuhl vor ihn zu setzen und ihm meine Hand zu reichen.

Eigentlich mache ich mir nichts aus solchen Hokuspokus-Aktionen und meine astrologische Weitsicht reicht von der Erde bis zum Sternenhimmel und nicht weiter, aber was hätte ich noch Schlimmeres erfahren können, als das, was sowieso schon alles passiert war. Also setzte ich mich und reichte ihm meine Hand. Er strich schweigend mit seinem rechten Zeigefinger über meine Handlinien. So saß ich bestimmt fünf Minuten da, dann fragte ich auf Englisch: »Haben Sie einen Roman in meiner Hand entdeckt?«

Da schaute er mich ganz ernst an und erwiderte: »Sie werden ein erfolgreicher Mann sein und eine neue große Liebe finden. Sie werden heiraten, zwei Kinder haben und reich werden.«

»Na, das hört sich doch ganz gut an.«

Er blickte mich an und fuhr fort: »Ihnen wird etwas Schlimmes widerfahren, etwas, das in den Tod führen kann.«

Nun wurde mir doch mulmig.

Er fügte dann noch hinzu, dass ich vor meinem sechzigsten Lebensjahr sterben würde.

Mmh?! Ich wollte ihn noch Genaueres fragen, aber er schwieg. Also holte ich fünf Dollar aus der Tasche, die ich ihm reichte, doch er nahm das Geld nicht an. Stattdessen wünschte er mir viel Glück und riet mir, dass ich mein Leben genießen solle.

Uaaah! Das konnte ich gebrauchen.

Wir sind dann weitergegangen und machten bei einer Dame Halt, die anbot, mich zu zeichnen. Sie fragte, was mir der alte Mann abgeknöpft hätte.

»Nichts«, sagte ich, woraufhin sie mit ernstem Blick erwiderte, dass er so etwas nur ganz selten tun würde.

»Eigentlich verlangt er immer sein Geld.«

Ich war kurz verunsichert, entschied dann aber, das Ganze nicht so ernst zu nehmen, und hatte die beiden auch bald vergessen.

Der Urlaub zu dritt tat mir gut, und wir hatten jede Menge Spaß. Wir besuchten die Bourbon Street, eine Partymeile, die die Hamburger Reeperbahn noch um ein Vielfaches übertrifft, und mischten uns unter die vielen Menschen auf den Straßen von New Orleans. Zu dieser Zeit war in New Orleans der Teufel los, unter anderem gab es eine riesige *film convention.*

An einem der Abende gingen wir ins *House of Blues*, standen am Tresen und schauten uns die Bilder der Blues Brothers und einiger Blues-Größen an, als wir unseren Augen nicht trauten: Nur zwei Meter von uns entfernt bestellte Dan Aykroyd zwei Drinks, die er kurz darauf entgegennahm und mit denen er hinüber zu Clint Eastwood ging … *Wow!* Wir konnten unsere Münder gar nicht wieder schließen, so unglaubwürdig schien uns die Situation. Fast gleichzeitig forderten wir uns gegenseitig auf, uns zu kneifen. Standen wir tatsächlich diesen beiden berühmten Schauspielern gegenüber? – Ja. Doch außer uns interessierte sich keiner der anderen Gäste für die beiden Weltstars.

Am letzten Tag machten wir eine Dampferfahrt auf dem Mississippi, und ich ließ meine Seele noch mal richtig baumeln.

Während mein Freund und Melanie nach Deutschland zurückflogen, bin ich weiter nach L.A. und verbrachte dort noch ein paar Tage.

Ich fühlte mich nach diesem Urlaub sehr gestärkt. In Amerika konnte ich meine Kraftreserven voll tanken und mich durch den gewonnenen Abstand dem Alltag wieder besser stellen – das dachte ich zumindest.

Als ich in Hamburg landete, schaute ich bei meiner Mutter vorbei und telefonierte mit Anja – das erste Mal nach vier Wochen Funkstille.

Sie sagte mir, dass sie nicht mehr jeden Tag an mich denken müsse. Das erleichterte mich mehr, als dass es mich enttäuschte, denn es entlastete mich. Ich hatte mir insgeheim immer noch große Vorwürfe gemacht, weil ich Anja so sehr enttäuscht hatte. Dass sich Anja von mir entfernte, kam mir damals nicht in den Sinn. Sehr naiv!

Ich bin dann nach Köln gefahren. Als nächsten Schritt in meinem neuen Leben, ohne Anja und ohne Job, wollte ich mich nach einer kleineren und günstigeren Wohnung umsehen. Doch das war alles andere als leicht.

Es gab kaum Wohnungen, die infrage kamen. Zudem fühlte ich mich irgendwie unwohl in der Stadt. Wohin ich auch ging, erinnerte mich etwas an Anja. Ich dachte täglich an sie und vermisste sie auch. Wir telefonierten wieder häufiger. Ich spürte, dass es gar nicht so leicht war, neu anzufangen, und ich fühlte mich allein.

An einem Samstagnachmittag lernte ich in einem kleinen Café in Kölns City Martina kennen, die ein paar Jahre älter war als ich. Wir fingen ein Techtelmechtel an und trafen uns häufiger. Das Zusammensein mit Martina gab mir Selbstvertrauen. Ich fühlte mich von ihr verstanden.

Anja erzählte ich von meiner neuen Bekanntschaft nichts. Auch nicht, nachdem ich den Mietvertrag unserer Wohnung gekündigt hatte und Martinas Vorschlag, erst mal bei ihr zu wohnen, angenommen hatte. Anja kam mit ihrem Wagen vorbei, und wir luden ihre restlichen Sachen, die sie noch bei mir gehabt hatte, ein.

Ich war froh, erst mal bei Martina unterzukommen, bis ich eine bezahlbare Wohnung fand. Als Gegenleistung übernahm ich Arbeiten im Haushalt und den Einkauf. Zeit hatte ich ja genug.

Im Zusammenleben lernte ich Martina dann immer besser kennen.

Bei Martina fühlte ich mich gut aufgehoben. Sie hatte etwas Besonderes, beinahe etwas Magisches an sich. Sie zog mich nicht nur sexuell an. Wenn sie ihre Hand auf meine Brust oder meinen Kopf legte, zitterte ich am ganzen Körper. Das war unheimlich, hatte zugleich aber auch eine sehr befreiende Wirkung. Es kam mir so vor, als würde sie die negativen Energien aus mir herausziehen. Ich weiß, das hört sich ein wenig schräg an, aber so habe ich es empfunden.

Einmal lagen wir gemeinsam auf der Couch, und ich geriet in eine Art Trance, während sie meine Schläfen massierte. Kerzen brannten um uns herum und ruhige, sphärische Musik lief im Hintergrund. Martina legte abwechselnd ihre Hand auf meinen Kopf und meine Brust. Damit löste sie leichte, entspannende Krämpfe in mir aus. Dann sagte sie mir, dass sie Dinge sehen könne, die in der Zukunft liegen würden, und dass sie Krankheiten anderer Menschen spüren könne.

Ich schaute sie ungläubig an.

Sie hatte diese Reaktion erwartet und erzählte mir Folgendes: »Mir ist vor einiger Zeit ein Mann vorgestellt worden, den ich noch nie zuvor gesehen hatte. Als ich seine Hand zur Begrüßung drückte, sah ich plötzlich einen sterbenden Menschen vor meinem inneren Auge. Er sah genauso aus, wie der Mann, der vor mir stand. Ich wusste, dass er an Lungenkrebs sterben würde. Vor kurzem erfuhr ich von dem Tod des Mannes. Er ist tatsächlich an Lungenkrebs gestorben.«

Ich wusste nicht so recht, was ich von der Geschichte halten sollte. Ich wollte mehr über Martina erfahren, und sie interessierte mich nicht bloß, weil sie eine sehr attraktive und gut aussehende Frau war.

Eines Abends kam ich so gegen zwanzig Uhr zu ihr. Ich hatte ihr einen großen Baum mit roten Blättern für ihre Wohnung gekauft. Da sie mir einen Schlüssel gegeben hatte, öffnete ich die Haustür. Ich betrat die Wohnung, und es brannten überall Kerzen im Zimmer. Ruhige Musik lief im Hintergrund. Martina war nicht zu sehen. Ich zog meine Jacke aus und trug den

Baum in die Nähe der Balkontür, die weit offen war. Die Gardine war vorgezogen und wehte im Wind. Ich stellte den Baum ab und drehte mich eher zufällig zum Balkon. Durch die Gardine sah ich die Umrisse eines Körpers auf dem Geländer stehen.

Ich rief: »Martina!«

Sie erschrak.

Im gleichen Moment sprang ich auf den Balkon und packte sie an den Armen, da sie ihr Gleichgewicht zu verlieren schien. Ich umarmte sie ganz fest.

Sie sagte nichts und schaute mich nur an. Ihre Augen waren leer, es war nichts darin zu lesen.

Ich führte sie ins Wohnzimmer. Wir sprachen erst mal nicht.

Dann sagte sie plötzlich leise: »Ich wollte vom Balkon springen.«

Zu meiner eigenen Überraschung blieb ich sehr gefasst. »Was bedrückt dich denn so sehr?«

»Ach, du verstehst das sicher nicht …«

»Erkläre es mir. Ich höre dir zu.«

»Ich wollte mir nicht das erste Mal das Leben nehmen …«, sagte sie. Wir redeten ganz ruhig miteinander. Später meinte sie, es sei von großer Bedeutung für sie, dass ich in diesem Moment, noch dazu mit einem Geschenk, nach Hause gekommen bin. »Plötzlich war da ein Gefühl von Wärme und Geborgenheit.« Dieses Gefühl hatte sie am Sprung gehindert, meinte sie, und dass ich für sie eine sehr positive und ehrliche Aura habe und sie dadurch in Sekundenbruchteilen wieder Lebensmut gewonnen habe. »Du bist wichtig für mich«, fügte sie noch hinzu, »aber ich bin eine Gefahr für dich.«

Mmh! Ich konnte ihren Worten nicht mehr folgen und bat sie, lieber Klartext zu reden. Mir wurde die Sache allmählich unheimlich.

»Du bist wie ein Fels in der Brandung, der sich von dem Sturm, der in mir tobt, nicht umreißen lässt. Deine große Lebenskraft hilft mir.«

»Na, wenn die so groß ist, gebe ich gern etwas davon ab«, entgegnete ich mit einem Lächeln.

Sie lächelte mich auch an, dabei liefen ihr aber Tränen über die Wangen. Kurz darauf zog sie einen Umschlag mit Fotografien aus ihrer Handtasche. Sie legte die Bilder nacheinander vor mich auf den Tisch. Auf den Aufnahmen waren sie und ich zu sehen, an verschiedenen Orten und zu verschiedenen Zeiten. Es waren Orte, an denen wir uns mal getroffen hatten.

Jetzt wurde die Sache aber wirklich dubios. »Wer hat die gemacht?«

»Ein Privatdetektiv!« Martina erzählte, dass sie um die Mittagszeit bei ihrem Vater gewesen sei. Er hatte sie in sein Unternehmen bestellt und sie mit den Fotografien konfrontiert. »Er wollte wissen, was ›der Schauspieler‹ von mir will. Er weiß viel über dich.«

»Warum lässt er uns beschatten?« Ich kapierte nichts mehr.

»Nur so, nur um mir zu zeigen, dass er alles über mich und mein Leben weiß. Eigentlich wollte er auch etwas ganz anderes von mir.«

»Was?«

»Ich soll mit meinem Wagen in die Schweiz fahren und etwas aus seinem Bankschließfach abholen.«

»Und wenn du erwischt wirst? Hat er auch daran gedacht?«

»Er will mir eine Entschädigung zahlen, eine Million, wenn ich geschnappt werde … Wenn ich es nicht tue, lässt er mich fallen.«

Ich war fassungslos. Martinas Vater war die Zukunft seiner Tochter völlig egal. Er wollte sie benutzen, um seine krummen Dinger zu drehen, setzte ihr Leben aufs Spiel und drohte ihr bei Nicht-Gehorchen noch mit Liebesentzug. »Tu es nicht! Denk gar nicht erst darüber nach!«

Ich kannte keine Hintergründe und wusste nicht, was sonst alles vorgefallen war, doch auf diese fiese Nummer durfte sie sich nicht einlassen. Ich war geschockt, dass es Eltern gab, die das Leben ihrer Kinder einfach so aufs Spiel setzten. Von Liebe konnte da wohl keine Rede mehr sein. Martina hatte sich umbringen wollen, weil sie dem Psychodruck ihres Vaters nicht mehr gewachsen war. Ich wurde richtig wütend und wollte ihren Vater kennen lernen, um ihm die Meinung zu sagen.

»Das interessiert ihn nicht«, sagte Martina. »Er findet es sowieso nicht gut, dass wir uns so nah sind. Er hat Angst, dass du ihm gefährlich wirst.«

Da musste ich fast grinsen. Wie hätte ich einem reichen Unternehmer gefährlich werden können? … Indem ich in einem schwachen Moment von seiner Tochter Informationen erhielt, die ihn erpressbar machten?

Martina unterbrach meine Gedanken. Sie offenbarte mir, dass sie Kokain nahm und Todesfantasien und Visionen hätte.

Ihre Erzählungen wurden immer schräger. Ich musste an die frische Luft, um einen klaren Kopf zu bekommen. Außerdem knurrte mein Magen. Ich überredete Martina dazu, etwas essen zu gehen.

Während wir stumm nebeneinander hergingen, fragte ich mich, was ich Martina überhaupt glauben konnte. Waren das alles Drogenfantasien? Aber die Fotos gab es wirklich. Die Geschichte von dem Privatdetektiv musste also stimmen. War die Erpressung durch den Vater damit nicht auch wahrscheinlich? Mir schwirrte der Kopf.

Ich hoffte einfach, Martina irgendwie helfen zu können …

In der Nacht machte ich kaum ein Auge zu. Am nächsten Morgen kam Martina, bevor sie zur Arbeit ging, noch mal ans Bett und legte ihre Hand auf meinen Kopf. Sie sagte, dass sie in mir einen starken jungen Mann sehen würde, der sich von nichts und niemandem unterkriegen lassen würde. Dann machte sie eine Pause und erklärte ruhig aber bestimmt: »Nur du selbst kannst dich zerstören!«

»Gut«, antwortete ich, »dann kann ja nichts passieren.« Doch so locker, wie ich tat, war ich nicht. Sobald ich an den vergangenen Abend dachte, wurde mir wieder mulmig. Ich sah später sogar unter dem Tisch und im Telefonhörer nach, ob dort vielleicht Wanzen versteckt wären. Waren aber nicht!

Martina bat mich, nicht mehr über den Abend zu sprechen. Ich versuchte dagegenzuhalten, akzeptierte ihren Wunsch aber schließlich, obwohl ich nach wie vor der Meinung war, dass sie dringend Hilfe benötigte. Ich erfuhr noch, dass sie sich schon mal in psychiatrische Behandlung begeben hatte, sich aber nicht verstanden gefühlt und die Therapie abgebrochen hatte.

Ich blieb noch einige Wochen nach Martinas Selbstmordversuch bei ihr in der Wohnung, suchte aber weiterhin nach einer eigenen Wohnung.

Ich telefonierte mittlerweile etwa dreimal in der Woche mit Anja. Ich weiß heute, dass ich sie damals immer noch liebte und mir sicher war, dass sie mich immer lieben würde. Ich glaubte, ich könnte irgendwann zu ihr zurückkehren. Das war mir damals natürlich nicht so bewusst wie heute, und ich hätte es wahrscheinlich auch niemals so formuliert. Aber in mir gab es ein Gefühl, eine innere Sicherheit, Anja nicht verlieren zu können. Ich hatte längst noch nicht losgelassen …

# KAPITEL 8

## Allein

Nach wochenlanger Suche fand ich endlich eine kleine Wohnung in einem Neubau in Hürth an der Luxemburger Straße. Da fast alle Wohnungen in dem Haus noch leer standen, konnte ich mir eine aussuchen. Ich nahm die Wohnung in der obersten Etage, wo es keine Nachbarwohnungen gab.

Insgesamt war mein neues Zuhause dreißig Quadratmeter groß, bestand aus einem Wohnraum mit Flur und Bad, Letzteres immerhin mit Badewanne und Spiegel an der Wand. Der Flur war gekachelt und hatte eine kleine Nische, in die man einen Schrank hätte stellen können. Im Wohnraum war ein neuer grüner Teppich ausgelegt, links von der Zimmertür war die Wand zur Hälfte gekachelt, und es ragten Anschlüsse für Strom, Wasser und Abfluss aus der Wand. Die Kücheneinrichtung hätte ich selbst kaufen müssen, doch dafür hatte ich kein Geld.

Die Wohnung war sehr hell. Auf der einen Seite ließ eine großzügige Fensterfront das Tageslicht ins Zimmer, und auf der anderen überblickte man von einem weiteren Fenster aus die Luxemburger Straße.

Da ich mit Anja möbliert gewohnt und mir bis dahin nur einen Schreibtisch samt Stuhl gekauft hatte, besaß ich sonst keine Möbel. Also musste ich mir erst mal das Nötigste beschaffen. Eine Matratze, dazu besorgte ich mir noch neues

Bettzeug. Mein Schlafzimmer richtete ich dann im Küchenbereich ein. Die Küchenzeile konnte warten, und so machte ich es mir abends unter dem Wasseranschluss für die Spülmaschine gemütlich. Ich umwickelte ihn vorsichtshalber mit etwas Schaumstoff, damit ich mir nicht aus Versehen meinen Kopf daran stieß. Mit Martinas Wagen transportierte ich meinen Schreibtisch und den Stuhl aus ihrem Keller in die neue Wohnung.

Richtig wohl fühlte ich mich nicht, aber ich war froh, meine eigenen vier Wände zu haben.

Martina hatte sich in den Wochen nach ihrem Selbstmordversuch sehr verändert und war mir gegenüber richtig schweigsam geworden. Sie hatte auch kein Ohr mehr für meine Belange. Bald reagierte sie nicht mal mehr auf meine Anrufe.

Zweimal versuchte ich nach meinem Auszug vergeblich, sie abends zu besuchen; beide Male öffnete sie mir nicht. Dass sie in der Wohnung war, hatte ich am Licht gesehen, und am zweiten Abend waren sogar Geräusche durch die Wohnungstür gedrungen. Den Haustürschlüssel, den ich nach wie vor hatte, benutzte ich nicht, denn ich mochte kein ungebetener Gast sein.

Ich bin dann noch einmal zu ihr, sie öffnete wieder nicht. Ich machte mir allmählich große Sorgen. Also steckte ich den Schlüssel ins Schloss und öffnete die Tür. Ich betrat die Wohnung und dachte im ersten Moment, dass Martina gar nicht zu Hause sei. Doch kurz darauf fand ich sie im Schlafzimmer. Sie lag im Bett. In dem Moment, als ich im Türrahmen stand, drehte sie sich um und öffnete die Augen. Sie erschrak so sehr, dass sie mich laut anschrie und mich aus der Wohnung werfen wollte. Ich versuchte sie zu beruhigen. Sie sagte, dass ich mich nicht in ihre Wohnung und in ihr Leben schleichen solle. Dem wollte ich etwas entgegensetzen, aber da sie beinahe durchdrehte, trat ich den Rückzug an.

Martina forderte mich auf, den Haustürschlüssel auf den Tisch zu legen. Ich warf ein, dass noch einige Sachen von mir in ihrem Keller seien. Sie hörte nicht darauf, was ich sagte. Auch den Wagenschlüssel sollte ich ihr hinlegen. Ich räumte noch in der Nacht den Keller aus und legte ihr gegen ein Uhr morgens beide Schlüssel auf die Fußmatte.

Nachdem Martina mich aus ihrem Alltag verdrängt hatte, wurde mir plötzlich klar, dass ich niemand Vertrauten mehr in meiner Nähe hatte, mit dem ich mich verabreden konnte. Es war eigentlich kaum zu glauben, aber ich lebte und arbeitete seit über zwei Jahren in Köln und hatte nicht mal mehr einen Menschen, mit dem ich mich hätte treffen können. Mit keinem der Kollegen hatte ich noch Kontakt.

Dazu hatte besonders ein Erlebnis beigetragen, das ich ungefähr acht Wochen nach meinem Ausstieg auf dem Studiogelände gehabt hatte. Ich war vor der Arbeit in meinem Büro auf dem Gelände in das Restaurant gegangen, das mittags Treffpunkt sämtlicher Arbeiter aus allen Bereichen war. An einem Tisch entdeckte ich drei Kollegen von *Unter uns*. Als sie mich sahen, wandten sie sich schnell wieder ab und taten so, als ob sie mich nicht bemerkt hätten. Was geht hier denn ab?, fragte ich mich. Ich wusste nicht, was das sollte. Das Erlebnis setzte mir allerdings so sehr zu, dass ich den Laden ganz schnell wieder verließ. Ich setzte mich in mein Büro und war erst einmal fertig mit den Nerven. Dass da einige ein Problem mit mir hatten, hatte ich ja schon früh begriffen, aber dass die Kollegen, die bis zum Schluss so getan hatten, als seien sie über mein Fortgehen traurig, nun auch nichts mehr mit mir zu tun haben wollten, versetzte mir einen Stich.

Nachdem ich eine Weile in meinem Büro gesessen hatte, schlug die Traurigkeit in eine Mischung aus Neugier und Wut um, und ich wollte es genau wissen. Ich bin aufgestanden und rüber ins Produktionsbüro gegangen. Dort saß ein ehemaliger Schauspielerkollege von mir, den ich fröhlich begrüßte. Er schaute nur kurz zu mir auf und blickte dann, ohne mich eines weiteren Blickes zu würdigen, auf seine Zeitung, faltete sie zusammen und verließ den Raum. Die Mädels am Schreibtisch, die früher immer freundlich gewesen waren, ignorierten mich. Ich bin dann leise gegangen, und mir war klar, dass ich dort nichts mehr verloren hatte. Wie heißt es doch so schön: aus den Augen, aus dem Sinn. – Doch *so* war es nicht ganz. Man verpasste mir noch einen nicht gerade wohlwollenden Nachruf. Ich erfuhr zufällig, dass ich von einigen Menschen aus der Produktion als abschreckendes Beispiel für selbstständig werdende Seriendarsteller herhalten musste, um jungen Schauspielern, die neu zur Serie dazustießen, den Wind aus den Segeln zu nehmen. Stephen Dürr wurde zum Absturz-Schauspieler schlechthin degradiert.

Anscheinend sollte es aber nicht genügen, dass ich – die Telefonate mit Anja ausgenommen – keinen vertrauten Menschen in der Nähe hatte. Es kam noch heftiger, denn ein Manager, der mich bereits bei Beginn meiner *Unter-uns*-Karriere hatte unter Vertrag nehmen wollen, feindete mich wieder verstärkt an. Da er mir von Anfang an reichlich unsympathisch gewesen war – ich kannte ihn nämlich schon aus meiner Praktikantenzeit in einer Werbeagentur, und er hatte mir damals vorausgesagt, dass es im Fernsehgeschäft keinen Platz für mich geben würde und er beim besten Willen nichts für mich tun könne – hatte ich sein Angebot abgelehnt. Dieser Typ hatte sich dann mit dem ersten Ausstrahlungstag von *Unter uns* wie ein Fähnchen im Wind gedreht und so getan, als hätte er schon immer gewusst, dass ich beim Publikum beliebt sein würde. Ein Schmarotzer eben, hatte ich damals gedacht. Seine Vertragsangebote, in denen er satte dreiunddreißig Prozent abgreifen wollte, lehnte ich insgesamt viermal dankend ab, was ihn im Laufe der Zeit ärgerlich stimmte. Er schien fortan an vorderster Front daran zu arbeiten zu verhindern, dass ich weiterhin meinen Lebensunterhalt als Schauspieler verdiente.

Das ging so weit, dass er immer dann auf den Plan trat, wenn ich mich einer Schauspielagentur näherte oder ein neues Engagement in Aussicht stand. Ein Beispiel: Ich hatte auf einer Party mal einen jungen Schauspieler kennen gelernt, der mich mit seinem Berater bekannt gemacht hatte. Nach einem zweimaligem Treffen mit mir konnte er sich vorstellen, mit mir zusammenzuarbeiten und mich zu Castings zu schicken. Er vermittelte mich nun in den Cast für einen Fernsehfilm. Ich freute mich sehr über die Chance.

Die Casting-Agentin war sehr zufrieden mit mir und meinte, dass ich bestens auf die zu besetzende Rolle passen würde. Es ging um siebzehn Drehtage. Für mich bedeutete dieses Engagement aber viel mehr. Es wäre seit langer Zeit endlich mal wieder eine Rolle für mich und noch dazu bei einem anderen Sender gewesen. Mein Pech war jedoch, dass der besagte Manager einen seiner Schauspieler ebenfalls im Cast untergebracht hatte und dass er, nachdem er bei einem Besuch im Casting-Büro ein Bild von mir an der Wand entdeckt hatte, den Regisseur so lang bearbeitete, bis ich aus dem Rennen war. Damit war es ihm aber nicht genug. Er recherchierte, wer mich denn vertrat, und fand heraus, dass meinem Berater die Erlaubnis der Bundesanstalt für Arbeit fehlte, Jobs wie Schauspielrollen zu vermitteln. Er setzte ihn dann massiv unter Druck, sodass mein Berater sich entschied, mich nicht länger zu vertreten, was er mir aufgewühlt mitteilte. Er fragte mich noch, was ich bloß verbrochen hätte, dass dieser Manager mich fertig machen wolle.

Ich war also weiterhin ohne Job und wieder ohne Berater.

Der linke Manager, von dem die Rede war, stachelte dann sogar noch einen Zeitungsredakteur auf, in der *Bild am Sonntag* einen Artikel über mich zu bringen, in dem es hieß, ich würde jetzt als Tellerwäscher arbeiten, um mich über Wasser zu halten, weil ich keine Jobs mehr als Schauspieler bekäme. Dazu wurde ein Foto veröffentlicht, welches mich beim Tellerwaschen zeigt. Die Aufnahme war allerdings drei Jahre zuvor für eine Homestory in einem Teenie-Magazin fotografiert worden.

Eigentlich sollte man darüber schmunzeln und sich sagen, dass nichts uninteressanter ist als eine Nachricht vom Vortag. So bin ich heute auch drauf, und wenn mal etwas Negatives in der Zeitung stehen sollte, nehme ich das zur Kenntnis, aber rege mich nicht weiter darüber auf. Doch dieser Artikel machte mir noch lange zu schaffen. Er war nicht nur unangenehm, er zog größere Folgen nach sich, denn ich wurde fortan nicht mehr zu Castings eingeladen, was unter anderem an diesem Zeitungsartikel lag, wie ich mit der Zeit erfuhr. Bei der Verleihung des *Telestars*, ein Jahr später, wurde ich von einem Casting-Agenten aus Köln angesprochen, der sich wunderte, mich dort zu sehen. Er war sich aufgrund des Artikels in der *Bild am Sonntag* sicher gewesen, dass ich auf dem

Markt nicht mehr verfügbar sei und hatte mich deswegen aus seiner Kartei aussortiert. So einfach ist es, einem Menschen Steine in den Weg zu legen. Ich fragte mich allerdings, warum Profis, die selbst in den Medien arbeiten und wissen, was da abläuft, einfach alles glauben, was sie in der Zeitung lesen oder im Fernsehen sehen.

Zu diesem Zeitpunkt in meinem Leben schien beinahe alles Richtung null zu gehen: Ich erhielt keine Einladungen zu Castings oder gar Rollenangebote, ich hatte keine Freundin und nicht mal mehr vertraute Menschen in meiner Nähe. – Es gab mir Halt, Anja hin und wieder zu treffen. Ich fühlte mich wohl mit ihr. Vielleicht lag es daran, dass ich mich immer noch geliebt fühlte – sogar noch, als sie mir gestand, mit einem Typen abgestürzt zu sein. Ich ging davon aus, dass sie ihn mir zuliebe sofort sitzen lassen würde. Ich war mir in dieser Hinsicht sogar so sicher, dass ich keinerlei Eifersucht verspürte. Außerdem wusste ich, dass »abstürzen« bei ihr nicht bedeutete, dass sie mit dem Typen geschlafen hatte. Sie sammelte andere Erfahrungen, okay, aber sie war mir treu. Sie liebte mich und würde mich immer lieben. Das hatte sie mir schließlich mehrere Male gesagt. »Du bleibst immer mein Traummann …«

Die Geborgenheit, die Anja mir schenkte, half mir aber nicht zu verhindern, dass ich immer mehr ins Abseits geriet. Ich verbrachte die meiste Zeit allein in meiner Wohnung. Es war sehr bedrückend.

Deshalb freute ich mich riesig, als eines Abends Michael, mein Anwalt, anrief und mich mal wieder zum Essen einlud. Ich nahm die Einladung sofort an.

Michael und ich hatten uns seit meiner Firmengründung erst sporadisch, dann in regelmäßigen Abständen getroffen und verstanden uns sehr gut. Ich schaute ein wenig zu ihm auf.

Nachdem wir uns eine Weile über dies und das unterhalten hatten, bot er mir plötzlich an, mich zu unterstützen. Er schien wohlhabend zu sein und hatte selbst keine Kinder. Es ging nicht so weit, dass er sagte, er sähe in mir so etwas wie einen Sohn, sondern er wollte mein Mäzen sein und schlug mir vor, mir einen längeren Aufenthalt in L.A. zu finanzieren, wo ich dann auch eine Schauspielschule besuchen könnte. *Wow!* Dieses Angebot verschaffte mir eine neue Perspektive. Ich sah eine Möglichkeit, mich aus dem Sumpf zu ziehen.

Mir ging es nach dem Treffen mit Michael besser. Doch nicht nur sein Angebot ließ mich wieder Auftrieb gewinnen.

Anja besuchte mich in Hürth, und nach nur zwei Minuten, die sie in meiner Wohnung war, hatten wir Sex. Es war anders als das Liebemachen früher, irgendwie wilder und verwegener. Ich fühlte mich gut danach, ein bisschen zu cool womöglich. Ich dachte: Toll! Eine Frau, die mich begehrt, die mich liebt, die ich begehre, der ich aber zu nichts verpflichtet bin … Das gefiel mir.

Zwei Tage später rief Anja an und fragte mich, was nun Sache sei. »Eigentlich ist es doch so wie früher.«

Damit hatte sie Recht. Wir verstanden uns gut, schliefen miteinander … Doch ich wollte keine Verpflichtungen haben. Ich sagte ihr dann: »Ich gehe bald für ein Jahr nach L.A. und will lieber nicht, dass wir in einer Beziehung stecken, wenn ich so lange weg bin.« Ich war mir sicher, dass Frust vorprogrammiert war und hörte mich noch hinzufügen: »Ich hab dich sehr, sehr lieb, Anja, aber es ist keine Liebe mehr …« Sie wollte Klartext. Ich redete Klartext.

Anja weinte leise am Telefon, so als ob sie damit gerechnet, sich aber anderes erhofft hätte. Dann war sie plötzlich ganz ruhig. »Bleiben wir Freunde?«

»Sicher.« Ich war mir in diesem Moment aber nicht wirklich sicher, ob Anja es aushalten würde, mich mal zu sehen und mal mit mir zu telefonieren, jedoch nicht mehr mit mir zusammen zu sein.

»Ich wünsch dir viel Erfolg in Amerika«, sagte sie und zögerte. Wir wussten beide nicht, was wir zum Abschied sagen sollten. Bis dann? Bis bald?

Schließlich sagten wir »Tschüss«. Aber keiner von uns beiden legte auf.

Anja meinte, sie wolle nicht diejenige sein, die den Hörer auflegt, aber ich konnte die Leitung auch nicht einfach kappen. Doch sie bestand darauf, dass ich das Gespräch beende.

»Okay, dann lege ich jetzt mal auf.« Wir sagten noch einmal »Tschüss« und es machte »Klick«.

Im nächsten Moment schossen mir Tränen in die Augen. Was hatte ich getan? Vor einer Sekunde war ich mir noch so sicher gewesen, das Richtige zu tun, doch jetzt überkamen mich heftigste Zweifel. Ich liebte Anja – warum sonst weinte ich? Ich beruhigte mich nur allmählich und redete mir ein, dass nun Amerika wichtig war. Für Amerika musste ich frei sein, wollte ich frei sein! Außerdem liebte Anja mich, für immer – selbst wenn sie einen Neuen haben würde …

Abends traf ich Michael. Ich erzählte ihm von meinem Telefonat mit Anja.

»Entweder du liebst sie, oder du liebst sie nicht«, stellte er trocken fest. »Wenn du sie liebst, ist Amerika doch kein Hindernis!«

Sein Argument verunsicherte mich erneut. Ich entgegnete jedoch, dass es so besser sei. Für sie und für mich!

In der darauf folgenden Nacht konnte ich nicht einschlafen, weil ich unentwegt darüber nachdenken musste, ob es richtig gewesen war, was ich getan hatte. Doch das war nicht der einzige Grund für meine Schlaflosigkeit. Mein Körper verkrampfte sich in wiederkehrenden Schüben. Es schmerzte nicht sehr, aber etwa alle fünfzehn Minuten zogen sich meine Bauchmuskeln heftig zusammen. Ich schaltete den Fernseher ein, um mich abzulenken, und bin erst gegen Morgen eingeschlafen.

# KAPITEL 9

## Gebrochenes Herz

Die nächsten zwei Wochen verbrachte ich beinahe ausschließlich in meiner Wohnung. Nur um mir etwas zu essen zu besorgen, ging ich aus dem Haus. Die nächtlichen Krämpfe kehrten in unregelmäßigen Abständen wieder, waren aber noch einigermaßen zu ertragen.

Eines Abends klingelte mein Telefon. Es war Anja. Ich freute mich riesig, ihre Stimme zu hören. »Wie geht es dir?«, fragte ich und erzählte gleich übermütig, dass ich ganz gut drauf sei, was jedoch ziemlich übertrieben war.

Anjas Stimme klang ungewöhnlich ernst, als sie mir sagte, dass sie mir etwas mitteilen wolle.

»Gut, ich höre.«

Sie druckste ein wenig herum und meinte, dass wir ja nun auseinander seien und ich ja nach Amerika gehen würde …

»Ja, das ist auch immer noch so vorgesehen.« Ich erwartete die Bitte, mir es doch noch einmal alles anders zu überlegen.

»Ich habe mich in einen anderen verliebt. Wir sind jetzt auch zusammen.« Sie sagte das ganz ruhig.

Das war der größte Schlag ins Gesicht, den ich jemals bekommen hatte. Ich sackte in mich zusammen, und die Tränen liefen mir nur so über die Wangen.

Als ich nichts sagte, meinte sie: »Du willst doch sowieso nach Amerika …«

»Stimmt«, gab ich scheinbar gefasst zurück, doch ich spielte bloß. »Bleiben wir in Kontakt?«

Sie sagte, dass sie nicht wisse, ob das gut sei, denn es wäre für ihren Neuen eine blöde Situation, wenn sie öfters mit ihrem Ex telefonieren würde. Die Bedeutung des Wortes »Ex« bekam in diesem Moment eine ganz andere Tragweite.

»Ich verstehe … Aber wir können doch wenigstens mal telefonieren. Muss ja nicht jede Woche sein.«

»Wir können ja mal sehen«, meinte Anja zögerlich, und dann beendete sie das Gespräch. Sie müsse los. Klick.

Ich war wie versteinert und hielt das Telefon noch sekundenlang am Ohr. Meine Bauchmuskeln zuckten krampfartig, und ich ließ den Hörer zu Boden fallen.

Dann durchfuhr mich ein Krampf so heftig und überraschend wie der Schrecken über einen plötzlichen starken Donnerschlag. Ich verstand erst mal nicht, was da gerade mit mir passierte. Ich war verzweifelt über die Nachricht und völlig verstört wegen meiner körperlichen Reaktion. Ich machte mir Vorwürfe. Warum war ich bloß so verletzt?

Auf einmal war *ich* der Verlassene. Ich spürte nichts als Leere. Was um Himmels willen ging da in mir ab?

Die Krämpfe wurden so stark, dass sie meinen Körper zu beherrschen schienen. Ich konnte nichts tun, nicht mit meinen Muskeln gegensteuern, nicht mal meine Hände auf meinen Bauch legen. Ich konnte weder Arme noch Beine bewegen. Die Befehle meines Gehirns wurden einfach nicht mehr ausgeführt. Mein ganzer Körper war in Mitleidenschaft gezogen. Ich hatte das Gefühl, als ob mich jemand zusammenschlagen würde. Nur, dass dieser Jemand in mir drinnen war. Meine Nackenmuskeln verkrampften sich, und mein Kopf fing an zu zittern. Meine Beine und meine Arme waren ebenfalls außer Kontrolle, zitterten und zuckten. Mein ganzer Körper schmerzte so sehr, dass ich anfing zu schreien. Ich war nicht mehr Herr meiner selbst, was meine Angst natürlich noch steigerte. Diese Attacke begann gegen zwanzig Uhr abends und endete erst Stunden später, als ich nicht mehr weinen konnte und vor Erschöpfung einschlief.

Am darauf folgenden Morgen wachte ich gegen elf Uhr auf und fühlte mich sehr schwach. Ich ging auf wackligen Beinen ins Bad. Als ich einen Blick in den Spiegel warf, hätte ich mich beinahe selbst nicht wiedererkannt. Ich sah furchtbar mitgenommen aus. Ich starrte ungläubig in den Spiegel, hatte jedoch das Gefühl, als ob mein Spiegelbild mich fixieren würde und nicht umgekehrt.

Etwas später stellte ich mich unter die eiskalte Dusche und spürte eine Art Muskelkater. Dann legte ich mich wieder ins Bett.

Insgesamt habe ich weitere zwei Wochen die Wohnung nur verlassen, um mich alle paar Tage mit Joghurt oder Wasser von der Tankstelle gegenüber einzudecken. Sonst bin ich nicht aus dem Haus.

Die Krämpfe kamen in unregelmäßigen Abständen mindestens dreimal pro Tag und warfen mich jedes Mal zu Boden.

Doch nicht nur diese Attacken auf meinen Körper machten mir zu schaffen. Da ich keine Arbeit und keine Bezugspersonen hatte und mich völlig zurückgezogen hatte, verbrachte ich die meiste Zeit damit, über alles nachzudenken. Ich grübelte unentwegt. Dabei bin ich bis in meine frühe Kindheit zurückgegangen. Ich suchte nach Weichen in meinem Leben, die ich hätte umstellen können, um meinem Leben einen anderen Verlauf zu geben. Manchmal entdeckte ich solche Weggabelungen und fragte mich, warum ich nicht eine andere Richtung eingeschlagen hatte. Warum hatte ich zum Beispiel nicht einfach in einer Bank angeheuert. Dann wäre ich Bankkaufmann geworden und würde in einer kleinen gemütlichen Wohnung mit Anja zusammen wohnen. Wir hätten irgendwann Kinder gehabt und … Warum habe ich mich so intensiv um meine Karriere und meinen Job gekümmert und dabei aus den Augen verloren, was wirklich wichtig war? Warum war ich überhaupt so egoistisch und dachte nur an mich, hatte keinen Sinn für kleine Geschenke und solche Dinge, die meine Zuneigung und Liebe für andere gezeigt hätten.

Geschenke! Kleine Freuden bringen Glück ins Leben und in die Liebe. Wenn ich mal welche empfangen hatte, freute ich mich sehr darüber. Doch im Verhältnis zu dem, was Anja mir an Freude bereitete, war mein Einsatz leider eher gering.

Anja hatte immer ein richtiges Händchen für feierliche Stimmungen gehabt. Ich dachte oft an die Zeit mit ihr. Am 27. Juli 1996, meinem 22. Geburtstag, hatte sie mich um acht Uhr morgens geweckt. Sie küsste mich und gratulierte mir mit glücklichen und strahlenden Augen zum Geburtstag. Ich stand auf, und sie verdeckte mit ihren Händen meine Augen und führte mich ins Wohnzimmer, wo liebevoll der Tisch gedeckt war. Ein Kuchen stand auf dem Tisch und zweiundzwanzig Kerzen brannten. Auf meinem Platz lagen ein Geschenk und eine Geburtstagskarte.

Doch das war nicht alles. Am späten Abend, nach meiner Arbeit, führte Anja mich zum Schlossgarten, der fünfzehn Minuten von unserer Wohnung entfernt lag. Sie hatte ihren Rucksack dabei. Die Dämmerung brach inzwischen herein, und ein warmer milder Wind wehte. Wir gingen in dem Garten spazieren, der an einen Park angeschlossen war. Dann führte Anja mich zu einer Bank in der Nähe eines kleinen Sees gegenüber dem Schloss. Sie bat mich, meine Augen zu schließen. Fünf Minuten später durfte ich sie wieder öffnen und schaute direkt in ein Herz aus zweiundzwanzig Teelichtern. Es war unglaublich romantisch! Sie kam zu mir auf die Bank und kniete fast vor mir. Sie hatte Tränen in den Augen und sagte mir, wie sehr sie mich liebe und dass sie sich wünsche, dass wir noch sehr, sehr lange zusammenbleiben würden.

Ich umarmte sie und sagte: »Danke.« Einfach nur »danke«. Ich sagte nicht, dass ich sie liebe und dass ich mir ebenfalls wünsche, dass wir bis an unser Lebensende zusammenbleiben. Ich war zu feige zu sagen, ich liebe dich! Ich sprach diese Worte nie aus. Ich sagte ihr oft, dass ich sie lieb habe, aber nie »Ich liebe dich«.

Irgendetwas in mir lässt mich Angst vor verbindlichen Liebesversprechen haben. Obwohl ich mehr verspürte als nur ein Liebhaben, traute ich mich nicht, ihr diese drei Worte zu sagen, denn ich hatte Angst, damit zu viel zu versprechen. Ich hatte Angst, Anja nicht gerecht werden zu können, und wahrscheinlich auch Angst, mich selbst zu verlieren, mich von den Gefühlen eines anderen abhängig zu machen. Vielleicht wollte ich mir auch eine Hintertür offen halten. Aus Vorsicht und aus Feigheit. Ich war zu feige, mich für Anja zu entscheiden.

Für Anja hingegen stand immer fest, dass ich ihr Traummann war. Sie hatte mich sechs Monate nach unserem Kennenlernen bereits gefragt, ob ich meine Traumfrau *auch* gefunden hätte.

Ich antwortete damals spontan und ehrlich: »Nein.« Wie sollte ich wissen, ob Anja meine Traumfrau war, ohne andere Frauen kennen gelernt zu haben? Wir waren noch nicht lange zusammen.

Anja war über meine Antwort damals natürlich sehr traurig gewesen, aber sie hörte nicht auf zu hoffen, dass sie meine Traumfrau werden würde.

Nach fast zwei Jahren, also bis zu dem Abend am Schloss war ich immer noch nicht weiter. Ich sah die Bedürfnisse von Anja nicht und gab wohl auch nie zurück, was sie mir an Gefühl schenkte. Lange Zeit registrierte ich nicht mal, dass das so war.

Das machte ich mir nun zum Vorwurf. Warum hatte ich das Glück, das zum Greifen nah gewesen war, nicht fassen können und mit dem Bund fürs Leben an mich gebunden? Warum war ich so blöd gewesen, es nicht erkannt zu haben? Jetzt aber war auf einmal glasklar, dass Anja meine Traumfrau war und dass sie die einzige Frau auf Erden sein sollte, mit der ich mein Leben bis zum Tode zu teilen bereit war. Doch ich hatte sie verloren. Ich bereute das alles sehr und verstand die Krämpfe bald als Rache meines Herzens. Es kam mir so vor, als wäre mein Herz entzweigerissen und wolle mir nun klarmachen, dass es ab jetzt über mein Leben regieren würde und selbst meinen Verstand unter Kontrolle hatte.

Diese Erkenntnis immerhin brachten mir die Schmerzen: Ich habe ein Herz. Ich kann einen Menschen lieben. Ich hatte Anja so fest ins Herz geschlossen, dass ich sie nicht einfach wieder rauslassen konnte. Ich war nicht bereit, sie gehen zu lassen. Aber sie wollte weg von mir. So erklärte ich mir die Krämpfe, die in meinem Innern tobten und ungeheuerliche Schmerzen verursachten.

# KAPITEL 10

## Suche nach Bestätigung

Nach vierzehn Tagen Alleinsein dachte ich, ich drehe durch, und bin dann endlich wieder öfters aus dem Haus und unter Menschen, um mich abzulenken. Doch überall wo ich hinkam, erinnerte mich etwas an Anja.

Ich beschloss, so bald wie möglich nach Amerika zu fliegen. Der Gedanke, alles hinter mir zu lassen, half mir. Also verabredete ich mich mit Michael.

Michael erklärte mir, dass er sein Geld fest angelegt habe, ich aber in spätestens vier bis acht Wochen abreisen könne. Ich wäre am liebsten sofort aufgebrochen, doch nun musste ich durchhalten.

Bald bin ich fort, redete ich mir ein, wenn ich dachte, das alles nicht mehr aushalten zu können. Ich hatte neben meinem Liebeskummer ja auch noch das Problem, keine Arbeit zu haben und kein Geld zu verdienen.

Ich beruhigte mich mit dem Gedanken, als gestärkter Mann aus den USA zurückzukommen und noch einmal von vorn anzufangen. Wenn ich gefragt würde, was ich denn zurzeit mache, könnte ich sagen, dass ich eine bewusst herbeigeführte Auszeit nehme, um mich in Kalifornien weiterzubilden. Mit dieser Einstellung fiel mir das Leben etwas leichter, und ich hatte sogar den Mut, das Studiogelände zu besuchen, um nach meinem Postfach zu schauen.

Ich war an diesem Tag innerlich nicht so angespannt wie sonst und rief später noch meine Mutter an und erzählte ihr, dass es weitergehen würde und sie sich nicht sorgen müsse. Das war mir wichtig. Meine Krämpfe und meine Trauer um Anja verschwieg ich ihr.

Wenn mich in dieser Zeit jemand auf die Trennung ansprach, schaffte ich es meist, cool zu reagieren, und sagte, dass es so besser sei oder etwas Ähnliches. Mit jemandem über meine wahren Gefühle sprechen konnte ich nicht. Ich redete mir ein, dass sowieso niemand für das, was in mir vorging, Verständnis haben würde. – Nur Michael ließ ich von meinem Kummer wissen, die Krämpfe verschwieg ich allerdings auch ihm. Womöglich aus Angst, als zu schwach oder als psychisch nicht auf dem Deck abgestempelt zu werden.

Ich nahm mir schließlich vor, mein ramponiertes Selbstbewusstsein durch Frauengeschichten aufzupolieren. Ich dachte, du kannst auch andere Frauen haben. Warum muss es denn dabei um Liebe und große Gefühle gehen? Warum nicht einfach bloß um Sex. *Yeah*! Ich feuerte mich selbst an. Ich sagte mir, vergiss doch Anja und den ganzen Liebeskummerwahn und genieße deine Freiheit. One-Night-Stands entsprachen zwar nicht meinem Naturell, und ich konnte es mir bis zu dem Zeitpunkt auch gar nicht so recht vorstellen, als Casanova durch die Straßen zu ziehen, aber plötzlich erschien es mir sehr reizvoll, mich auch auf diesem Gebiet mal auszuprobieren.

Ich bin dann eines Nachmittags in die Badewanne gehüpft und habe mir hinterher das erste Mal in meinem Leben meine Schamhaare gestutzt – mit einer Nagelschere. Das war gar nicht so einfach. Schließlich sollte es gleichmäßig geschnitten sein. Ich hatte richtig Angst, mich zu schneiden … Ich sah schon die Schlagzeile vor mir »Soap-Darsteller beim Sackrasieren verblutet!« – Wie peinlich. Als ich meine Behaarung im Untergeschoss endlich vorzeigetauglich gezähmt hatte, warf ich einen Blick in den Spiegel und befand, dass ich auch meine Frisur verändern müsse. Da meine Haare vorn meist bis zur Nasenspitze reichten, zog ich entweder einen Scheitel oder gelte sie nach hinten, um cooler auszusehen – aber mittlerweile waren sie einfach zu lang. Nach dem Friseurtermin, den ich auf die Schnelle noch bekommen hatte, waren meine Haare dann nur noch zwei bis drei Zentimeter lang. Ich sah komplett anders aus. Ich war nicht mehr der kleine Süße mit dem Scheitel, sondern der kleine Harte mit dem Mecki. Es war gewöhnungsbedürftig. Doch nach einem weiteren prüfenden Blick in den Spiegel gefiel mir der *style* richtig gut. Er passte zu meiner veränderten Gemütslage. Ich sah nicht nur anders aus, ich fühlte mich auch anders.

Bevor ich am Abend auf die Pirsch in eine Großraumdisco loszog, machte ich noch einige Liegestütze. Dann ging es los.

Allein auszugehen war ein Novum, daher inspizierte ich den Laden erst mal in aller Ruhe und scannte die Gäste. Hier und da wurde ich angesprochen, ob ich nicht der Typ aus *Unter uns* sei. Die Mädchen kicherten aufgeregt, und die Jungs bellten im Hintergrund.

Ich habe mir an der Bar eine Apfelsaftschorle bestellt und mich cool an den Tresen gelehnt. Ausstrahlen wollte ich, dass ich zufrieden, unangreifbar und ein *Womanizer* bin. Ich war mir auch sicher, das gut hinzubekommen. Zuversichtlich wartete ich darauf, dass mich das richtige Mädchen ansprechen würde, denn ich selbst hatte nicht den Mut dazu.

Da es jedoch erst dreiundzwanzig Uhr war, und ein Großteil der anwesenden Mädchen für mein Vorhaben nicht infrage kam – die meisten waren sicher unter achtzehn – habe ich nach einer Weile auf einen Fernseher geglotzt und so getan, als ob ich mir interessiert das dort laufende Fußballspiel angucken würde. Das Spiel war entsetzlich langweilig.

Als ich mir meine vierte Apfelsaftschorle bestellte, sprach mich ein Typ blöd von der Seite an. Vollidiot, dachte ich und drehte mich kommentarlos weg.

Er ließ aber nicht locker und erklärte mir mit Wonne, dass man so einen Schrott wie eine Daily Soap doch gar nicht ansehen könne. »Da würde ich im Traum nicht mitspielen. Wäre echt unter meinem Niveau. Aber ich bin ja auch nicht so ein gelackter Typ, der auf lieb und treu macht, obwohl es überhaupt nicht stimmt.«

»Aha«, erwiderte ich mehrere Male mit einem gespielt interessierten Blick, während er mich weiter zudröhnte.

Jede Frau, die sich auf den Weg in meine lüsternen Arme machen wollte, fing er mit einem peinlichen Spruch so à la »Bist du etwa auch so eine blöde, kreischende Schnalle, die mal mit 'nem Promi quatschen will?« ab.

Das war den meisten natürlich zu peinlich, also sind sie an mir vorübergezogen.

Ich hatte ein Problem! Und diese Laberbacke hatte scheinbar ebenfalls ein Problem, mit seinem Ego nämlich, denn er fragte mich plötzlich, was an ihm denn anders sei als an mir, und warum die Mädchen, ob sie mir nun gefielen oder nicht, anfingen rumzuquieken, wenn sie mich erblickten?

Am liebsten hätte ich geantwortet, weil dein Neid-Gen so ausgeprägt ist, dass es fast den ganzen Platz in deinem Hirn einzunehmen scheint. Aber weil ich ein höflicher Mensch bin, sagte ich ihm freundlich, es könnte vielleicht daran liegen, dass er jemand anderes sein möchte als er ist, und daran, dass er das so offensichtlich zeigen würde, dass es auch anderen auffiel, und dass er damit genau das Gegenteil von dem erreiche, was er wolle.

Danach war erst mal fünf Minuten Ruhe.

Oh, oh! Ich checkte den schnellsten Weg zum Ausgang und grinste ihn freundlich an.

Er starrte mich sprachlos an. Vermutlich brauchte er einen Moment, um darüber nachzudenken, was ich ihm gerade gesagt hatte. Während ich eine Schorle getrunken hatte, hatte er drei Bier runtergekippt, und seine Spritfahne zog deutlich zu mir herüber.

Er starrte mich immer noch an.

»Alles klar?« Ich sah ihn mit hochgezogenen Augenbrauen an. Auf einmal konnte ich sehen, wie seine Rotoren im Hirn begannen aufzudrehen. Ich wandte mich kurz um, weil ich mir das Lachen kaum verkneifen konnte. Auf einmal erreichten mich die Schallwellen seiner Stimme erneut. Er fragte, warum ich denn nie mit Ute (ein Charakter aus *Unter uns*) zusammengekommen wäre. Die Frau sei doch so schön.

Rums! Nun starrte ich ihn an. Erstaunt.

Bevor ich hätte antworten können, was ich aber gar nicht vorhatte, rückte er mit der nächsten Frage heraus und wollte wissen, ob ich mich gut mit meinen Kollegen verstanden hätte.

Ehe ich mich versah, befand ich mich wie in einem Verhör, und der coole, abgeklärte Fernsehserien- und Schauspielerhasser entpuppte sich als vermutlich *der* größte Fan der Serie. Auf solch ein Gespräch hatte ich zwar keine Lust, aber immerhin konnte ich mich nun freundlich mit dem Typen unterhalten. Er spielte mir dann sogar ein paar weibliche Bekanntschaften zu, indem er schüchtern um uns herumschleichende Mädchen zu uns heranwinkte und mich ihnen vorstellte. Ich sah eine Chance, meine anfänglichen Pläne doch noch in die Tat umzusetzen.

Ich konnte nun in aller Ruhe eine Frau nach der anderen abchecken. Er sorgte sogar dafür, dass sie ihre Telefonnummern auf Zettel schrieben. Irgendwann ist er dann abgehauen, und ich stand mit Nadine – einen Meter achtzig groß, schlank, blaue Augen und blonde Haare – am Tisch.

Die Unterhaltung war nicht sehr anspruchsvoll, sie quatschte unentwegt von Sex und wo sie es gern mal treiben würde. Ich dachte, dass dies nicht die schlechteste Voraussetzung für mein Vorhaben ist und beschloss, die Nummer mit ihr durchziehen. Als sie mir sagte, was für schöne Lippen ich hätte, und mir dabei mit ihrem Zeigefinger, den sie neckisch an ihrer Zungenspitze befeuchtet hatte, über meine Unterlippe strich, nahm ich sie und küsste sie innigst. *Wow*! Wir fummelten uns durch den ganzen Barbereich, bevor ich vorschlug, zu mir nach Hause zu fahren.

Kurz darauf saßen wir in einem Taxi, und das Gefummel ging weiter. Sie nahm meine Hand und schob sie unter ihren Rock … Ich fand das zwar aufregend, aber mir war die Situation doch auch ein wenig unangenehm und ich sah besorgt in den Rückspiegel beim Fahrer vorn. Unsere Blicke trafen sich, und ich versuchte ihm mit den Augen zu verstehen zu geben, dass ich nichts für die Spielereien könne. Er signalisierte mir, dass ich ruhig weitermachen solle. Und als hätte sie es mitbekommen, versuchte sich Nadine auf meinen Schoß zu setzen, was ein wenig schwierig war, denn sie hatte sehr lange Beine, und es war nicht übermäßig Platz auf der Rückbank. Aber weil ich mir ja vorgenommen hatte, der *Womanizer* zu sein, versuchte ich sie nach rechts zu drücken, um mich dann über sie beugen zu können. Sie ließ sich allerdings mit solcher Wucht fallen, dass ihre Füße an die Decke stießen und sie mit dem Kopf auf die Armlehne der Tür knallte. Sie lachte dabei herzlichst auf und zog mich dann zu sich. An dieser Stelle unterbrach ich die Übung, weil es offensichtlich war, dass sie eigentlich nur Show machte. Außerdem versuchte der Taxifahrer angestrengt sein Lachen zu unterdrücken. Wenig später standen wir vor meiner Haustür. Sie zog schnell einen Zwanziger aus ihrer Handtasche und reichte dem Fahrer den Schein lässig zwischen zwei Fingern.

Oben angekommen, verschwand Nadine sogleich im Badezimmer, und ich fragte mich kopfschüttelnd, was ich hier bloß tat, freute mich aber auch schon auf das, was noch kommen würde. Wenn die Frau davor schon so abging, konnte ich sicher noch etwas Aufregendes erwarten …

Dann durfte ich ins Bad, und als ich wieder rauskam, lag Nadine schon auf dem Bett. Ich hatte mich vor sie gestellt und wollte zu ihr hinuntersinken, aber da richtete sie sich auf und begann meine Hose zu öffnen. *Yeah baby*! Das ist gut. Ich habe mir noch angesehen, wie sie meinen Gürtel aus der Schnalle zog und schloss dann in heißer Erwartung die Augen. Doch es passierte nichts! Sie zog zwar meine Hose herunter, ließ mich dann aber so dastehen und legte sich wieder ins Bett. Ich öffnete meine Augen, und sie machte mit ihrem Zeigefinger eine Komm-her-Geste. Saupeinlich!

Nadine hatte mich voll auflaufen lassen. Ich musste mich erst mal auf die Matratze setzen, um meine Schuhe auszuziehen. Ich kam mir total bescheuert vor. Präpariert mit einem Kondom lagen wir dann splitternackt übereinander. Jetzt konnte es losgehen …

Mittendrin stoppte sie plötzlich ihre sparsam eingesetzten Bewegungen und sagte, dass sie so etwas noch nie gemacht hätte und normalerweise auch keine One-Night-Stands mochte.

Na prima! Vielleicht hätte sie mir das hinterher sagen können oder am besten überhaupt nicht. »Ich auch nicht!«, gab ich zurück und wollte fortfahren, aber irgendwie hatte ich keine Lust mehr. Ich legte mich einfach neben sie und schlief schließlich ein.

Aufgewacht bin ich dann am Morgen auf dem Boden, weil Nadine die ganze Matratze für sich in Anspruch genommen hatte.

Ich brachte sie noch zur Straßenbahn und befand diese Aktion für missglückt.

Ich ließ mich von diesem Erlebnis aber nicht entmutigen und versuchte weiterhin mein Glück. Nur einige Tage später, ich war auf dem Nachhauseweg vom Einkaufen, riefen mir zwei Mädchen nach, ich solle doch bitte mal warten.

Ich stoppte und wandte mich um.

Die beiden waren nicht besonders hübsch, aber sympathisch. Wir unterhielten uns erst im Weitergehen, machten dann an einer Bank Halt. Ich erfuhr, dass Judith, die Braunhaarige, eine Umschülerin war und Nina, die Dunkelblonde, eine Arzthelferin aus Hürth. Die beiden waren lustig drauf. Nach einer Weile fingen sie an von Sex zu reden … Äh, das hatte ich doch schon mal.

Ich tat cool. Nach einer Weile, wir waren mittlerweile beim Thema Oralsex angelangt, verabschiedete sich Judith.

Ich bin dann wenig später mit Nina zu mir nach Hause gegangen, und wir haben es uns auf dem Bett bequem gemacht. Es gab auch keine andere Sitzgelegenheit. Wir machten ein bisschen rum und nach einer Weile zog ich ein Kondom hervor.

Da richtete sich Nina abrupt auf. »Ne, nicht mit Gummi. Dagegen bin ich allergisch.«

»Das glaubst du doch wohl selber nicht«, schoss es aus mir heraus, und auch ich setzte mich auf. »Wie stellst du dir das vor?«, fragte ich dann höflich.

Sie schlug mit selbstverständlichem Tonfall vor, dass ich ja rechtzeitig herausziehen könne.

Nicht zu fassen, hatte die Frau nie die *Bravo* gelesen?

Im nächsten Moment zog sie mich zu sich hinunter und flüsterte mir ins Ohr, dass ich wirklich aufpassen müsse, denn sie würde die Pille auch nicht vertragen.

Das war das Ende der Veranstaltung. Ich glaubte nicht, was ich da hörte und hakte die Nummer ab. Ich klärte sie verärgert auf und beschwerte mich ein wenig über ihren sorglosen Umgang mit den Gefahren Aids und ungewollter Schwangerschaft. Das alles schien ihr aber gleichgültig zu sein.

»Mit Gummi geht aber nicht«, meinte sie noch mal trotzig.

»Und ohne nicht mit mir.« Ich schaltete den Fernseher ein.

Nach zwanzig Minuten schrieb sie mir ihre Telefonnummer auf einen Zettel und ist dann gegangen. Den Zettel zerknüllte ich und warf ihn in den Mülleimer.

Ich muss zugeben, dass ich schon ein wenig frustriert war. Zweimal ’ne Frau im Bett gehabt zu haben, ohne einmal richtig gekommen zu sein, ist keine gute Bilanz.

Eine Woche darauf bin ich dann nach Hamburg gefahren. Dort lernte ich an einem Abend auf der Reeperbahn Mira kennen. Ich war mit ein paar Freunden unterwegs, als sie mich gegen drei Uhr morgens auf der Straße anquatschte. Mira war siebzehn, hatte braune Augen und schulterlange rote Haare. Sie hatte eine Freundin dabei, an deren Namen ich mich nicht mehr erinnere. Wir setzten uns alle gemeinsam draußen vor eine Kneipe und bestellten Getränke. Wir lachten so viel miteinander, dass man den Eindruck haben konnte, wir würden uns schon ewig kennen.

Gegen sechs mussten die beiden Mädchen dann zum Hauptbahnhof, weil ihr Zug nach Norddeich-Mole fuhr. Sie besuchten dort ein Internat.

Da ich nach jeglicher Art von Ablenkung lechzte, bin ich spontan mit in den Zug gestiegen.

In Norddeich-Mole angekommen war mir die Situation dann doch ein wenig suspekt, und ich ärgerte mich, dass ich nicht in Hamburg geblieben war. Doch nun war ich einmal hier und ging mit den beiden zum Internatsgelände.

Miras Freundin wohnte in einem anderen Gebäude, sodass ich nach wenigen Metern auf dem Grundstück allein mit Mira weiterging. Wir kamen an einer mit großen Fenstern ausgestatteten Kantine vorbei, in der mindestens hundert Internatsschüler zum Frühstück versammelt waren. Einige davon erkannten mich als Till Weigel wieder und riefen entweder meinen Rollennamen oder meinen richtigen Namen. Das machte auch andere aufmerksam …

Ich wäre am liebsten im Erdboden versunken, so unangenehm war mir diese Situation. Ich bildete mir ein, dass alle ganz genau wussten, was ich hier wollte: Sex mit einer siebzehnjährigen Internatsschülerin. Ich wurde nervös.

Als wir Miras Wohntrakt erreichten, beruhigte ich mich allmählich wieder. Mira führte mich in ihr Zimmer, das sie mit einem anderen Mädchen teilte, das aber über das Wochenende bei ihren Eltern war. Ich entschuldigte mich kurz und suchte die Toilettenräume und landete in einen typischen Schulwaschraum, in dem ich die Bekanntschaft mit ein paar Jungen aus dem Internat machte, die sich gerade stylten. Die schienen ihren Augen nicht zu trauen: Einer aus dem Fernsehen ging bei ihnen aufs Klo.

Es dauerte nach meiner Rückkehr in Miras Zimmer nicht lange, und der Raum füllte sich mit Internatsschülern und -schülerinnen, und ich durfte mal wieder meinen ganzen *Unter-uns*-Werdegang erzählen. Zum Glück machte Mira dem Spektakel nach einer Weile ein Ende und lud mich zu einem Spaziergang ein. Wir verließen das Gebäude durch das Fenster ihres Zimmers und liefen in Richtung einer großen Wiese, die hohe Büsche vom Internatsgelände trennten. Dahinter waren wir gut abgeschirmt.

Wir setzten uns auf eine Bank und redeten ein wenig. Ich war sehr müde und wäre am liebsten eingeschlafen, doch Mira begann mich zu küssen und nestelte plötzlich an meinen Klamotten herum. Sie wollte, dass ich mich einfach entspanne … So kam es, dass wir Sex in freier Natur hatten – die einzige Zeugin des Aktes war eine gerade mal fünfzig Meter entfernt stehende, friedlich grasende Kuh.

Wir benutzten selbstverständlich ein Kondom, und am Ende war die Kuh satt, ich gekommen und Mira befriedigt. Das hoffe ich zumindest!

Mira hat mich danach zum Bahnhof gebracht, weil der nächste Zug sonst erst gegen Abend gefahren wäre. Während der Zugfahrt schlief ich entspannt durch. Ich hatte endlich meinen One-Night-Stand gehabt.

Wir telefonierten noch am selben Tag miteinander.

Mira besuchte mich ab und zu in Köln. Und ohne dass sie es wusste, wurde sie eine Schlüsselfigur in meinem Kampf gegen all die negativen Ströme, die sich in mir ausbreiteten. Sie wirkte wie Balsam, der meinen Schmerz linderte – nicht nur, dass wir miteinander schliefen, wenn wir uns sahen, trug dazu bei, sondern auch ihre Unbekümmertheit und die »Ist mir doch egal wer und was du bist«-Einstellung. Sie hatte absolut nichts mit dem Showbiz zu tun und überwiegend ihre Nordsee und die Insel Juist, auf der sie lebte und aufgewachsen war, im Kopf. Bis heute bin ich mit ihr in Kontakt, und sie wird immer auf mich zählen können.

Als ich wieder zurück aus Hamburg in Köln war, lernte ich auf einer Party eine weitere Frau kennen, die mir noch im Gedächtnis bleiben sollte: Saskia. Sie war einen Kopf größer als ich, hatte lange braune Haare, blaue Augen und arbeitete in einer Werbeagentur. Wir waren uns vom ersten Moment an sympathisch.

Saskia stellte mir schon bald ihre beste Freundin Nicole vor, die mir zunächst auch recht freundlich erschien. Wir trafen uns einige Male zu dritt, denn Saskia und Nicole waren eng befreundet und wohnten auch zusammen. Ich träumte heimlich von Sex zu dritt, aber diese Seifenblase zerplatzte ziemlich schnell. Als ich mal bei den beiden zu Hause war und wir uns *What's eating Gilbert Grape* mit Leonardo DiCaprio und Johnny Depp anschauten, lagen wir alle gemeinsam auf dem großen Bett. Sobald ich Saskia jedoch näher kam, warf mir Nicole vernichtende Blicke zu. Ich machte mir einen Spaß daraus und legte immer mal wieder meinen Arm um Saskia oder berührte sie wie zufällig. Ich war mir ziemlich sicher, dass Nicole in Saskia verknallt war und sie jeden Typen am liebsten gelyncht hätte, der sich Saskia näherte.

Ich mochte Saskia, und ich sah gern in ihr süßes Gesicht. Dass sie fast einen Kopf größer war als ich, störte mich nicht – obwohl ich sonst eher der Typ bin, der kleinere oder gleich große Frauen bevorzugt. Ich mag es nicht gern, wenn ich fast auf den Zehen stehen muss, um einer Frau einen Kuss zu geben.

Nach ein paar Wochen war Saskia mal ohne Nicole bei mir zu Besuch. Und diesmal schien alles zu stimmen. Saskia hatte keine Gummiallergie, wollte nicht, dass ich vorher rausziehe und nahm die Pille.

Nachdem wir die ersten Zärtlichkeiten ausgetauscht hatten, sagten wir beide, dass wir eigentlich keine One-Night-Stands mögen und dass das eine Ausnahme sei.

Saskia befürchtete plötzlich, dass sie sich in mich verlieben könnte, wenn wir uns erst einmal so nah gewesen wären. Ich wusste nicht, was ich darauf sagen sollte. Ich wollte nur Sex, auf eine Beziehung hatte ich überhaupt keine Lust. Außerdem war ja auch die Liebesregion in meinem Herzen noch voll besetzt …

Ich wollte Saskia mit einem zärtlichen Kuss besänftigen, aber sie wollte sich nicht küssen lassen, zumindest nicht voller Hingabe, denn das sei nur einer wahren Liebe vorbehalten, meinte sie.

Dieser Logik konnte ich zwar nicht ganz folgen, denn wir hatten uns ja schon vorher geküsst, aber bitte, musste ja nicht sein. Und so schaute ich sie mit unschuldigem Blick und einem vertrauensvollen Lächeln an und mutmaßte laut, dass ich ihre hohen Anforderungen an einen Mann vermutlich gar nicht erfüllen könne. Damit meinte ich aber nicht die Schwanzgröße.

Sie antwortete trocken: »Stimmt!«, wurde dann aber eher lasziv und verwandelte sich von der einen auf die andere Sekunde in einen Sexvamp, der Männer als Spielzeug betrachtete. Sie veranstaltete so alles Mögliche, und in mir wurden ungeahnte Gelüste geweckt. Da nur die Straßenlaterne den Raum schwach erhellte, sahen wir uns nur schemenhaft.

Auf einmal positionierte sie sich vor mir und signalisierte, dass ich sie von hinten nehmen solle. *Okay baby*. Ich nahm mir vor, sie mehr Kraft und Wucht spüren zu lassen, als sie es sich jemals erträumt hätte. Ich brachte mich also hinter ihr in Stellung und wollte meinem Freund behutsam den Weg weisen, musste jedoch feststellen, dass ich nicht an sie heranreichte. *Fuck off*, was geht hier ab! Ich hatte noch niemals das Gefühl gehabt, dass mein Freund zu klein sei, aber in diesem Moment bekam ich fast Panik. Ich versuchte mich größer zu machen und ging in die Hocke, aber sie hatte es schon bemerkt.

Dann fragte sie auch noch: »Kommste noch?«

Oh Mann, ich fühlte mich so klein. Aber im Großen und Ganzen fand ich die Situation auch so lustig, dass ich anfing zu lachen. Ihre Beine waren halt extrem lang, sodass ihr Po an meinen Bauch ragte, während ich ebenso wie sie auf den Knien lag oder stand. Wie auch immer!

Sie hatte auch gelacht, gab mir aber nicht das Gefühl, mich auszulachen. Ich holte mein Kopfkissen und kniete mich darauf und wir spielten uns ein. – Um das noch mal kurz klarzustellen: Es war ein ungefährer Abstand von fünfzehn Zentimetern, der zwischen unseren Geschlechtparts klaffte und überbrückt werden musste. Nein, mein P. ist nicht nur zwei Zentimeter groß! – Im Liebesrausch bemerkte ich dann irgendwann, dass das Gefühl plötzlich intensiver wurde, aber ich war zum Kombinieren nicht in der Lage. Erst beim langsamen Herausziehen meines Freundes stellte ich fest, dass das Kondom gerissen war. Mist! Auch das noch!

Saskia blieb cool und wiederholte immer wieder, dass sie ja die Pille nehme und noch überhaupt keine Lust auf Kinder habe.

Ihre Worte beruhigten mich.

Am nächsten Morgen machte ich mir aber wieder Sorgen. Saskia reagierte abermals ziemlich cool. Sie schien irgendwie abgeklärt.

»Wie kann so etwas nur passieren? Scheiß Gummis!«, fluchte ich.

Da klärte sie mich darüber auf, dass sie nicht richtig feucht werden würde, und wenn sich der Akt etwas länger hinzöge, es schon mal passieren könne, dass das Kondom kaputtgehe …

Na toll! Gesagt hatte sie vorher nichts davon, weil sie nicht davon ausgegangen war, dass sich das Rein und Raus mehr als fünf Minuten hinziehen würde, und dann setzte sie noch einen drauf und sagte: »Als Schauspieler verdienst du doch genug Kohle und kannst dir ein oder zwei Kinder sicher locker leisten.«

Das fand ich gar nicht so lustig und konnte ihren Spruch auch nur mit einem gequälten Lächeln kontern. In meinen Augen war aber deutlich zu sehen, dass mir die Vorstellung, ungewollt Vater zu werden, gehörig Angst machte.

Saskia grinste und sagte, dass sie Gewissheit haben würde, denn sie würde in den nächsten Tagen ihre Regel erwarten.

Dann ist sie gegangen.

Die nächsten Tage malte ich mir die schlimmsten Szenarien aus. Um nicht allzu ängstlich zu wirken, sprach ich sie die nächsten zwei Tage am Telefon nicht darauf an. Doch ab dem dritten Tag wollte ich nun doch wissen, was Sache war. Nur konnte ich sie nicht mehr erreichen. Entweder ging sie nicht ans Telefon, die Mailbox sprang gleich an oder Nicole nahm das Gespräch entgegen und teilte mir unhöflich mit, dass ich warten solle, bis Saskia sich melde.

Saskia meldete sich aber nicht, auch nicht nach meinen Nachrichten, die ich ihr in den folgenden drei Tagen auf der Mailbox hinterließ. Ich verstand überhaupt nichts mehr.

Am vierten Tag schickte sie mir eine SMS, in der sie mir mitteilte: »Die Regel blieb aus. Ich denke, du wirst Vater. Ich brauche jetzt Zeit!«

Das war's, kein Gespräch, kein Anruf, keine Antworten auf meine Fragen per SMS. Nix! Ich war fassungslos. Ich fühlte mich vollkommen hilflos in dieser Situation. Nach einigem Nachdenken nahm ich mir jedoch vor, abzuwarten und Saskia die Zeit zu geben, die sie benötigte. Ich konnte den Gedanken, Vater zu werden, somit erst mal ohne schlechtes Gewissen verdrängen.

Ich lenkte mich damit ab, nach Schauspielschulen in L.A. zu recherchieren und die Kosten für die Reise durchzurechnen. Mein Wunsch, alles hinter mir zu lassen, wurde immer größer.

Ärgerlicherweise hatte ich einen Jahresvertrag für die Wohnung unterschrieben, und der Vermieter wollte mich auch nicht vorzeitig aus dem Vertrag entlassen. Ich kalkulierte also eher streng, suchte mir aber trotzdem nicht die allerbilligste Kategorie an Unterkünften aus. Am Ende stand eine fünfstellige Summe unter der Kostenaufstellung, die ich bei einem Treffen Michael zeigte.

Die Summe war ihm prompt zu hoch.

Wir änderten das Sponsoring deshalb zur Hälfte in ein zinsloses Darlehen um. Damit war die Sache für mich endgültig besiegelt. Ich brauchte mir nur noch auszusuchen, wann ich losfliegen wollte.

Zu diesem Zeitpunkt – ich war restlos pleite – erhielt ich einen Anruf meiner Hausbank. Ich wurde gebeten, mit Kredit- und EC-Karte in der Bank vorbeizuschauen. Mir schwante Böses! Ich hatte mit Hilfe meiner Kreditkarte meine finanzielle Situation künstlich auf einem Null-Level halten können, indem ich alle sechs Wochen Bargeld über meine Kreditkarte aus dem Automaten gezogen und damit mein immer weiter ins Minus geratenes Girokonto ausgeglichen beziehungsweise im Dispositionsrahmen gehalten hatte.

In der Bank machte es jedoch »Schnippschnapp«, und beide Karten flogen im hohen Bogen in die Mülltonne. Meine Schummelei war aufgeflogen.

Auf dem Weg nach Hause dachte ich dann an die Zeit in Hamburg, als ich noch nicht so viel Geld verdient hatte, da war ich auch ohne diese Plastikkarten zurechtgekommen … Damals hatte ich aber durchs Kellnern und andere Jobs meist 1 000 Mark, also etwa 500 Euro, im Monat verdient, hatte keine Wohnung zu finanzieren gehabt, keinen Telefonanschluss, kein Handy … Das Telefon wurde etwa vierzehn Tage später abgestellt. Meine Handy-Rechnungen konnte ich zum Glück noch bezahlen.

Ich erwartete, dass sich mein Vermieter bald melden würde, denn der Dauerauftrag für die Miete wurde nun ja auch nicht mehr ausgeführt.

Nach einer neuen Kalkulation stellte ich fest, dass ich mindestens zwei Monate ohne Schwierigkeiten in der Wohnung bleiben konnte. Wenn ich dann nach L.A. abreisen würde, würden die Zahlungen der Miete von dem Geld, das mir Michael geben wollte, wieder aufgenommen.

Ich war trotz der widrigen Umstände – Saskia hatte sich noch immer nicht wieder gemeldet – ziemlich gut drauf und verabredete mich mit Michael zum Essen. Ich wollte noch mal die Vorgehensweise für die Finanzierung meines L.A.-Aufenthalts durchsprechen, und ich wollte mich bei ihm bedanken und ihm sagen, welch einen großen Gefallen er mir tun würde mit seiner finanziellen Unterstützung.

Ich hatte das Gefühl, dass er mich irgendwie beschützen konnte. Mit seinem Geld half er mir, allen Sorgen zu entfliehen. Dieser Gedanke erleichterte mich. L.A. erschien mir als *die* Lösung all meiner Probleme. Und ich bemerkte unterschwellig, dass meine Probleme groß waren, zu groß, um wie bisher damit weiterzuleben.

# KAPITEL 11

## D.K.Y. – *don't kill ya'self!*

Freudig begrüßte ich Michael bei unserem nächsten Treffen im Restaurant, setzte mich zu ihm an den Tisch, und wir bestellten ein Menü mit vier Gängen.

Michael war sehr großzügig und übernahm immer selbstverständlich die Restaurantrechnung, wenn ich mal keine Kohle mehr hatte. Durch ihn hatte ich mittlerweile auch einige neue Leute kennen gelernt, Benny zum Beispiel, einen zwanzigjährigen blonden Schönling, der modelte.

Wir erzählten uns an diesem Abend, was wir am Tag erlebt hatten und kamen so auf eine Zeitungsmeldung zu sprechen, die ich am Morgen gelesen und die mich sehr bewegt hatte. In der Zeitung hatte gestanden, dass sich ein Siebzehnjähriger das Leben genommen hatte, weil er ein schlechtes Zeugnis erhalten und Angst vor seinen Eltern gehabt hatte. Ich sah den Grund des Jungen für seinen Selbstmord zwar als lapidar an, verglichen mit meinen eigenen Schwierigkeiten, doch ich konnte mir vorstellen, dass etwas, das für manche unbedeutend erscheint, für einen anderen Menschen zu einem unüberwindbaren Problem werden kann. Der Siebzehnjährige hatte vielleicht enorme Versagensängste gehabt, hatte seine Eltern nicht enttäuschen wollen oder sich selbst ein unerreichbares Ziel gesetzt.

Ich erzählte Michael von meinen Gedanken, und während ich mich in das Thema hineinsteigerte, fielen mir noch andere Suizide ein. Mir kam meine ehemalige Klassenkameradin in den Sinn, die eine Gaspistole gegen sich gerichtet und abgedrückt hatte. Auf dem Weg ins Krankenhaus soll sie gesagt haben, dass sie nicht sterben wolle, aber sie erlag noch in der Unglücksnacht ihren Verletzungen.

Ein Regie-Assistent war von einem Tag zum anderen nicht mehr ans Set gekommen. Es hieß, dass er sich auf einem Dachboden erhängt hatte. Warum, wusste ich nicht.

Ein anderer Schauspielkollege hatte sich mit einem Sprung aus dem Fenster umgebracht, und der Sänger einer angesagten Popband, die ich kannte, hatte sich im Wald erhängt.

Irgendwie ließ mich das Thema an diesem Abend kaum noch los. Ich hoffte insgeheim, dass Michael mich fragen würde, ob ich schon einmal daran gedacht hätte, mir das Leben zu nehmen. Ich hatte ihm bisher vieles erzählt, doch dass ich nachts häufig nicht schlafen konnte, weil ich mich mit Selbstzweifeln und Vorwürfen herumquälte, wusste er nicht.

Michael hörte mir ruhig zu, dann schaute er mir in die Augen und sagte mit ernstem Blick, dass es immer einen Ausweg geben würde und dass das Beenden des eigenen Lebens niemals eine Lösung sei. »Niemals«, wiederholte er und hob sein Glas zum Anstoßen.

Ich hatte das Gefühl, dass er mich durchschaute und mir eine Nachricht übermittelte: Was auch immer mit dir los ist, was auch immer dein Geheimnis ist, lass dich davon nicht beirren. Gib dich nicht auf! Er lachte und wir wechselten das Thema.

Ich fühlte mich verstanden. Diesmal war es ein ganz besonderes Treffen.

Gegen null Uhr verabschiedeten wir uns. Michael wollte noch in einer anderen Bar einen Drink nehmen, und ich bin zufrieden in die Straßenbahn nach Hürth gestiegen.

Als ich in mein Apartment kam, nahm ich mir vor, diese Nacht einmal durchzuschlafen. Ich zog mich aus, putzte meine Zähne, blickte in den Spiegel und forderte mich selbst auf, wieder klar zu sehen und mich zusammenzureißen.

Dann legte ich mich auf die Matratze und kuschelte mich in meine Decke. Ich hatte das ganze Gespräch noch einmal Revue passieren lassen, dachte über vieles noch mal nach, auch darüber, was mir so schwer zu schaffen machte … In dieser Nacht wurde ich erneut von schlimmen Krämpfen wach, die Schmerzen waren stärker denn je. Ich lag gekrümmt auf meiner Matratze und konnte bald nichts anderes tun als zu heulen. Irgendwann gegen Morgengrauen bin ich dann vor Erschöpfung eingeschlafen.

Lange währte der Schlaf allerdings nicht, denn ich wurde von meinem Handy geweckt. Es war Benny, das Model. Es war immer lustig, ihn zu sehen und ihm zuzuhören, aber angerufen hatte er mich eigentlich noch nie. Seine Stimme klang auch ernster als sonst. Von langen Sprechpausen unterbrochen teilte er mir mit, dass Michael einen Herzinfarkt gehabt hätte und in der letzten Nacht verstorben sei.

Daraufhin konnte ich erst mal gar nichts sagen. Ich wollte dazu auch nichts sagen, denn ich glaubte es noch nicht.

Benny bot mir an, sich mit mir zu treffen.

Kurz darauf machte ich mich auf den Weg in die Stadt. Ich war überraschenderweise sehr gefasst. Keine Ahnung, warum.

Wir setzten uns auf eine Bank hinter einem Turm am Pastor-Könn-Platz in Kölns City. Wir nahmen uns in den Arm und sagten beide nichts, bis ich das Schweigen brach und meinte, dass wohl jeder das Opfer eines Herzinfarktes werden könnte und dass wir mit seinem Tod jetzt wohl weiterleben müssten. Ich versuchte, die Gefühle, die aufzukommen drohten, zu unterdrücken.

Benny schaute mich im nächsten Moment mit Tränen in den Augen an und gestand, dass er mich bezüglich der Todesursache angelogen hatte. Michael war nicht einem Herzinfarkt erlegen. Michael hatte sich das Leben genommen. »Sie haben ihn mit durchtrennten Pulsadern in seiner Wohnung gefunden. Es gab keinen Abschiedsbrief, keine Nachricht. Nichts.«

Ich weiß nicht genau, wie ich diesen Moment beschreiben soll! Eine weitere Welt brach in mir zusammen. Eine Kette, die eine Verbindung zu mir und einem rettenden Anker darstellte, zersprang und verschwand in der Tiefe des Ozeans. Nur, dass ich mich darin verfangen hatte. Mir wurde regelrecht schwarz vor Augen, und ich sah ihn vor mir, wie er mir mit einem friedlichen und freundlichen Blick sagte, dass es nichts in der Welt geben würde, weswegen man sich umbringen müsse. Und kurz darauf tat er es selbst.

Ich senkte meinen Kopf in meine Hände, und mir liefen Tränen übers Gesicht. Ich fühlte mich verlassen, betrogen und belogen. Wie hatte er das nur tun können? Er wusste doch, wie es mir ging. Hatte er nicht verstanden, dass ich ihn brauchte, dass ich mich bei ihm sicher fühlte? Warum hatte er sich umgebracht? Warum hatte er nicht mit mir gesprochen? Wir hatten uns doch so oft gesehen. Dann drehte ich die Fragen um und begann, *mich* zu beschuldigen. Warum hatte ich nicht erkannt, dass er selbst ebenfalls enormen Belastungen ausgesetzt war? Er hätte mir sein Herz ausschütten müssen, nicht ich ihm.

Ich stand auf, verabschiedete mich mit wenigen Worten von Benny, dann bin ich vom Rudolfplatz aus in Richtung Kölner Dom gelaufen. Als ich auf dem Domvorplatz stand und zur Domspitze hinaufschaute, habe ich um mich herum nichts mehr wahrgenommen. Ich bin dann weiter zum Rhein und blickte minutenlang übers Wasser. Ich fühlte mich verlassen, einsam und hilflos. Ziellos irrte ich durch Köln.

Erst als es dunkel wurde, bin ich zurück nach Hürth gefahren. Ich hatte Angst, allein zu sein.

Als ich später in meinem Zimmer ankam, bin ich verzweifelt zu Boden gesunken und weinte mir fast die Seele aus dem Leib. Warum, warum, warum?, hämmerte es in meinem Kopf. Immer und immer wieder. Ich schlug vor Wut mit den Fäusten auf den Boden. Ohne nachzudenken griff ich zum Handy, um bei Anja anzurufen. Ich wollte jemandem meine Trauer anvertrauen, mit jemandem meinen Schmerz teilen. Doch während ich die einzelnen Tasten drückte, zog sich mein Körper krampfartig zusammen. Die Krämpfe erinnerten mich daran, dass es Anja für mich nicht mehr gab – und als wäre ein Blitz in mich eingeschlagen, verkrampften sich meine Muskeln derart heftig, wie ich es noch nie zuvor erlebt hatte. Ich atmete immer kürzer und schneller. Eigentlich schnappte ich nur noch panikartig nach Luft. Meine Angst wuchs. Ich befürchtete, die Schmerzen würden meinen Brustkorb sprengen. In meiner Not wusste ich nichts anderes zu tun, als mit meinen Fäusten dagegenzuhalten. Ich flehte darum, von diesen Schmerzen und der grausamen Welt, in der ich lebte, befreit zu werden.

Schließlich verlor ich völlig die Kontrolle über meinen Körper. Beinahe jedes einzelne Körperteil verkrampfte sich, ohne dass ich etwas dagegen hätte tun können. Mein Kopf zitterte und wurde in Abständen nach unten gezogen, sodass mein Kinn an mein Schlüsselbein stieß. Meine Arme und Beine wackelten wie Zitteraale unkontrolliert hin und her. Selbst meine Finger zuckten krampfartig.

Mit beiden Händen raufte ich mir die Haare und riss sie mir beinahe raus. Ich versuchte Feuer mit Feuer zu bekämpfen. Auf dem Rücken liegend, entschärften sich die in Schüben kommenden Schmerzen endlich, während ich der Stärke des Schmerzes entsprechend laut schrie. Ich war noch nie so verzweifelt gewesen. Ich fühlte mich verlassen und schuldig. Ich war unendlich enttäuscht. Ich glaubte, die Welt hätte sich gegen mich gewandt, um mich zu vernichten.

Irgendwann bin ich aufgestanden und mit voller Wucht gegen die Wand gelaufen. Ich wollte nur den immer stärker werdenden Schmerzen entkommen. Michael hatte meine Amerikapläne mitgenommen. Meinen einzigen Hoffnungsschimmer hatte er durch seinen Suizid mitgetötet. Ich saß an die Wand gelehnt und schlief irgendwie in dieser Position ein.

Ich träumte von Michael. Dass er vor mir stand mit aufgeschnittenen Pulsadern und immer und immer wieder sagte, dass es keinen Grund gäbe, sich das Leben zu nehmen. Dann kam er ganz nah an mich heran, sodass das Blut aus seinen Pulsadern auf mich tropfte. »Warum hast du nicht erkannt, dass ich so großen Kummer habe?«

Ich fuhr hoch, öffnete meine Augen und erschrak fast zu Tode. Mein Hemd war mit Blut benetzt. Ich sprang in Panik auf und riss mir das Hemd vom Leib. Ich dachte, ich würde durchdrehen. Ich hatte unendlich große Angst, merkte dann aber, dass das Blut aus meiner Nase gekommen war. Sie blutete aber nicht mehr.

Ich war völlig fertig und resignierte. Wenn es denn so sein soll, dann soll es eben so sein, dann bin ich eben ein schlechter Mensch, redete ich mir ein. Ein Mensch, der anderen Leid zufügt und die Sorgen von anderen nicht erkennt. Ich ließ los und kämpfte nicht mehr gegen die Schmerzen an, die nun wieder stärker wurden. Wäre in diesem Moment jemand vorbeigekommen, um mich zu erschießen, wäre ich ihm noch dankbar gewesen. Es wäre einer Befreiung gleichgekommen. Aber da mich niemand erlöste, musste ich selbst über einen Weg nachdenken, mich aus diesem Albtraum zu befreien.

Warum sollte ich mich nicht selbst umbringen? Dann wäre endlich alles vorbei. Ich würde meinen Sorgen, meinen Schmerzen und meinem Gewissen entkommen. Ich dachte darüber nach. Ein Selbstmord schien mir die einzige mögliche Lösung meiner Probleme. Für einen Moment glaubte ich, die Schmerzen nicht mehr zu spüren. Mein Körper war ganz ruhig. Ich starrte zum Fenster auf den Lichtschein der Laterne.

Da bereitete mir der Gedanke, mich umzubringen, Angst. Fast sachlich, falls man in solch einer Stimmung überhaupt sachlich sein kann, ging ich mit der Idee um und dachte über weitere Folgen nach. Welch einen Schmerz würde ich meiner Mutter zufügen? Wie sollte sie weiterleben, wenn ich Selbstmord begehen würde? Würde sie dann vielleicht ebenso wie ich jetzt an Schuldgefühlen zu Grunde gehen? Und was würde Anja empfinden? Würde sie am Boden zerstört sein und auch an der Trauer zerbrechen?

Hätte ich meinen Selbstmordgedanken nachgegeben, hätte ich meinen an mich gerichteten Vorwurf, anderen Menschen Leid zuzufügen und deren Sorgen nicht zu erkennen, weiter bestätigt. Das, was mich also belastete und mir ein schlechtes Gewissen bereitete, hätte ich in großem Ausmaß selbst erzeugt! Eine Frage allerdings, die ich mir stellte und die über allen anderen stand, war dann ausschlaggebend dafür, dass ich an dem Abend davon abgesehen hatte. Welche Konsequenz würde es mit sich bringen, wenn ich mich umbrächte? Ich wäre tot! Und tot sein wollte ich nicht.

Ich gewann etwas an Kraft zurück. Ich nahm meinen Laptop, setzte mich aufs Bett, öffnete ein neues Worddokument und schrieb drei Buchstaben auf: »D.K.Y.« – Erst mal nur diese drei Buchstaben.

Ich starrte eine Weile auf den Monitor. Weinen konnte ich nicht mehr. Dann schrieb ich: *»don't kill ya'self!«* unter die Buchstaben. Dafür stand das Kürzel. Mehr konnte ich nicht schreiben. Aber ich fasste einen Plan! Ich nahm mir fest vor, mich nicht aufzugeben und mich mit eigener Kraft aus dieser Hölle herauszuholen.

Ich schwor mir, mich nicht mehr verletzen zu lassen und mich auch nicht mehr allein auf die Hilfe von anderen zu verlassen. Ich entschied mich für das Leben. Für mein Leben! Ich setzte mir zum Ziel, meinen eigenen Weg zu gehen, und wenn mich niemand dabei unterstützen wollte, dann musste ich es eben aus eigener Kraft schaffen. Ich wollte einen eigenen Film produzieren, nach einem eigenen Drehbuch. Ich nahm mir auch vor, ein Buch zu schreiben, in das ich all das, was mit mir geschah, einarbeiten würde, um damit allen zu zeigen, dass es immer einen Ausweg gibt und dass Selbstmord keine Lösung ist.

Ein guter Nebeneffekt war, dass ich meinen Kummer dadurch verarbeiten konnte. Ohne es zu wissen, schaffte ich auch gleichzeitig die Grundlage für eine Therapie. Dann schlief ich irgendwann ein und bin erst am nächsten Abend wieder aufgewacht.

Mein Wille, meine Pläne zu realisieren, ließ mich endlich wieder aktiv werden. Ich schrieb eine Zeile nach der anderen und fand mich schnell in einer Mischung aus Realität und Fiktion wieder. Alles, was um mich herum passierte, arbeitete ich in meine Geschichten für das *dky project* ein. Ich spürte zwar, dass meine Euphorie der negativen Energie in mir nicht gewachsen war. Doch sie vermochte nicht zu verhindern, dass ich mich aufgebe.

In den nächsten Tagen schaffte ich es, sie weitgehend zu unterdrücken, wenn ich den Fernseher laufen ließ und mich dabei meinem Schreibvorhaben widmete. Doch bald wurden die Schmerzen wieder schlimmer, sodass ich nicht selten unter Tränen schrieb. Das Schreiben war zu einer neuen Welt geworden, die ich mir geschaffen hatte und in die ich mich jederzeit begeben konnte; sie hielt mich am Leben und half mir vor allem, die Nächte zu überstehen. Denn ich hatte panikartige Angst vor dem Einschlafen und den Träumen, die mich nachts einholten. Vor allem vor dem Traum mit Michael, der mehrere Male wiederkam.

Ich empfand es als sehr schlimm, dass Michaels Familie den Termin der Beerdigung geheim gehalten hatte. Das war für mich auch nicht nach vollziehbar. So traurig es auch ist, einem Sarg zu folgen, eine Trauerfeier bietet den Trauernden die Möglichkeit, sich von dem Verstorbenen zu verabschieden. Wenn einem ein Mensch wichtig war, kann man ihn nur schwer loslassen.

Michael fehlte mir.

Um das Geschehene zu kompensieren, spielte ich die Beerdigung in meiner Fantasie durch und nahm sie zur Vorlage für eine meiner Geschichten. Das half mir sehr, denn so konnte ich mich mit Michaels Tod immer wieder auseinander setzen, so lange und so oft ich wollte. Das Schreiben ersetzte mir das Leben.

Ich hatte zu diesem Zeitpunkt schon begonnen, ein Gerüst um mich herum zu kreieren. Keines, um einen Überblick beim Schreiben zu haben, sondern eines, das errichtet wurde, um einen Turm zu bauen. Denn mit jedem Ereignis und jeder weiteren Aktion, die mich schwächte und isolierte, wurde ein Stein auf den anderen gesetzt.

Nach Michaels Suizid wurde der Turm fertig, und ich war mittendrin. Es gab keinen Ausweg und keine Möglichkeit, da wieder rauszukommen. Fortan lebte ich in diesem Turm. Gleichgültig, was ich unternahm und was ich erlebte. Das Leben war irgendwie gedämpft und konnte mich nicht richtig erreichen.

Ich fühlte mich in mir selbst eingesperrt und meine Fähigkeit, klar zu sehen und rational zu denken, war sehr eingeschränkt – alles lag wie im Nebel. Ich stürzte von Tag zu Tag eigentlich nur noch tiefer. Vor allem in den dunklen Nächten litt ich schlimmste Qualen.

Das Einzige, was ich damals öfters unternahm, waren Besuche im Kölner Dom. Beim ersten Mal hatte ich eine Kerze für Michael angezündet, mich danach auf eine der Kirchenbänke gesetzt und die Umgebung auf mich wirken lassen. Da mich altes Gemäuer und Kirchen immer schon fasziniert haben, fühlte ich mich dort gleich sehr wohl – und ich glaube, ich fühlte mich dort auch sicher. Ich betete zwar nicht, aber irgendetwas gaben mir diese Besuche. Im Dom kam mir auch eine Idee für eine Geschichte, sodass ich schon deswegen erneut dorthin ging, um zu notieren, was sich wo und wie abspielen könnte. In der Geschichte bin ich allein in der Kirche, und Michael erscheint als kleiner, lustiger Geist, der sich bei mir für seinen Suizid entschuldigt und mich in meiner Trauer versucht aufzuheitern. Die Geschichte tröstete mich.

# KAPITEL 12

## Ein letzter Versuch

Ungefähr drei Wochen nach Michaels Selbstmord bin ich nach Hamburg zu meiner Mutter gefahren. Ich erzählte ihr in abgemilderter Form, was ich erlebt hatte. Ich erzählte es so, dass man denken konnte, Michaels Tod würde mich nicht besonders treffen und ich sei eigentlich schon wieder zur Tagesordnung übergegangen. Hauptsache, sie machte sich keine Sorgen um mich.

Das Gespräch war alles andere als leicht, denn ich musste meiner Mutter außerdem noch beibringen, dass ich sie finanziell nicht mehr unterstützen konnte. Ich hatte seit ihrer Krankheit komplett ihre Miete übernommen, da ihre Rente viel zu gering war und sie nicht mehr arbeiten konnte. Der Gedanke, meiner Mutter nicht mehr helfen zu können, belastete mich. Aber ich hatte die Mittel nicht mehr, um ihr weiterhin unter die Arme zu greifen. Ich versuchte ihr zu erklären, was Sache war, ohne sie zu ängstigen.

Meine Mutter reagierte gut, und wir rechneten aus, dass ihre Rente zumindest die monatlich entstehenden Kosten decken würde. Mehr aber auch nicht.

Nach dem Besuch bei meiner Mutter hatte ich einen Termin mit Martin Molgedei, dem damaligen Theaterleiter in einem Kino in Hamburg, das zur Ufa-Kette gehört. Ihm wollte ich von meiner Filmidee erzählen. Kennen gelernt hatte ich Martin, als ich im Hamburger Streit's Filmtheater als Kartenabreißer und Eisverkäufer gejobbt hatte. Die damaligen Leute von dem Kino hatten meinen Werdegang verfolgt. Schließlich war ich ja irgendwie einer von ihnen.

Ich war mir ziemlich sicher, dass er mich nicht belächeln würde, wenn ich ihm meine Idee erzählte, Spots zu schalten, die meinen geplanten Kinofilm bewerben sollten. Ich wusste, dass es zwischen den Kinospots der Zigarettenindustrie so genannte Trennfilme von fünfzehn oder zwanzig Sekunden Länge gab. Diese Trennfilme oder vielmehr diese Werbezeiten wurden gern für sozial engagierte Spots freigegeben. Die Vereine oder Organisationen mussten die Spots produzieren und die Filmkopien herstellen lassen, die Kinos schalteten sie dann. Ich erzählte Martin von meinem Anliegen, Werbung für mein Filmprojekt zu machen, um zum einen die Thematik »Suizid« mehr ins Licht zu rücken und zum anderen dadurch eventuell Aufmerksamkeit bei dem einen oder anderen Produzenten zu erwecken, der dann mein Vorhaben vielleicht unterstützen würde.

Martin gefiel die Idee auf Anhieb, und er wollte mich, den ehemaligen Kartenabreißer, gern auf der Leinwand sehen. Da gerade ein Deal mit einer Hilfsorganisation lief, die bereits Spots im Programm hatte, konnte er mir aber keine sichere Zusage machen. Er rief schließlich den Direktor einer Werbefilmverwaltungsfirma an, die eine Tochtergesellschaft der Ufa Theater AG war, und stellte mein Projekt vor. Dann reichte er mir den Hörer, und ich sprach zum ersten Mal mit Harald Kriete, der sehr freundlich war und mich zu sich in das Unternehmen nach Düsseldorf einlud.

Ich bedankte mich bei Martin und machte mich am nächsten Tag wieder auf nach NRW. In Düsseldorf traf ich mich dann mit Harald Kriete in seinem Büro. Ich erzählte ihm, dass sich ein Freund von mir das Leben genommen hatte und ich deswegen ziemlich frustriert sei, ich aber ein großes Vorhaben realisieren wolle und an einem Drehbuch schreibe, das allerdings noch nicht fertig sei.

Harald Kriete nahm mich von Anfang an ernst und erzählte mir, welche Erfahrungen er mit Suizid im Freundeskreis gemacht hatte.

Ich glaube, wir hatten die gleiche Wellenlänge, und obwohl es keiner von uns beiden aussprach, war ich mir sicher, dass er genau wusste, was in mir vorging.

»Ab Juli können wir für ungefähr drei Monate einen Spot mit maximal zwanzig Sekunden Spieldauer als Trennfilm einsetzen. Für die Zeit liegt kein anderer Film vor. Wenn du willst, können wir die Kopien für die Spots auf unsere Kosten herstellen. Du musst nur den Spot liefern …«

Ich war kurz sprachlos.

»Und eine kleine Gegenleistung erbringen. Hast du eine Idee?«

»Ich könnte kostenlos Autogrammstunden geben.«

Um sich meine Popularität bestätigen zu lassen, bestellte er eine seiner Angestellten zu sich ins Büro. Sie war zuständig für die Werbeveranstaltungen und andere Special Events der Kinos. Sie kannte mich aus dem Fernsehen, und wie es das Glück so wollte, kannte sie auch eine Schauspielerkollegin von mir aus einer anderen Serie, die auch ab und zu Autogrammstunden gab. Und weil in Kürze eine Veranstaltung anstand, wurde ich sogleich verpflichtet.

Ich fuhr glücklich wie ein kleiner Prinz nach Köln und sah endlich Licht in meinem Turm. Mein *dky project* sollte wahr werden. Ich hatte endlich wieder ein Ziel.

Als nächsten Schritt musste ich einen Spot herstellen, der mich nichts kosten durfte. Ich hatte noch Filmmaterial von meinem ersten *my way productions*-Dreh und fragte bei der Postproduktionsfirma, bei der *Unter uns* geschnitten wurde, nach, ob ich vielleicht das Filmmaterial zu meinem Spot dort schneiden könne. Der Chef stellte mir einen Schnitttag samt Cutter zur Verfügung – ich musste ihm nicht mal erklären, was ich vorhatte.

Der Cutter gab als Titel ein, was ich ihm diktierte. Der Film sollte heißen: »D.K.Y. – Meine Träume«, und dann sollte dieser kurze Text darunter erscheinen: »Es gibt Freunde, die vergessen dich, ich vergess dich nicht, darum verstehe ich nicht!« Außerdem: »ein *my way productions*-Film – Bald im Kino!« Ich suchte Schwarzweißaufnahmen von dem Film, den ich noch hatte, aus, und bin dann mit einer Beta-SP-Kassette und einer VHS-Kassette, auf denen mein Spot war, wieder nach Hamburg gefahren.

Dort hatte Kriete organisiert, dass ich den Spot mit Musik und Ton versehen konnte. Im Tonstudio sprach ich dann den Text, und er wurde mit Musik und ein paar Soundeffekten abgemischt. Dann wurden die aufgenommene DAT und die Beta-SP ins Kopierwerk gebracht, wo beides »gefaazt« wurde – so nennt man das Kopieren von Video- auf Filmmaterial.

Es wurden tausend Kopien hergestellt, die in sämtlichen Kinos in ganz Deutschland geschaltet wurden. Als die Spots im Kino liefen, fühlte ich mich so gut wie lange nicht mehr. Zum einen, weil ich zeigen konnte, *hey*, ich bin noch da, und zum anderen, weil ich dadurch den Suizid von Michael besser verarbeiten konnte. Es war eine letzte Botschaft an ihn.

Die Pressefrau des Unternehmens platzierte eine Meldung über die D.K.Y.-Spots in den Fachblättern der Filmbranche, in *Blickpunkt: Film* und *Filmecho/Filmwoche*. Damit wurde das Ganze dann irgendwie amtlich, und ich konnte sicher sein, dass sämtliche Leute in der Branche von den Spots erfuhren.

Harald Kriete machte mich noch darauf aufmerksam, dass ich mir die Buchstaben »D.K.Y.« beim Patentamt schützen lassen sollte, damit sich nicht irgendjemand angegriffen fühlt, falls er zufällig die gleiche Buchstabenfolge für einen Film oder als Marke nutzen will.

Daraufhin erkundigte ich mich beim Deutschen Patent- und Markenamt und stellte einen Antrag auf Eintragung der drei Buchstaben »D.K.Y.« ins Markenregister.

Trotz der kleinen Erfolge, die ich errungen hatte, ging es mir körperlich und seelisch nur wenig besser. Die nächtlichen Krampfanfälle traten immer noch auf, und ich litt nach wie vor an immensem Liebeskummer und war auch weiterhin wegen meiner desolaten Jobsituation und dem Suizid von Michael oft am Boden zerstört. Ich füllte viele, viele Seiten in meinem Laptop und versuchte mir so den Kummer von der Seele zu schreiben.

Als mich die Aufforderung erreichte, die ausstehende Miete zu begleichen, wuchs meine Sorge, dass ich aus der Wohnung geschmissen werde. Schließlich ging meine letzte Rechnung nicht mehr auf. Ich beruhigte mich mit dem Gedanken an die Kaution, die ich beim Einzug gezahlt hatte, und hoffte, irgendwie aus dem ganzen Schlamassel rauszukommen. Aber noch wusste ich nicht, wie … und dann war ja da auch noch Saskia, die höchstwahrscheinlich schwanger von mir war. Diesen

Gedanken hatte ich wochenlang völlig verdrängt, doch plötzlich verfolgte mich die Angst auf ein Neues, ungewollt Vater zu werden, und das auch noch mit einer Frau, die ich nicht liebte. Und außerdem hätte ich für das Kind nicht sorgen können.

Die Situation inspirierte mich aber zum Schreiben:

*Saskia steht vor mir. Sie sieht mich böse an und lacht. »Du bekommst ein Kind, Stephen, du bekommst ein Kind. Und du bekommst mich!«*

*Ich schreie verzweifelt: »Ich will euch nicht! Lass mich in Ruhe, wir werden nicht glücklich.« Ich kann nur schreien und flehen, ich kann nichts tun. Ich bin mit meinen Armen und Beinen in eine Mauer gemauert.*

*Während Saskia vor mir steht, wächst ihr Bauch. Nach einer Weile zieht sie ihre Hose aus und legt sich auf den Boden. Dabei lacht sie wieder. Doch ihr Lachen geht in ein Schreien über. Sie schaut mich die ganze Zeit an. Sie gebärt vor meinen Augen das Kind. Der Kopf des Kindes ist bereits zu sehen.*

*Ich schreie verzweifelt: »Ich kann doch nicht für das Kind sorgen!«*

*Als das Baby vor mir liegt, sieht es mich vorwurfsvoll und stumm mit königsblauen Augen an.*

*Saskia steht auf, trennt mit einer Schere die Nabelschnur von ihrem Körper und zieht ihre Hose an. Danach nimmt sie das Baby an der Nabelschnur auf und wickelt mir die Schnur um den Hals. Sie lässt das Baby los. Es hängt vor meinem Bauch und sieht mich an. Es wippt hin und her, und die Nabelschnur schnürt sich mir allmählich immer fester um den Hals. Ich bekomme kaum noch Luft. Saskia lacht.*

Ich möchte nicht, dass der Eindruck entsteht, dass ich etwas gegen Kinder habe oder dass ich nicht zu einem Kind stehen und mich darum kümmern würde, wenn ich Vater würde. Doch zu dieser Zeit hatte ich nicht einmal mein eigenes Leben im Griff – wie hätte ich da für ein Kind sorgen sollen?

Sechs Wochen nach ihrer SMS meldete sich Saskia bei mir und schlug ein Treffen vor. Wir verabredeten uns in einem Restaurant.

Sie kam mit Nicole und redete zunächst ewig um den heißen Brei herum, gestand dann aber, dass sie doch nicht schwanger sei. Warum sie mir das so lange verschwiegen hatte, beantwortete sie damit, dass sie sich in einem Gefühlschaos befunden hätte.

Ihre Regel hatte sie wenige Tage nach der SMS bekommen.

Nicole beendete dann irgendwann unser Gespräch, und die beiden ließen mich samt Rechnung sitzen, was mir aber gleichgültig war. Ich war sehr erleichtert, eine große Sorge losgeworden zu sein.

Am Tag nach diesem Treffen mit Saskia und Nicole hatte ich einen Termin mit einem Agenten, der an einer Zusammenarbeit mit mir interessiert war. Gleich zu Beginn des Gesprächs fragte er: »Was hat es mit diesen D.K.Y.-Spots auf sich, Herr Dürr? Es wird hier und da darüber orakelt, ob Sie tatsächlich einen Film mit Ihrer Produktionsfirma produzieren … und ob das Ganze mit einem großen Werbebudget unterstützt wird.«

Die Frage erfreute mich zuerst.

Aber dann sagte der Agent: »Durch Ihre Spots haben Sie Missgunst und Neid heraufbeschworen, bei Kollegen, Castern und anderen Filmschaffenden.«

»Aber, Moment mal …«, warf ich ein. Das konnte ich überhaupt nicht verstehen. »Kann nicht jeder machen, was er möchte?«

»Theoretisch«, sagte er, »aber mit dieser Aktion haben Sie sich vorgedrängelt, einige Leute warten schon länger mit ihren Projekten. Die sind jetzt angenervt.« Dann berichtete er mir von Personen, die ich noch niemals in meinem Leben getroffen hatte und die sich ereifert hatten, dass sie nichts mehr mit mir zu tun haben wollten, ich also weder zu ihnen in die Casting-Agentur eingeladen werden noch in einer ihrer Produktionen spielen würde.

Ich schüttelte nur noch den Kopf. Manchmal sind Reaktionen von Menschen wirklich nicht nachzuvollziehen. Es hatte auch überhaupt keinen Sinn, sich darüber Gedanken zu machen. Es war so, wie es war, und ich konnte es nicht ändern. Die Aktion mit den Kinospots ging nach hinten los: Ich war mir sicher, ich würde in Zukunft noch stärker gemieden und angefeindet werden.

Schließlich stellte sich noch heraus, dass der Agent zwar Interesse daran hatte, mich in seine Agentur aufzunehmen, er aber zurzeit keine Möglichkeiten für mich sah, irgendwo unterzukommen.

Schöne Aussichten. Na, vielen Dank!

Ich vergrub mich nun wieder in meinen Kummer und blieb die meiste Zeit in meiner Wohnung. Meine Hoffnung war enttäuscht worden, und die Selbstzweifel fanden neuen Nährboden. Ich dachte immerzu an Anja, und meine Gefühle für sie waren ungebrochen groß. Es durfte einfach nicht vorbei sein! Ich wollte es nicht wahrhaben.

Ich suchte einen Vorwand, um sie zu treffen …

Ich hatte eine Idee. Seit Jahren befand ich mich in kieferorthopädischer Behandlung, war aber ewig nicht mehr dort gewesen. Während ich mit Anja zusammen gewesen war, hatte ich zu ihrem Kieferorthopäden gewechselt, der seine Praxis außerhalb von Hamburg hatte. Ich rief Anja nach drei Anläufen an und fragte, ob sie Zeit hätte, mich zum Kiefer-Doc zu fahren. Dann könnte man sich ja auch mal wieder unterhalten. Sie zögerte kurz, sagte dann aber zu.

Ich freute mich riesig. Ich hoffte, dass sie, wenn sie mich wiedersah, doch noch Gefühle für mich verspürte.

Ein paar Tage später bin ich mit dem Wagen meiner Mutter zu ihr gefahren. Sie wartete schon vor der Haustür. Wir begrüßten uns wie alte Freunde, die sich länger nicht mehr gesehen hatten. Ich bemerkte sofort die große Distanz, die zwischen uns lag. Aber ich gab meine Hoffnung deshalb nicht auf.

Anja sagte ziemlich schnell, dass sie nicht allzu viel Zeit hätte, denn sie sei mit Mark verabredet. Als ich den Namen hörte, lief mir ein kalter Schauer über den Rücken.

Da sie mit Mark ihren Freund meinte, war zu vermuten, dass er ihr nun wichtiger war. Der Gedanke verletzte mich. Sofort kam mir in den Sinn, dass ein sehr netter Typ aus unserem früheren Freundeskreis auch Mark hieß. Ich fragte, wo sie den Neuen denn kennen gelernt hatte.

Für einen kurzen Moment schien sie nicht so richtig mit der Antwort rauszuwollen. »Na Mark, der aus meiner Clique. Den kennst du doch.«

Mir wollten Tränen in die Augen schießen. Ich versuchte, sie zu unterdrücken, aber meine Augen schimmerten trotzdem glasig. Anja fragte, was denn los sei.

»Nichts.«

»Aber du hast doch Tränen in den Augen.«

Ich sagte, dass das von meiner Allergie kommen würde und spürte, dass sie mir das nicht abnahm.

Sie fuhr mich zum Kieferorthopäden, und wir redeten kein Wort – denn ich konnte nicht reden. Ich hätte am liebsten nur geheult.

Insgeheim war ich davon ausgegangen, dass ich Anjas neuen Freund jederzeit ausstechen könnte. Irgendwie redete ich mir ein, dass sie sich wieder in mich verlieben würde, wenn ich es richtig einfädelte. Ich glaubte einfach, dass ein Mensch, der einen anderen Menschen so sehr liebt beziehungsweise liebte wie Anja mich, immer diese Liebe in sich tragen würde. Na ja, zumindest für einen längeren Zeitraum.

Bei Mark war es nun so: Ich lernte ihn durch Anja kennen, denn er war in ihrer Clique und wohnte auch in ihrer Nachbarschaft. Ich mochte ihn von Anfang an, und unter all den Typen, die sich in Anjas Umgebung aufhielten, schätzte ich ihn immer als möglichen Kontrahenten ein. Aber Anja liebte mich, also hatte ich nichts zu befürchten gehabt. Trotzdem hatte ich nur bei ihm das Gefühl von Eifersucht verspürt, wenn er mal mit Anja allein unterwegs war. Aber mein Vertrauen zu beiden war sehr groß, sodass ich mir nie ernsthafte Sorgen gemacht hatte.

Die Nachricht nun haute mich schier um.

Er war es auch gewesen, mit dem sie abgestürzt war. Hätte sie nur einmal erwähnt, dass er der Typ gewesen war, dann wäre in mir die Eifersucht schon früher hochgeschossen, und ich hätte um Anja gekämpft. Doch nun war es einfach zu spät. Nach dem Kiefer-Doc sind Anja und ich noch in ein Restaurant gegangen. Wir bestellten zwei Gläser Apfelsaftschorle. Ich konnte nicht einen einzigen Schluck davon trinken. Um nicht nur zu schweigen, erzählte ich von Michaels Suizid, davon, dass dieser mich ziemlich mitgenommen hätte, und von den Kinospots. Aber auch Anja vertraute ich nicht an, wie sehr ich in der letzten Zeit tatsächlich gelitten hatte.

Sie sagte dann, dass sie wieder ganz glücklich sei und froh darüber, dass sie sich in Mark verliebt habe.

Für mich waren diese Worte die reinste Folter. Ich denke, dass sie das sehen konnte, aber dass es ihr nichts ausmachte. Schließlich hatte ich mir die Suppe selbst eingebrockt. Ich bat sie, mich zu meinem Wagen zu fahren. Wir verabschiedeten uns und wünschten uns viel Glück für das weitere Leben.

Welches Leben?, fragte ich mich danach. Welches Leben?

Nach diesem Tag war meine Hoffnung, wieder mit Anja zusammenzukommen, nahezu erloschen. Gleichzeitig erschien mir auch meine Hoffnung auf Besserung meines Zustandes unmöglich. Als ich zurück in Hürth war, schrieb ich weiter an meinen Geschichten. Weil ich aber zu sehr weinen musste und weil die Krämpfe wiederkamen, hielt ich nicht lange durch und gab mich den Attacken meines Körpers und meiner Seele hin. Zwei Tage ließ ich mich regelrecht hängen und verlor jeglichen Mut. Von Minute zu Minute fiel ich tiefer. Ich redete mir ein, wieder mal alles falsch gemacht zu haben, und meine selbstquälerischen Fantasien hatten neuen Stoff erhalten.

Jetzt hatte Anjas Neuer in meinen Gedanken ein Gesicht. Ich hatte mir zuvor schon einige Male vorgestellt, wie Anja mit einem anderen zusammen war, wie er sie streichelte und auch mit ihr schlief, und das hatte bereits sehr wehgetan.

Doch nun schmerzten die Gedanken noch mehr. Jetzt verglich ich mich mit Mark. Mein Selbstbewusstsein war ausgelöscht, und so genügte schon seine andere Haarfarbe, damit ich mich zurückgesetzt fühlte. Ich malte mir immer wieder aus, wie die beiden sich berührten. Jetzt war er ihr Held, er war für sie da, sie lehnte sich an seine Schulter und nicht an meine. Am schlimmsten war der Gedanke, dass nun er mit ihr schlief. Er konnte ihr so nah sein, wie ich es mir wünschte.

Mein Ego und mein Stolz waren mehr denn je verletzt. Mich gab es in Anjas Gegenwart und Zukunft nicht mehr.

Mir wurde klar, dass ich Anjas Vertrauen zu mir für alle Zeit zerstört hatte. Ich hatte mich verkalkuliert. Jetzt war ich der Dumme. Dennoch konnte ich nicht loslassen. Anja war nach wie vor in meinem Herzen verankert, und ich konnte sie nicht ziehen lassen. Der Verstand wollte, das Herz nicht. Ich musste etwas tun. Ich schrieb einen Brief an Anja.

*Liebe Anja,*

*es ist 7.12 Uhr, und ich habe den größten Teil der Nacht nicht schlafen können, denn ich habe nur darüber nachgedacht, was ich alles falsch gemacht habe und wie sehr ich dich verletzt habe. Ich spüre jetzt den Schmerz, den du seit Monaten in dir getragen hast. Ich habe mich von dir getrennt, weil ich mit meinem Leben selbst nicht im Reinen war und weil ich der Verantwortung, dein Leben zu bestimmen, nicht gewachsen war.*

*Der Schmerz, dich immer mehr zu enttäuschen, war zu groß, also habe ich mich davon befreit. (Egoistisch und unfair, ich weiß!) Doch blieben wir in Kontakt, und ich konnte mich immer noch auf dich verlassen. Du hast mich immer noch geliebt. Aber ich habe deine Qualitäten, deine Liebe nicht wirklich erkannt und bin nicht darauf eingegangen, ich meine damit, ich hatte dich bei mir, ohne eine große Verantwortung zu tragen. Ziemlich egoistisch, was? Na ja, jetzt komme ich heulend an und bereue all meine Dummheiten und merke erst jetzt, dass ich dich immer noch von ganzem Herzen liebe.*

*Als du mich vor einigen Wochen am Telefon fragtest, ob ich dich noch lieben würde, antwortete ich »Nein«. Anja, das war reiner Selbstschutz. Zu der Zeit stand fest, dass ich in die USA gehen würde, dass ich dir nicht hätte geben können, was du vermutlich von mir verlangt hättest. Ich wollte dich nicht verletzen. Doch habe ich mir somit wieder selbst ins Herz geschossen. Ich glaube, du hättest das alles mitgemacht. Aus Liebe! Doch ich war zu feige, all das auf mich zu nehmen.*

*Ehrlich gesagt, habe ich mir dummerweise gedacht beziehungsweise gewünscht, dass du auf mich wartest. Du hast gewartet und mir immer wieder Chancen gegeben, dich zurückzuerobern. Ich, der Realität so fern, habe keine Chance wahrgenommen. Dafür hasse ich mich! Ich hasse mich für all die verpassten Chancen, dich glücklich zu machen. Zum Beispiel habe ich selbst an deinem letzten Geburtstag meinen Job als vorrangig angesehen und dir erst einige Tage später ein Geschenk gemacht. Ich kann dir gar nicht sagen, wie Leid mir das tut. Schon zu der Zeit habe ich mich gefragt, warum ich so bin, wie ich bin. Ich habe mich immer mehr ins Abseits manövriert, und du hast alles mitgemacht und hattest die Kraft, in allem etwas Gutes zu sehen. Und lass es mich noch einmal sagen, dein Geburtstagsgeschenk im Schlosspark war für mich das Allergrößte. So viel Liebe und Vertrauen von einem Menschen zu bekommen ist einfach einmalig. Doch ich habe es nicht mehr erkannt. Ich war blind durch meinen Job, durch meine so großen Wünsche und Träume. Ich habe nicht daran gedacht, mein weiteres Leben mit dir zu teilen.*

*Die Verantwortung, dich da mitzuziehen, erschien mir einfach zu groß. Doch was habe ich nun davon? Ein gebrochenes Herz. Mein Herz, das noch so voller Liebe für dich schlägt.*

*Vermutlich denkst du beim Lesen dieser Zeilen, dass ich mir das alles früher hätte überlegen sollen. (…)*

*Vielleicht fragst du dich, wenn ich dich liebe, warum ich dann mit anderen Mädchen geschlafen habe?*

*Ich glaube, weil ich herausfinden wollte, ob ich Mister Casanova sein kann. Ich kann. Aber ich war und bin nicht glücklich dabei. Denn das Gefühl von Geborgenheit und Liebe, wie ich es von dir bekommen habe, habe ich bis dato noch kein zweites Mal gespürt. Auch ein Grund, weswegen ich immer wieder zu dir gekommen bin. Dich zu umarmen bedeutet, in einer sicheren geschützten Welt zu sein. Das ist jetzt vorbei?! Als du dir die Zeit genommen hast, mit mir zum Kiefer-Doc zu fahren, hat es mir das Herz zerrissen. Dich zu sehen, aber eine große Distanz zwischen uns zu spüren. Dich nicht küssen zu dürfen und vor allen Dingen, dich nicht richtig umarmen zu dürfen. Ich dachte, mein Leben hat ein Ende. Was habe ich getan? Wieso habe ich dich so enttäuscht? Warum habe ich meine eigene Zukunft so leichtfertig abgetan? Ich weiß es nicht, und ich würde alles geben und aufgeben, um dir zu beweisen, dass ich ein lernfähiger und liebender Freund sein kann.*

*(…) Ich habe zu meiner Mutter gesagt: »Die einzige Frau auf der ganzen Welt, die ich jemals heiraten würde, wärest du!«*

*Tja, der Zug ist jetzt wohl abgefahren. Ich habe ihn verpasst. Doch meine Hoffnung, an einem anderen Bahnhof einzusteigen, ist so unwahrscheinlich groß, dass ich warten werde, bis der Zug wieder einfährt.*

*Doch hat es einen Sinn?*

*Du bist neu verliebt, in einen Jungen, von dem ich eine hohe Meinung habe. Doch ist es die gleiche Liebe, die du für mich empfunden hast? Anja, einerseits hoffe ich es und vor allen Dingen hoffe ich, dass er nicht die gleichen Fehler machen wird, die ich gemacht habe. Doch andererseits bete ich, dass es nur eine Sommerliebe sein wird. Ich wünsche es mir.*

*Ich möchte diesen Brief jetzt beenden, da ich nicht weiß, was du denkst und ob dich mein Handeln jetzt vielleicht nervt. Doch eines muss ich dir noch sagen: Leider bin ich nicht so stark wie du und kann mit dir am Telefon nicht so sprechen, als wären wir nur Freunde, denn du bist, so glaube ich, nicht mehr so richtig offen mir gegenüber. (Wen wundert's?) Ich möchte damit nur sagen, dass ich jeden Abend vor dem Telefon sitze und deine Nummer wählen möchte. Doch wenn ich es mache und deine Stimme höre, reißt es mir den Boden weg. Ich bin jetzt derjenige, der mit der Situation klarkommen muss. Ich muss das alles verarbeiten.*

*Also bitte sei mir nicht böse, dass ich dir diesen Brief geschrieben habe. Es sind nun einmal die Gedanken und Gefühle, die ich zurzeit in mir trage.*

*Also dann!*

*Obwohl ich mir wünsche, dich wiederzubekommen, wünsche ich dir viel Glück in all den Dingen, die du vorhast und in deiner Beziehung. (Es ist verrückt, ich schreibe diese Zeilen und beginne zu weinen!)*

*Anja, ich liebe dich!*
*Dein Stephen.*

Als ich vor dem Briefkasten stand, zögerte ich einen Moment. Ich fragte mich, ob es eine gute Idee war, diesen Brief abzuschicken und ob Anja sich überhaupt daraufhin melden würde. Was wäre, wenn sie sich nicht meldete?

Mit einem Funken Hoffnung versehen warf ich den Brief in den Kasten. Ich fühlte mich sogar ein wenig erleichtert. Die Sorge, wie Anja reagieren würde, blieb jedoch bestehen. Es sollte ein letzter Versuch sein, sie zurückzugewinnen.

Die Tage vergingen, und ich wartete am Telefon. Doch sie rief nicht an. Ich sah jeden Morgen im Briefkasten nach einem Brief von ihr. Aber auch da war nichts zu finden. Dass ich die Anschrift falsch geschrieben hatte, war ausgeschlossen. Ich musste der Tatsache ins Auge sehen, dass sie sich nicht mehr für mich interessierte. Aber ich wollte das nicht glauben.

Ich begegnete meinen Selbstzweifeln und meiner Trauer mit Fantasiegeschichten. Ich malte mir aus, wie zwei Liebende sich verlieren, er singt für sie *Somewhere over the rainbow*, doch er gewinnt sie nicht zurück, einsam zieht er schließlich einem Regenbogen entgegen, nur ein kleines Bündel und einen Wanderstock dabei.

Ein anderes Mal spann ich mir zurecht, dass ihr Neuer den Brief ja vielleicht abgefangen habe. In der Fantasie erklärte ich mir die Trennung damit, dass andere Anja beeinflusst hatten, damit sie sich von mir abwandte. Nicht nur Mark, auch an Anjas Eltern dachte ich dabei. Schließlich hatte ich ihrer Tochter großen Schmerz zugefügt. Ich wusste, dass sie nicht mehr gut auf mich zu sprechen waren.

Zwei Wochen nachdem ich mit Anja Schluss gemacht hatte, hatte ich bei ihr zu Hause angerufen und ihr Vater war ans Telefon gegangen. Der hatte mich nicht mit seiner Tochter sprechen lassen und gemeint, dass ich mich nicht mehr melden und sie »bitte schön« in Ruhe lassen solle. Das hatte mich schon geärgert, ich konnte es aber auch verstehen. Seine Tochter hatte sich wegen der Trennung von ihrer Ausbildung beurlauben lassen, und er hatte sie vermutlich noch nie so verzweifelt erlebt. Es war nur natürlich, dass er seine schützende Hand über sie hielt.

Als Anja sich nach fast zwei Wochen noch immer nicht gemeldet hatte, hielt ich die Ungewissheit nicht mehr aus und rief sie an. Zuerst redete ich irgendetwas Belangloses daher, dann fragte ich sie scheinbar nebenbei, ob sie meinen Brief bekommen hätte.

»Ja«, antwortete sie eher desinteressiert. Und dann sagte sie: »Zu spät! Das hättest du dir früher überlegen müssen.« Trocken fuhr sie fort, dass die Nummer mit mir nur ein Flop gewesen sei, sie sich nun neu verliebt hätte und auch glücklich sei. Dann beendete sie das Gespräch.

Klasse! Ich war ein Flop, und sie war wieder glücklich. Etwas Besseres konnte man mir nicht sagen, um mich völlig zu entkräften.

Es war aus! Aus, Schluss und vorbei! *Finito*, Ende und *over*! Hoffnung gleich null. Ich musste kotzen.

Später konnte ich zum Glück ein wenig schlafen. Doch mitten in der Nacht bin ich von den Krämpfen erneut aus dem Schlaf gerissen worden.

Es war endgültig. Nun hatte ich Anja definitiv verloren. Um den Krämpfen etwas entgegenzusetzen, schaltete ich wieder meinen Laptop ein.

*Ich befinde mich wieder in meinem Turm. Ich spreche mit Anja noch einmal wie zuvor am Telefon, nur dass sie mir jetzt gegenübersteht. Ich schaue sie mit hoffnungsvollen Augen an und frage sie, ob sie meinen Brief gelesen hat.*

*Sie hält den Brief in der rechten Hand. Während sie »Ja« antwortet, hebt sie die Arme, hält den Brief nun mit beiden Händen vor der Brust und sagt: »Zu spät, das hättest du dir früher überlegen müssen.« Dabei schaut sie mich ruhig an und reißt den Brief in der Mitte durch. Dann fügt sie hinzu: »Die Nummer mit dir war ja nur ein Flop«, und plötzlich hält sie einen Dolch in der rechten Hand. Und während sie sagt, dass sie sich neu verliebt hat und glücklich sei, schiebt sie mir den Dolch langsam in mein Herz. Ich kann nur zusehen und nichts tun. Ich kann mich weder wehren noch um Hilfe rufen, ich kann es einfach nur geschehen lassen, denn ich bin selbst schuld. Sie schaut mich immer noch an. In ihrem Blick er-*

*kenne ich Gleichgültigkeit und Gelassenheit. Als die Klinge des Dolches tief in meinem Herzen steckt und der Griff an meine Brust stößt, dreht sie sich um, geht und verschwindet. Ich blicke auf den Dolch, aber ich habe keine Kraft, ihn mir aus dem Herzen zu ziehen. Blut sucht sich seinen Weg über den Griff und bildet am Ende Tropfen, die langsam und stetig auf den Boden fallen.*

Ich konnte die Krämpfe durch das Schreiben ein wenig hinauszögern, doch vermutlich hatte ich sie dadurch auch verstärkt. Im Schreiben hatte ich meine Gefühle noch einmal aufgespürt und der großen Verletzung in mir Bilder gegeben. Ich durchlebte den Schmerz so noch einmal und doch anders – nach einiger Zeit begannen meine Hände zu zittern, und ich traf die Buchstabentasten nicht mehr sicher. Meine Verzweiflung ließ sich nicht länger unterdrücken. Ich stand auf, stellte mich ans Fenster und schaute nach draußen in die Nacht. Ich wusste, dass sich etwas ändern musste, sonst würde etwas noch Schlimmeres passieren. Gegen halb zwölf rief ich bei Heinz-Richard Heinemann an. Er ist Konditormeister, und ihm gehörten die Konditorei Heinemann, mehrere Cafés in NRW und eine Schokoladenmanufaktur.

Richard hatte ich durch Benny kennen gelernt, und er war mir sehr sympathisch. Er speiste auch öfters in dem Lokal, das ich mit Michael so oft besucht hatte.

Nach Michaels Tod waren wir einmal zu dritt dort gewesen. Ich erinnere mich an den Abend gut. Zuerst hatte ich ganz allein an *unserem* Stammtisch gesessen und den letzten Abend mit Michael im Detail Revue passieren lassen. Was hatte ich überhört oder übersehen? Hätte ich Michaels Selbstmord verhindern können? Immer wieder sah ich Michael vor mir, in Gedanken rekonstruierte ich unser Gespräch. Aber ich konnte einfach nichts finden, keine Geste, kein Wort, das mir hätte verraten können, was Michael vorgehabt hatte.

Später kam Benny dazu und machte mich mit Richard bekannt. Wir verstanden uns ganz gut und trafen uns dann öfters. Richard bemerkte sehr schnell, dass ich nicht so gut drauf war – seine Antennen schienen die Signale meines Kummers zu empfangen. Er hatte mich dann mal in eines seiner Cafés nach Düsseldorf eingeladen. Einmal durfte ich auch mit in seine Fabrik kommen, und er zeigte mir um vier Uhr in der Frühe, wie anspruchsvoll und fleißig seine Belegschaft Pralinen, Kuchen und jede Menge anderer Köstlichkeiten zubereitete.

Ich rief Michael in der Nacht an und sagte ihm, dass ich am nächsten Morgen 4000 DM brauchen würde, damit ich für eine geraume Zeit nach Los Angeles fliegen könne. Ich machte ihm klar, dass ich unbedingt aus Köln und überhaupt aus Deutschland verschwinden müsse. Ich sagte ihm auch, dass ich so langsam keinen Ausweg mehr sehen würde. Wobei das Wort »langsam« komplett erlogen war.

Er sagte, dass er zwar normalerweise kein Geld verleihen und mich ja auch nicht wirklich gut kennen würde, aber er willigte ein und wir vereinbarten, dass ich es ihm zurückzahlen würde, sobald ich wieder zu Geld käme. Den Zeitpunkt dafür ließen wir beide offen.

Am nächsten Morgen stand ich um zwölf Uhr bei ihm vor seinem Café an der Königsallee. Gegenüber war eine Bank. Wir gingen hinein und er gab mir zwei Tausender, drei Fünfhunderter und fünf Hundertmarkscheine und ein kleines Paket mit Schokodrops für den Flug. Ich war so glücklich darüber, dass ich ihn fest in den Arm nahm. Nun konnte ich doch nach L.A., zwar unter anderen Voraussetzungen und Bedingungen, aber ich konnte weg. Einfach nur weg!

Richard wurde so zu einer Schlüsselfigur in meinem Leben. Hätte er mir das Geld nicht gegeben, hätte ich mich vermutlich tatsächlich aus der Verantwortung gezogen. Ich musste dem Albtraum entkommen, und es gab für mich nur zwei Möglichkeiten. Die eine führte in den Tod, die andere nach Kalifornien. Gott sei Dank! Ich durfte die andere nehmen.

# KAPITEL 13

## Hoffnung L.A.

Zurück in Köln ging ich noch einmal zum Studiogelände, um mein Postfach zu leeren. Neben einigen Fanbriefen und Werbepost lag darin eine Benachrichtigung über ein Einschreiben, das ich von der Post abholen sollte.

Auf dem Briefkopf des Einschreibens stand der Name einer Anwaltskanzlei aus München. Darunter der Betreff: »DKNY vs. D.K.Y.« Noch hatte ich keinen Schimmer, was das zu bedeuten hatte. Nach einigen Zeilen las ich, dass Ms Donna Karan die Inhaberin der Marke DKNY ist und sich aufgrund der Eintragung meiner Marke D.K.Y. beim Patentamt angegriffen fühlte.

Ach ne!? Eine weltberühmte millionenschwere Modedesignerin beziehungsweise ein Konzern mit Milliardenumsätzen hatte ein Problem mit einem Ex-Soapi, der 12 000 Mark Minus auf seinem Konto hatte, nicht einmal eine Küchenzeile besaß und seinen täglichen Joghurt, den er sich bei der Tankstelle gegenüber kaufte, auf den Minibalkon stellen musste, um ihm Kühlung zu bieten. Diese Frau, oder vielmehr ihre Anwälte, hatten also die Zeit, sich mit einem kleinen Lichtlein in einem Kaff bei Köln zu beschäftigen?

Cool, dachte ich im ersten Moment, aber eigentlich verstärkte es mein Gefühl, dass gleichgültig, was ich anpackte, meine Vorhaben nach hinten losgingen. DKNY hatte ich nun überhaupt nicht auf dem Plan, als ich D.K.Y. erschuf und zur

Eintragung als Marke beim Patentamt anmeldete. Schließlich waren die drei Buchstaben nur das Kürzel für *don't kill ya'self!* – nicht mehr und nicht weniger. Die zuständige Anwältin der Kanzlei setzte eine Frist, bis zu der ich meine Marke D.K.Y. löschen sollte. Das wollte ich aber nicht.

Durch die Eintragung der drei Buchstaben hatte ich etwas, das mir gehörte. Die drei Buchstaben waren für mich der Schlüssel, mit dem ich meine Träume realisieren konnte. Somit war diese Marke für mich so wichtig, dass ich mich an sie klammerte und sie auf keinen Fall loslassen wollte. Um keinen Preis der Welt! Zu viele Gefühle und Hoffnungen knüpften sich darin. Das hatte ich der Anwältin, die ich am selben Tag noch angerufen hatte, auch so gesagt. Doch es schien ihr ziemlich gleichgültig zu sein. Sie forderte mich lediglich noch mal auf, die Marke schnellstens zu löschen, ansonsten würde die Sache in einem Rechtsstreit geklärt.

Es war mir, ehrlich gesagt, gar nicht klar, was die Dame von mir wollte. Meinte sie etwa, ich solle mir die Chance entgehen lassen, meine Kinospots zu schalten? Ne, ne! Nicht mit mir. Mit einem nunmehr geschäftlicheren Ton informierte ich sie darüber, dass ich beziehungsweise meine Firma Kinospots in ganz Deutschland schalten würde, um ein Filmprojekt zu bewerben. Ich stellte es so dar, als ob Marketingaufwendungen in Millionenhöhe bereits getätigt worden wären und ein Rückruf mit erheblichen Kosten verbunden wäre.

Auch das schien sie nicht zu interessieren. Im Gegenteil, sie drohte mir mit einer Schadensersatzklage, sollte ich die Spots nicht sofort wieder aus dem Verkehr ziehen. Des Weiteren kündigte sie an, dass ihre Kanzlei einstweilige Verfügungen gegen die Kinos erlassen würde, um das Zeigen der Spots zu verhindern. Die Kosten dafür hätte ich dann zu tragen. Und ich würde sie tragen müssen, bekräftigte sie noch einmal ihre Drohung.

Ich versuchte nun doch noch mal einzulenken und freundlich zu erläutern, wie es überhaupt zu D.K.Y. gekommen war.

Welche Bedeutung die drei Buchstaben hatten, spielte für sie keine Rolle. Sie war an meinen Ausführungen nicht interessiert.

Tja, und weil bei mir sowieso alles schief lief und ich mich bereits unwiderruflich in mein *dky project* hineingesteigert hatte, warf ich den Fehdehandschuh und teilte höflich mit, dass ich die Marke nicht löschen werde und dass sie ihrer Klientin mitteilen könne, dass ich mich nicht einschüchtern lassen würde. Punkt! Basta! Noch Fragen? Ne!

Das Gespräch fand sein Ende mit der Drohung, dass ich mit erheblichen Kosten rechnen müsste. Dann machte es »Klick«.

Ich versuchte das Gehörte erst einmal zu ordnen und zog schließlich folgende Bilanz: Ich hatte meine Freundin verloren, hatte keinen Job mehr, mein Mäzen, Anwalt und Freund hatte sich umgebracht, der Telefonanschluss war gesperrt, ich hatte in Deutschland null Perspektive, ich hatte Kinospots für einen Film, für den es noch nicht einmal ein fertiges Drehbuch gab, und nun sah ich mich auch noch mit einem Konzern konfrontiert, der mich mal eben überrollen wollte. Das waren keine schönen Aussichten. Ich war mir beinahe sicher, bald Millionär zu sein, ein Schulden-Millionär …

Wie angedroht wurde dann seitens DKNY Widerspruch gegen die Eintragung von D.K.Y. eingelegt. Daraufhin informierte ich mich beim Deutschen Patentamt, was ich machen könne, um der Gegenpartei Paroli zu bieten. Man riet mir, einen Anwalt für Markenrecht zu engagieren, der dann für mich einen Widerspruch gegen den Widerspruch verfassen und beim dpma einreichen sollte. Einen Anwalt konnte ich mir aber nun überhaupt nicht leisten, also setzte ich selbst ein Schreiben auf und widersprach salopp in allen vorgebrachten Punkten.

Und damit verdrängte ich den Kontakt mit DKNY! Ich hatte mich schließlich um andere und wichtigere Pläne zu kümmern.

Ich rief meine Mutter an und erzählte ihr das erste Mal ein wenig mehr über meine Situation, dass ich wegen des Suizides von Michael und der Trennung von Anja Abstand benötige und deswegen am nächsten Tag in die Staaten fliegen würde. Meine Mutter hätte es eigentlich besser gefunden, wenn ich noch einmal in Hamburg vorbeigekommen wäre, aber ich verspürte so sehr den Drang abzuhauen, dass ich mir einen Aufschub, und sei es nur von einem Tag, nicht hätte leisten können. Ich platzte innerlich vor Anspannung.

Ich rief bei der Airline an und buchte einen Flug in der Economyclass, und weil ich wegen meiner vielen früheren Flüge noch reichlich Meilen guthatte, ließ ich mich aber auf einen Businessclass-Platz upgraden.

Noch am gleichen Tag packte ich meinen Koffer und stellte meinen Wecker im Handy, damit ich rechtzeitig um sieben Uhr morgens am Flughafen Köln/Bonn in den Zubringer nach Frankfurt steigen konnte.

Als ich am Flughafen in Frankfurt die Maschine nach L.A. sah und kurz darauf meinen Platz eingenommen hatte, konnte ich mich endlich ein wenig entspannen und meine Sorgen im wahrsten Sinne des Wortes für eine Weile hinter mir lassen.

Mit jedem Kilometer, den ich mich den USA näherte und der mich gleichermaßen von Deutschland entfernte, schien es mir besser zu gehen. Schon im Flugzeug beschloss ich, für eine lange Zeit nicht zurückzukehren. Wie ich das mit 4 000 Mark anstellen wollte, von denen 700 Mark für den Flug draufgegangen waren, das bereitete mir erst einmal nicht allzu großes Kopfzerbrechen. Ein kleines Lichtlein namens Optimismus flammte auf und erwärmte mein Gemüt.

Nach insgesamt zwölf Stunden Flug landete ich in Los Angeles. Dort war es gerade Mittag, und das Thermometer zeigte vierundzwanzig Grad an. Ich ging an einen Exchange-Schalter und wechselte 2 000 Mark in Dollar um. Ich bekam etwa 1 200 Dollar raus. Der Wechselkurs war nicht gerade gut. Haushalten war angesagt.

Bei meinen vorherigen Besuchen war ich mit dem Taxi vom Flughafen in die Stadt gefahren, doch diesmal achtete ich auf jeden Cent und dachte von Beginn an sehr genau darüber nach, wofür ich mein Geld ausgab. Ich bin in einen der vielen Shuttlebusse gestiegen, die die Touristen kostenlos am Flughafen abholen und in ihre Hotels fahren. Es war ein Bus vom Bel-Age-Hotel, in dem ich ja auch schon mal gewohnt hatte. Es war von dort eigentlich nicht weit zum Highland-Gardens-Hotel, das ich ansteuerte. Doch ich benötigte vom Sunset Boulevard zur Franklin Avenue wegen meines schweren Koffers, den ich mühsam hinter mir herzog, fast eine halbe Stunde. Ich kannte das Highland-Gardens-Hotel von meinem letzten Besuch in L.A. Hier gab es nicht nur Hotelzimmer, sondern auch eine Apartmentanlage, die wie in der Serie *Melrose Place* um einen Swimmingpool herum gebaut war.

Ich checkte erst einmal ein. Aber nicht zum Preis von 40 Dollar pro Nacht, sondern zum Monatstarif von 700 Dollar. Viel zu teuer für meine Verhältnisse, das war gleich klar. Ich zog in ein Zimmer, das, wie die meisten anderen auch, ein Fenster zum Pool hatte. Ich packte meine kurze Jeans aus, zog mich um und ging erst mal schwimmen. Ein paar Gäste meines Alters hatten es sich am Pool gemütlich gemacht. Ich atmete zufrieden auf, sprang kopfüber ins Wasser und tauchte die fünfzehn Meter bis ans andere Poolende. Dann bin ich ein paar Bahnen geschwommen und war einfach nur glücklich. Ich freute mich so sehr, dass ich gegrinst haben muss wie ein Honigkuchenpferd. Obwohl ich zugebe, dass ich noch nie ein Honigkuchenpferd beim Grinsen gesehen habe.

Nach dem Bad legte ich mich auf einen Liegestuhl und döste recht schnell ein, denn mein Körper war noch auf mitteleuropäische Zeit eingestellt.

Als ich aufwachte, war es bereits dunkel. Ich zog mich um und bin gemütlich zu McDonald's am Hollywood Boulevard gegangen und kaufte mir drei Cheeseburger zu je 39 Cent und eine Cola. Das machte satt.

Weil ich noch immer müde war und nichts Bestimmtes vorhatte, bin ich aufs Zimmer und habe Fernsehen geguckt. Ich war in L.A., alles andere war unwichtig.

Als ich am nächsten Morgen aufwachte, stellte ich mit großer Freude fest, dass ich in der Nacht weder Krämpfe noch andere Schmerzen gehabt hatte.

Erleichtert legte ich mich an den Pool und scannte die anderen Gäste. Die meisten waren Studenten in meinem Alter. Entweder besuchten sie eine der vielen Schauspielschulen oder eine Musikschule in der Gegend. Mehrere Jungs quatschten auf Englisch mit einem Mädchen. Ab und zu wechselten sie ins Schwedische, und es schien, als ob sie sich dann über das Mädchen unterhielten. Das fand sie aber nicht so komisch und begann ebenfalls in ihrer Muttersprache zu reden. Die Typen verstanden sie nicht, ich aber, denn sie sprach Deutsch. Ich gab mich als Deutscher zu erkennen, und schon waren wir in ein Gespräch verwickelt und stellten uns alle einander vor. Das Mädchen hieß Nicole, sie kam aus Frankfurt und lebte schon ein halbes Jahr in L.A. Sie hatte bis vor kurzem in einer PR-Agentur gearbeitet, war aber gefeuert worden. Allerdings tat sie so, als wäre es ihr gleichgültig und als ob sie sowieso keine Lust mehr gehabt hätte, dort zu arbeiten.

Nicole wohnte schräg gegenüber von mir in einem ähnlichen Apartment und zahlte denselben Preis dafür wie ich. Sie beklagte ebenfalls den schlechten Wechselkurs und die Höhe der Miete, weshalb mir eine Idee kam.

»Sollen wir uns nicht dein Apartment teilen?«, schlug ich vor. »Ich penne im Wohnzimmer du kannst das Schlafzimmer behalten.« Jedes Apartment hatte, wie ich wusste, ein Wohnzimmer mit einer breiten Schlafcouch, ein Schlafzimmer mit einem Doppelbett und ein Badezimmer mit einer Badewanne. Die Küche war ins Wohnzimmer integriert und mit Fliesen vom Teppichbereich abgegrenzt.

»Ich denk drüber nach«, sagte Nicole zögerlich. Doch am nächsten Tag stimmte sie meinem Vorschlag zu, betonte aber gleich, dass es nur eine Übergangslösung sei.

Ich war froh. Meine monatlichen Mietkosten halbierten sich auf 350 Dollar.

Ich räumte mein Zimmer und zog bei Nicole ein, die ein paar Regeln aufstellte, was den Müll und den Abwasch anging. Das fand ich in Ordnung. Nur dass sie mir gerade mal fünf Zentimeter für mein Duschgel und meine Zahnpasta auf dem Bord über dem Waschbecken im Badezimmer anbot, fand ich diskussionswürdig, stellte meine Waschutensilien dann aber, ohne ein Wort zu verlieren, auf dem Boden ab. Bloß keinen Ärger machen und einen Rausschmiss provozieren. Im Grunde war Nicole ziemlich okay.

Durch sie lernte ich einen neunundzwanzigjährigen Typen kennen: Tim, der im Apartment rechts unten von uns wohnte. Er kam aus Österreich und hatte seinen *livingroom* voller Rechner stehen. Dort saß er zusammen mit einem anderen Typen fast rund um die Uhr vor den Monitoren. Ab und zu besuchten ihn ein paar extrem gut aussehende junge Frauen. Sie waren alle ziemlich aufgebrezelt und schienen sich ausnahmslos einer Brustvergrößerung unterzogen zu haben.

Tim, der, sobald er den Mund aufmachte, seine österreichische Herkunft nicht verbergen konnte, war sehr höflich, entsprach aber nicht im Geringsten meiner Vorstellung von einem Mann, der solche Frauen empfing. Er hatte lange, fettige Haare und eine schmierige Brille auf der Nase. Sein Kollege Nicolas, der aus L.A. stammte, sah hingegen eher gepflegt aus, war mir aber dennoch nicht sympathisch.

Tim und ich unterhielten uns fortan öfters am Pool. Irgendwann sagte er mir, dass er mich ganz nett fände und lud mich in sein Apartment ein. Dort offenbarte er mir, was er vierundzwanzig Stunden hinter verschlossener Tür so trieb. Er war so eine Art Internetpionier, der schon sehr früh Sexseiten ins Netz gestellt hatte. Zuerst kostenfrei, dann mit kostenpflichtigem Bereich.

»Du kannst dich auf meiner Seite an mehrere Kameras andocken und Frauen in Kabinen zusehen, die sich ausziehen … Die erfüllen auch Wünsche.«

Nun war mir klar, was die ganzen Frauen bei Tim wollten. Er machte bei sich im Apartment das Casting für die Kabinenstrips. An schlechten Tagen verdiente er 10 000 Dollar. An guten Tagen machte er ein Vielfaches mehr an Umsatz.

Tim fuhr einen Jaguar, einen Porsche und war in vielen Clubs in Hollywood ein VIP-Gast, denn er hinterließ jedes Mal mehrere tausend Dollar in den Kassen der Clubbesitzer.

Über Nicole sagte Tim, dass sie ganz nett, aber eine Zicke sei. Nicole sagte über Tim, dass er ganz nett, aber pervers sei. Trotzdem hingen sie oft zusammen rum, und ich schloss mich ihnen hin und wieder an.

Ich hatte Tim erzählt, dass ich in Deutschland als Schauspieler arbeite, woraufhin er meinen Namen in eine Suchmaschine eingab und einige Seiten über mich fand. Nach einigen Tagen erzählte er mir, dass er zum Porno-Produzenten avancieren würde und in Kürze seinen ersten Film produzieren wolle, um ihn dann im Netz anzubieten. Er bot mir völlig ernsthaft an, mir 10 000 Dollar pro Drehtag zu zahlen, wenn ich in seinem Pornofilm mitspielen würde.

Ich schüttelte schon den Kopf, fragte aber, ob ich ein wenig Bedenkzeit haben könne. Immerhin sind 10 000 Dollar eine Menge Geld für einen Arbeitstag.

Das war wirklich eine haarige Situation, schließlich wusste ich, dass ich in Kürze völlig pleite sein würde, mein Abreisetermin näherte sich unerbittlich. Nun bot sich mir die Möglichkeit, eine Menge Kohle zu verdienen, indem ich mich von Frauen verwöhnen lassen durfte … und das als Single ohne aktives Sexualleben … Da war aber ein Problem! Die Kameras, die das Geschehen für immer und ewig festhalten würden.

Also lehnte ich das Angebot ab. Ich war mir sehr sicher, dass ich dann bald Bilder aus dem Porno mit mir, einer Frau und einem schwarzen Balken auf dem Schniedelwutz in der *Bild-Zeitung* oder sonst wo wiederfinden würde, womit sich meine Karriere komplett erledigt hätte. Dafür waren 10 000 Dollar pro Tag einfach zu wenig.

Einige Wochen später sagte Tim mir, dass er mich nach meiner Absage sympathischer finde als vorher und gab zu, dass ich und die öffentliche Schelte meiner Person ihm gleichgültig gewesen seien. Er hatte mich abzocken wollen. Nun aber lieh er mir ab und zu seinen Jaguar, damit ich durch L.A. *cruisen* und mich umsehen konnte. Ich fuhr nun öfters durch Beverly Hills und träumte davon, mir dort ein Haus zu kaufen, vor dem dann auch mindestens drei Autos stehen sollten. So wie es dort üblich zu sein scheint.

Ich fühlte mich die erste Zeit in Amerika ganz gut. Ich war abgelenkt. Doch dann kam die Ernüchterung über die Umgebung und die Menschen. Alles wurde zum Alltag, und ich langweilte mich zusehends am Pool und an den anderen Orten, die ich aufsuchte.

Ich lebte nun in Los Angeles wie jeder andere Bürger – allerdings ohne Arbeit und Familie. Die Stadt verlor stark an Glanz und Glamour, die sie zu versprühen scheint, wenn man nur ein paar Tage als Tourist dort verbringt. Trotzdem ging es mir immer noch besser als in Deutschland. Tagsüber zumindest! Das hatte sicherlich auch mit dem regelmäßigen Sonnenschein zu tun. Nachts aber kehrten allmählich die Krämpfe und schließlich auch die Albträume zurück – alles war bald genauso unerträglich wie zuletzt in der kleinen Wohnung in Hürth.

Meine Rechnung, alles hinter mir zu lassen, auch meine Probleme, ging nicht auf. Die Gefühle und der Kummer waren nicht zehntausend Kilometer von mir entfernt, sondern tief in meinem Herzen und nur für kurze Zeit unterdrückt worden. Überall dort in L.A., wo ich zwei Jahre zuvor auch mit Anja gewesen war, schwelten nun die Erinnerungen. Der Liebeskummer, die Sehnsucht nach Geborgenheit und meine Selbstzweifel hatten mich wieder im Griff. Es stellte sich eine dauerhafte Traurigkeit ein, die mal stärker und mal schwächer war. Doch gleichgültig, was um mich herum passierte und was ich sah, es war alles irgendwie nicht mehr so toll. Nichts konnte mich erfreuen.

Ich begann wieder, meine Gefühle und Beschwerden in den Nächten mit Schreiben zu kompensieren. Dass Nicole im Nebenzimmer schlief, machte die Situation allerdings schwieriger, denn ich konnte weder bei Schmerzen laut aufstöhnen noch andere Laute von mir geben, die meine Trauer ausdrückten. Ich weinte oft lautlos ins Kissen. Doch durch mein Hin- und Herwälzen im Bett weckte ich Nicole das eine oder andere Mal dennoch auf. – Kein Wunder, das Bett quietschte schon, wenn man es nur ansah.

Nicole war mittlerweile nicht nur wegen meiner Nachtaktivität genervt und bat mich eines Tages höflich, mir doch wieder ein eigenes Apartment zu mieten.

Ich musste mir etwas einfallen lassen. Ich hatte kaum noch Geld.

Am nächsten Tag bin ich zur Eigentümerin der Apartmentanlage gegangen, die ich inzwischen kannte und mit der ich schon das eine oder andere Wort gewechselt hatte. Sie kam ebenfalls aus Deutschland und lebte seit über dreißig Jahren in Kalifornien. Ich setzte alles auf eine Karte und erzählte ihr, dass ich pleite sei und dass ich nach L.A. gekommen wäre, weil ich vor mir selbst und meinem Liebeskummer flüchten wollte.

Sie schaute mich einen Moment lang an und sagte dann, dass sie nachempfinden könne, was ich durchmache. Sie gewährte mir, bis ich wieder zu Geld kommen würde, einen Mietaufschub für ein Apartment. Ich versprach ihr, mein Wort zu halten. Wir besiegelten den Deal mit einem Händedruck.

Weil ich nun erst mal kostenfrei wohnen würde, gab sie mir ein Apartment im hinteren Bereich der Anlage. Man musste, um dorthin zu gelangen, am Pool vorbei, eine Gittertür öffnen und über einen kleinen Hof gehen. Dort lagen Zimmer, die sich nicht so gut vermieten ließen, womöglich auch, weil ihre Einrichtung etwas veraltet war. Für meine Zwecke reichte es. Auch hier hatte ich eine Küche, ein Schlafzimmer und einen Fernseher. Die Möbel waren in Brauntönen gehalten.

Ich suchte mir den günstigsten Anbieter für einen Telefonanschluss, sodass ich ein paar Tage später sogar für wenige Cent meine Mutter in Deutschland anrufen konnte. Innerhalb von Los Angeles kostete das Telefonieren nichts. Doch wen sollte ich anrufen?

Es stellte sich mit der Zeit folgender Tagesrhythmus für mich ein: Morgens ging ich gegen zehn Uhr an den Empfang, weil es dort kostenlos Muffins und heißen Tee gab. Danach legte ich mich an den Pool oder ging, wenn die Lebensmittel ausgegangen waren, zum Supermarkt, um mir eine Dreikilogrammpackung Cornflakes und Milch in einem Fünfliterkanister zu kaufen. Meistens nahm ich gleich noch Nudeln und Tomatensoße mit, die unter dem Strich noch billiger waren, als wenn ich mich jeden Tag von Fastfood ernährt hätte. Mittags schlief ich meistens in der Sonne am Pool, weil ich nachts nicht zum Schlafen gekommen war. Nachmittags plantschte ich dann ein wenig im Wasser, und sobald es dunkel wurde, bin ich zurück in mein Apartment und legte mich vor die Glotze – mit der Zeit verstand ich Amerikanisch immer besser. Ich sah so lange fern, bis meine Augen von allein zufielen, erst dann ging ich schlafen. Doch kaum lag ich im Bett, war ich wieder hellwach und meine Krämpfe plagten mich. Sie waren mittlerweile ein Stück Alltag geworden, genauso, wie die Tatsache, dass ich morgens um drei oder vier meinen Laptop schnappte und meine Fantasien und Albträume in Zeilen verwandelte.

*Ich befinde mich wieder in dem Turm. Es ist kalt und feucht. Ein waberndes Licht, dessen Quelle ich nicht sehen kann, erleuchtet ein wenig die Umgebung. Plötzlich wickeln sich Ketten blitzartig um meine Hände und ziehen mich nach oben. Während ich in der Luft hänge, wickeln sich weitere Ketten um meine Fußgelenke. Sie ziehen mich ebenfalls nach oben, sodass ich kurz darauf parallel zum Boden in der Luft schwebe. Ich sehe, wie für jede Anfeindung, jeden Fehler und jede Enttäuschung eine spitze Glasscherbe auf dem Boden er-*

*scheint. Es gibt einen Ruck und ich falle, werde aber von den Ketten kurz vor dem Aufprall gestoppt. Die Scherben richten sich auf und ihre scharfen Kanten und Spitzen fixieren meinen Körper. Ich traue mich nicht, mich zu bewegen. Mit großer Geschwindigkeit ziehen mich die Ketten wieder nach oben, um mich dann doch wieder nur nach unten fallen zu lassen. Abermals stoppt der Fall kurz über den Scherben. Millimeter für Millimeter lösen sich die Ketten von meinen Gelenken, und ich komme nun den Scherben bedrohlich nahe – dann schneiden sie sich langsam in meinen Körper und dringen immer tiefer in meinen Körper ein. Blut läuft aus den Wunden über die Scherben auf den Boden. Langsam lösen sich die Ketten komplett und verschwinden von meinen Gelenken. Genauso langsam sinke ich auf den Boden, und die Scherben drücken sich fast komplett in meinen Körper. Ich kann nicht schreien. Mit letzter Kraft drehe ich mich um, liege auf dem Rücken und starre ins Leere.*

Ich weiß nicht genau, ob ich durch meine Fantasie und mein Schreiben meine Gemütslage selbst noch verschlechtert habe und meine Albträume schlimmer wurden, weil ich mir selbst immer grausamere Szenarien ausdachte, die meine psychisch bedingten Schmerzen in Bilder fassten. Jedenfalls bekam ich irgendwann entsetzliche Angst! Angst davor, dass das, was ich schrieb, wahr werden würde, obwohl ich ja nur geschrieben hatte, was ich sowieso empfand. Ich lebte mehr in meiner fiktionalen Welt als in der Realität – nach außen hin führte ich dennoch ein unscheinbares Leben.

Meine Fantasien und Träume drohten allmählich alles zu beherrschen. Meine Angst vor der Dunkelheit und Einsamkeit in meinem Apartment war fortan auch präsent, wenn ich noch nicht im Bett lag und nachdachte oder schlief, sondern auch, wenn ich auf der Couch vor dem Fernseher saß oder etwas aß. Vielleicht hätte ich mich in einem Apartment im Inneren der Anlage besser gefühlt. Im hinteren Bereich fühlte ich mich ausgegrenzt. Das belastete mich. Niemand schien mehr Notiz von mir zu nehmen. Ich wollte zwar nicht, dass irgendwer mitbekam, wie ich abends weinte, schrie oder vor Erschöpfung stöhnte, doch dass mich und meine Qual überhaupt niemand registrierte, machte mich zusätzlich so unglücklich, dass ich immer weniger Kraft aufbringen konnte, positiv zu denken. Nichts konnte mich mehr erfreuen. Das Einzige, was mir Genugtuung verschaffte, war, dass ich tagsüber die Seiten zählen konnte, die ich nachts geschrieben hatte. So hatte ich das Gefühl, wenigstens etwas aus meiner Situation zu machen. Ich starb zwar tausend Tode, aber ich machte etwas daraus. Ich schrieb.

Ich hatte Angst, Schuldgefühle und machte mir Vorwürfe, ich verlor regelmäßig die Kontrolle über meinen Körper, und Schmerzen schnürten mir fast meine Atemwege zu, aber ich machte etwas daraus!

Das war das einzig Positive, das ich meinem Leben an der Grenze abgewinnen konnte. Ein Windstoß hätte gereicht, mich von der Klippe zu stürzen, aber er kam nicht. Das Schreiben bot mir Halt. Wenn ich schon nicht in ein normales Leben zurückkehren konnte, dann musste ich vorerst eben verharren und schreiben.

Ich entwickelte den Willen in mir, alles als Lebenserfahrung anzusehen und meinen Zustand so lange hinzunehmen, wie er eben andauern würde. Als ich diesen Entschluss fasste, machte sich unterschwellig aber auch eine Gegenwehr in mir breit, mit der ich mich dem Ganzen stellen wollte. Ich beobachtete mich von nun an selbst. Ich schrieb, was ich empfand, auf, und ich las, was ich geschrieben hatte. Ich konnte nicht eingreifen oder mir helfen, aber ich konnte mir mein Leiden ansehen und mich dadurch damit auseinander setzen.

Ich fand sogar so viel Kraft, dass ich das, was ich nachts aufschrieb, tagsüber mit Kameraeinstellungen und Regieanweisungen versah und umgestaltete. Das machte mir Freude! Ich arbeitete. Ich schrieb sozusagen an einem Drehbuch – und zwar an einem Drehbuch, das das Leben selbst diktierte!

Wenn ich meine Texte las, war ich irgendwie fasziniert davon, wie tief ein Mensch überhaupt fallen kann. Wie sehr man innerlich abstürzen kann. Und dass es immer weiter hinunter geht, ohne dass ein Ende in Sicht kommt. Das alles kam meinem *dky project* zugute, und ich begann, auch über andere Dinge als meine in Bilder übertragenen Gefühle zu schreiben.

Ich entwickelte Storys aus den Begebenheiten, die ich in Köln erlebt hatte oder von denen mir erzählt worden war, oder aus Meldungen, die ich in der Zeitung gelesen hatte.

Meistens waren die Geschichten, die nicht direkt etwas mit meiner Gefühlslage zu tun hatten, humoristisch verfasst, sodass ich über das, was ich schrieb, auch oft lachen konnte.

Ich erfand auch völlig abwegige Geschichten, in denen ich meiner Fantasie freien Lauf ließ. Geschichten, in denen ich gern die Hauptrolle spielen würde. Langsam entdeckte ich einen Sinn in den Horrorszenarien, die so oft mein Inneres bewegten. Sie brachten mich dazu, immer wieder etwas Neues zu schaffen. Zwar waren es nur Zeilen, die ich in meinem Rechner abspeicherte, aber sie waren da. Sie gehörten zu mir. Es war, als machte ich mit Hilfe der Bilder und Geschichten gedanklich Reisen in eine andere, manchmal bedrohliche, manchmal aber auch bessere Welt.

Ich fuhr in dieser Phase häufig mit dem Bus quer durch L.A. und suchte nach Inspirationen. Das half mir ungemein, meiner Depression entgegenzuwirken. Sie verschwand zwar nicht gänzlich, aber sie schränkte mein Leben nicht völlig ein.

An einem warmen Abend saß ich am Pool und hatte meinen Laptop auf einem kleinen Tisch vor mir stehen. Es war bereits dunkel und nur die Poolbeleuchtung schenkte noch ein wenig Licht. Plötzlich kam ein Mann durch das Tor, das von draußen zum Poolbereich führte, auf mich zu. Er sprach mich an und sagte, dass er mich schon etwas länger beobachtet hätte. Er sei Regisseur. Dann fragte er mich, ob ich Lust hätte, mit ins Theater zu kommen.

Ich sagte spontan zu, obwohl ich ihn nicht kannte. Ich wollte endlich mal wieder etwas erleben und unter Menschen sein.

Wir stiegen in einen Wagen, in dem zwei weitere gut gekleidete Herren saßen, die mich freundlich begrüßten. Nach ungefähr dreißig Minuten erreichten wir einen Ort in L.A., an dem ich noch nie zuvor gewesen war.

Im Foyer des Theaters, das eigentlich eher ein Restaurant mit einer kleinen Bühne war, tummelten sich ein paar Drag Queens und jede Menge Typen, die sich küssten oder Hand in Hand auf den Einlass zu warten schienen. Ich war also in ein Transvestitentheater geraten. Mal etwas anderes.

Ich bemerkte, dass ich die Blicke einiger Typen auf mich zog, denn zum einen war ich einer der jüngsten männlichen Gäste und zum anderen stand ich schon bald allein herum. Der Regisseur und seine Freunde, mit denen ich gekommen war, hatten so viele Bekannte getroffen, dass sie unentwegt mit Shakehands und Bussisverteilen beschäftigt waren.

Als die Glocke den Beginn der Veranstaltung ankündigte, nahmen mich meine neuen Bekannten mit hinein, und wir nahmen unsere Plätze ein. Die Show war sehr *gay* und sehr lustig. Eine erwähnenswerte Geschichte hatte das Stück aber nicht, es ging eher um nackte Tatsachen.

Nach der Show führten mich der Regisseur und seine Freunde in einen Club auf der anderen Straßenseite. Ich wäre lieber zurückgekehrt zu meinem Platz am Pool, doch nun war ich einmal hier und ging mit.

An der Tür stand ein Typ mit einem Schnurrbart. Er trug eine Art Polizeikappe aus Leder und hatte ein Lederband mit Nieten um seinen Hals. Seine Hose, ebenfalls aus Leder, war so eng, dass sich alles gut abzeichnete. Aus seinem Netzhemd ragten Brusthaare bis zum Hals heraus. Als ich ihn erblickte, wurde mir ein wenig mulmig, ich versuchte mir aber nichts anmerken zu lassen. Der Ledertyp öffnete die schwere Stahltür, und als ich an ihm vorbeiging, leckte er sich mit seiner Zunge genüsslich über seine Lippen.

Na, prima, dachte ich. Aber ich grinste ihn bloß freundlich an und sagte nett: »*Hello.*«

Wir gelangten in einen kleinen Vorraum, den nur ein schummriges Licht erhellte und der komplett verspiegelt war. Ein Durchgang führte in den Barbereich, wo sich mir ein Bild bot, wie ich es zuvor noch nie gesehen hatte. Ich war in einem der derbsten Gay-Clubs, die es wohl gab – so weit es mein Erfahrungsschatz, der in diesem Metier bis dato bei null lag, zu bewerten vermochte. Die Bar war in der Mitte des Raumes, sodass man sich rund um die Theke stellen konnte. Auf der gegenüberliegenden Seite führte eine Treppe zu einer kleinen Galerie mit Geländer hinauf. Da es sehr dunkel war, konnte man nicht erkennen, wer gerade dort oben stand.

Ich sah mich nach meinen Leuten um, die ich nach wenigen Minuten bereits aus den Augen verloren hatte, konnte sie aber nirgends entdecken. Dafür trafen meine Blicke auf einen sehr dicken, glatzköpfigen Mann um die vierzig, der eine Art Waschbrett in der Hand hielt und mich angrinste. Er schlug mit dem Brett leicht gegen seine linke Hand. Dann sprach mich ein nicht viel anders gebauter Typ an und sagte mir höflich, dass jeder, der neu wäre im Club, seinen Arsch frei machen und sich über das Knie des Glatzkopfes legen würde, um sich dann ein paar nett gemeinte Schläge abzuholen.

»*Nice*«, sagte ich und bekam es mit der Angst zu tun. »*Very nice, but I am not really interested. Thanks.*«

Zum Glück erhob der Typ keinen Protest.

Im nächsten Moment kam ein jüngerer Typ, er war vielleicht so um die dreißig, auf mich zu. Freundlich fragte er mich, was ich in dem Club vorhätte.

Ich antwortete auf Englisch: »Oh, ein paar Kollegen haben mich mitgenommen, aber ich habe sie aus den Augen verloren.«

Er merkte, dass ich nicht wusste, was ich hier sollte, und erklärte mir den Laden. »Auf die obere Ebene geht man, wenn man sich ficken lassen will.«

»Ach, so …« Schemenhaft erkannte ich nun einige Pärchen dort oben in Aktion.

Er fuhr fort. »Auf der Toilette wird aber noch mehr gevögelt. Überleg dir gut, ob du dahin willst. Im hinteren Bereich ist dann noch der *Darkroom* …«

»Ein dunkler Raum?«, fragte ich. Diese Art Einrichtung kannte ich nicht, hatte auch noch nie zuvor von solchen

Räumen gehört, geschweige denn einen solchen Raum betreten.

Der Typ amüsierte sich. »Ich bin übrigens Ethan«, stellte er sich vor. Er erzählte mir, wie es in dem *Darkroom* aussah und was man da alles vorfinden könne. »In der Mitte des Raums befindet sich eine dünne Trennwand mit Löchern. In Schwanzhöhe! Du verstehst?«

»Ah ja, klar.« Ich sah zum Ausgang. Ich hatte eigentlich auch genug gehört.

»Außerdem gibt es dort Ketten und Ledergeschirr.«

»So, so!« Ich wusste, dass ich weder auf das Geländer noch in den *Darkroom* gehen wollte.

Ethan schien meine Gedanken nicht erraten zu haben, denn er fragte mich, ob ich mit ihm auf das Geländer gehen würde.

Ich atmete auf, als er meinen freundlichen Korb gelassen hinnahm und sich dann von mir abwandte.

Ich blieb im Barbereich, stellte mich also einfach an die Theke und wartete darauf, dass der Regisseur endlich wieder auftauchte.

Nach einer Viertelstunde kam er auch tatsächlich auf mich zu und brachte einen fünfzigjährigen, weißhaarigen Herrn mit. »Das ist Jake, er wirkt bei *My Private Idaho* von Gus Van Sant mit.«

Ich begrüßte Jake, bat den Regisseur dann aber darum, mich nach Hause zu bringen. Ich fühlte mich echt nicht wohl in dieser Umgebung und musste allmählich auch mal aufs Klo.

Der Regisseur fragte Jake, ob er mich nach Hause fahren könne, denn er wolle selbst noch bleiben, und Jake müsse sowieso in meine Richtung und wäre im Aufbruch.

Na toll. Muss mich von einem wildfremden alten Typen nach einem Gay-Club-Besuch zum Hotel fahren lassen. Aber mir blieb nichts anderes übrig.

Ich stieg kurz darauf zu Jake ins Auto. Er war sehr höflich und fragte mich, ob ich Schauspieler sei. Nachdem ich seine Frage bejaht hatte, meinte er, ich würde sehr gut aussehen und im Ami-Filmgeschäft sicherlich etwas werden.

Natürlich … Vermutlich war das eine andere Form zu fragen, ob ich mit ihm ins Bett will. Ich antwortete: »Ich bin zwar Schauspieler, aber in Amerika will ich es nicht versuchen.«

Er erzählte mir während der Fahrt von seiner Zusammenarbeit mit Gus Van Sant und River Phoenix. Als wir in Hollywood ankamen, fuhr er mit mir vor den *Viper Room*, den Nachtclub von Johnny Depp am Sunset Boulevard, vor dem am 31. Oktober 1993 River Phoenix im Alter von dreiundzwanzig Jahren an einer Überdosis Drogen gestorben war. Wir stiegen kurz aus. Er zeigte mir, wie es wohl abgelaufen war, und meinte, dass River Phoenix schon lange Drogenprobleme gehabt hätte. Dann fuhr er mich zum Highland Gardens. Vor der Tür fragte er mich, ob ich wüsste, dass Janis Joplin am 4. Oktober 1970 im Alter von siebenundzwanzig Jahren an einer Überdosis Heroin im Highland Gardens gestorben war.

Das wusste ich nicht. Ich fand es auch nicht gut, dass ich es nun wusste, denn schon wieder gab es eine Verbindung zum Tod.

River Phoenix und Janis Joplin hatten zum Showbiz gehört und in der Öffentlichkeit gestanden. Beide hatten Probleme und beide starben im Oktober. Und jetzt war es ebenfalls Oktober. Ich war vierundzwanzig, nur Drogen nahm ich keine!

Nachdem Jake mich abgesetzt hatte, hockte ich mich an den Pool und dachte darüber nach, warum ich in meinem Leben so häufig mit Tod und Selbstmorden konfrontiert wurde. Ob ich die Menschen, die sich umgebracht hatten, nun persönlich kannte oder nicht. Dieses Thema war ständig präsent. Entweder beschäftigte ich mich selbst gerade damit oder andere sprachen es an. Dieser Abend hatte mir alles andere als Ablenkung von meinen düsteren Gedanken beschert.

Meine Mobilbox hatte ich seit meiner Ankunft in L.A. nur unregelmäßig abgehört. Eines Tages lag eine Nachricht von Harald Kriete für mich vor. Er fragte mich, ob ich Interesse hätte, in einem kleinen Imagefilm für seine Firma einige Kinos in Deutschland vorzustellen. Er schlug mir dafür eine anständige Tagesgage vor.

Das war Timing! Ich besaß nämlich außer 30 Dollar und meinem Rückflug-Ticket nichts mehr.

Ich nahm das Angebot an und bat die Inhaberin des Hotels, meine Wohnung nicht räumen zu müssen. Ich erklärte ihr, dass ich für eine Woche nach Deutschland fliegen würde, um einem Job nachzugehen. Danach könnte ich auch die offen stehenden Mietzahlungen begleichen. Den überwiegenden Teil meiner Klamotten, ließ ich im Highland Gardens und flog nach Hamburg.

Ich besuchte zuerst meine Mutter und erzählte ihr, dass ich eigentlich relativ guter Dinge sei und dass ich gern für längere Zeit in Amerika bleiben wolle.

Ich drehte die nächsten Tage den kleinen Film und bekam das Geld.

Da Mira zufällig in Hamburg war, trafen wir uns. Sie begleitete mich zu einem Fotografen, bei dem ich neue Fotos von mir machen ließ. Ich dachte mir, falls doch eine Anfrage eine Rolle betreffend eintrudeln sollte, wäre es gut, aktuelle Fotos zu haben. – Bei dieser Fotosession entstand auch das Coverfoto dieses Buches. Der Verlag wollte es gern haben, weil es »sympathisch und ansprechend wirkt, zudem Ruhe und Wärme ausstrahlen würde«. So kann man sich irren! Als das Foto entstand, befand ich mich mitten in meiner Lebenskrise, und es tobte ein Kampf um Leben und Tod in mir. Aber ich konnte es eben gut überspielen …

Nach dem Fotoshooting fuhr ich noch nach Köln, um in meiner Wohnung nach dem Rechten zu sehen. Im Briefkasten türmten sich die Mahnungen für die Miete.

Mein Postfach auf dem Studiogelände leerte ich ebenfalls. Dort fanden sich ein paar Fanbriefe, jede Menge Werbepost und ein Schreiben vom Finanzamt. Letzteres las ich mit großer Freude! Es enthielt eine Benachrichtigung für eine Steuererstattung, die so hoch war, dass sie alle aufgelaufenen Kosten decken konnte und ich noch etwas übrig behielt. Die Benachrichtigung war schon seit längerem in meinem Postfach, das Geld hatte das Finanzamt zwischenzeitlich sogar schon überwiesen.

Dieser Umstand gab mir so viel Auftrieb, dass ich den Aufenthalt in Köln nutzte und innerhalb eines Tages meine Wohnung leer räumte. Ein Freund aus Hamburg fuhr meinen ganzen Kram in einem geliehenen Transporter von Hürth nach Hamburg. Ich selbst flog am nächsten Tag von Köln nach L.A. zurück.

Dort angekommen zahlte ich als Erstes meine Mietschulden im Hotel. Danach war mein Auftrieb aber auch schon wieder verpufft. Ich blieb insgesamt noch weitere drei Monate, in denen ich eigentlich genauso wenig oder genauso viel unternahm wie in den Monaten davor. Mein Stimmungsbarometer sank kontinuierlich nach unten. Ich hatte zwar wieder Geld zur Verfügung, sah aber immer noch kein Licht am Horizont.

Ich lief zum Einkaufen oder um einfach etwas unter Menschen zu kommen nun öfters den *Walk of Fame* entlang. Dort kreuzte fast jedes Mal ein Mann meinen Weg, von dem ich meinen Blick nicht abwenden konnte. Er hatte weder Arme noch Beine und saß im Rollstuhl. Doch das war es nicht, was meinen Blick fesselte. Er strahlte große Zufriedenheit aus und schien mit sich und seiner Umwelt im Reinen zu sein. Wenn sich unsere Blicke trafen, lächelte er mich mit strahlenden Augen an. Dennoch traute ich mich nicht, ihn anzusprechen. Aber er interessierte mich, und ich dachte häufiger an ihn. Ich hoffte sogar manchmal, ihm über den Weg zu laufen, wenn ich über die Touri-Meile flanierte. Meine Neugierde hat er mit ziemlicher Sicherheit bemerkt. Aber er war es wohl gewohnt, Blicke auf sich zu ziehen …

Auf dem *Walk of Fame* waren auch viele Künstler anzutreffen, die, als Charly Chaplin oder Marilyn Monroe verkleidet, den Touristen anboten, sich mit ihnen fotografieren zu lassen. Es war ihr Job, und so hielten sie nach dem Fotografieren auch immer ihre Hand auf. Es war interessant zu beobachten, dass viele Touristen die Künstler dann gar nicht mehr so toll fanden und einige sogar mit ihnen diskutierten, da sie es nicht einsehen wollten, für das Foto einen oder zwei Dollar zu zahlen. Diese Szenen spielten sich oft vor dem *Chinese Theatre* ab, dort wo sich jede Menge Stars mit ihren Fuß- und Handabdrücken im Eingangsbereich verewigt hatten.

Ich saß oft auf der gegenüberliegenden Straßenseite auf einer Bank und beobachtete stundenlang das Geschehen. So verlor der *Walk of Fame* schon bald immer mehr an Glanz für mich. Es gehörte zu meinem Alltag, hier zu sitzen und die Menschen zu beobachten. Es war nichts Besonderes mehr.

Nur wenn mal eine Filmpremiere gefeiert wurde und die Straße dafür kurzzeitig abgesperrt wurde, gab es ein wenig Abwechslung. Dann drängelten sich jede Menge Menschen hinter Absperrungen, um ihre Stars zu sehen.

Die ersten Male war das auch für mich richtig aufregend gewesen. Ich hatte dort Leonardo DiCaprio, Kate Winslet oder mal Jack Nicholson gesehen. Aber da diese Premieren in Hollywood fast wöchentlich stattfinden, scherte ich mich bald auch darum nicht mehr. Die machten alle bloß ihren Job.

Abends bin ich mal allein auf eine Party in einem Club am Sunset Boulevard gegangen, um mich ein wenig abzulenken. Es gab Livemusik und die Stimmung war gut. Plötzlich bemerkte ich, dass neben mir DiCaprio mit ein paar anderen Jungs stand. Okay, ich gebe es zu, das war aufregend. Aber noch aufregender fand ich, dass die Spice Girls ebenfalls anwesend waren. Es gab in dem Club keinen abgetrennten VIP-Bereich; alle feierten gemeinsam und ich war mitten drin.

Und wenn ich schon einmal dabei bin zu erzählen, wem ich dort so alles begegnet bin, kann ich ja auch davon erzählen, dass ich mit Danny Glover, dem Partner von Mel Gibson aus *Lethal Weapon* (Teil 1-4), an einem Tisch saß.

Ich war an dem Abend allein in ein kleines Restaurant am Sunset Boulevard gegangen, um eine Suppe zu essen. Mehr wollte ich mir nicht leisten, denn das Essen dort war sehr teuer. Ich wollte aber auch nicht wieder zu Hause Nudeln in mich hineinstopfen. Also hatte ich mich draußen an einen Tisch gesetzt. Die Plätze im Restaurant waren alle besetzt.

Danny Glover kam mit drei weiteren Leuten in das Restaurant, und sie wollten auch draußen sitzen. Er fragte höflich, ob sie sich zu mir setzen dürften.

»*Sure*«, gab ich zur Antwort und machte eine einladende Geste.

Die vier bedankten sich, setzten sich, unterhielten sich und aßen etwas. Das war's.

Ich fragte Glover nicht nach einem Autogramm, und er fragte mich nicht, was ich so mache und ob ich mal in einem seiner Filme spielen wolle.

Als ich meine Suppe aufgegessen hatte, bezahlte ich die Rechnung, verabschiedete mich und ging.

Ich fuhr oft mit dem Bus nach Santa Monica und beobachtete den wunderschönen Sonnenuntergang. Dann konnte ich die Seele für kurze Zeit baumeln lassen. Die Fahrt dorthin dauerte etwa eine halbe Stunde und kostete einen Dollar fünfundzwanzig. In Santa Monica angekommen, bin ich dann entweder am Strand oder auf den Wegen, die vor Inlineskatern, Radfahrern und Joggern nur so wimmelten, spazieren gegangen. Ich bin jedes Mal zum Venice Beach und entlang der kleinen Läden, deren Besitzer alles, von Kifferutensilien über Massagen, Pizzen, Tourikram und Tattoos bis hin zu den allerneuesten Armbanduhren auf dem Markt, anzubieten hatten. Auf dieser Meile war auch ein öffentlicher Fitnessclub, in dem überwiegend Typen ihre stählernen Muckis trainierten. Bei so manchem fragte ich mich allerdings, ob die sich Hosen über ihre Arme zogen, denn die waren so breit wie meine Oberschenkel – nur noch ein bisschen muskulöser.

Ab und zu drängelte ich mich dazwischen, um ein paar Gewichte zu stemmen. Allerdings war meine Kraft meist schon verbraucht, bevor ich richtig loslegen konnte, denn ich musste immer erst mal Hunderte von Kilos von den Stangen heben, damit ich danach mit insgesamt vierzig oder auch mal fünfzig Kilo meine Brustmuskulatur trainieren konnte. Bei fünfzig Kilo drohte mein Kopf vor Anstrengung jedoch jedes Mal zu platzen, worüber die wandelnden Schränke nur schmunzeln konnten.

Bald kam es dann, wie es kommen musste: Mein Geld ging abermals zur Neige, und ich musste einen erneuten Heimflug antreten. Diesmal war das für mich aber viel schwerer als beim letzten Mal, denn ich wusste nicht, woher ich Geld bekommen sollte, um wieder zurückfliegen zu können. Dennoch packte ich nicht meine ganzen Klamotten ein, denn ich wollte auf jeden Fall nach L.A. zurückkehren.

## KAPITEL 14

### Musterung

Ich bin schweren Herzens nach Hamburg geflogen und verbrachte die ersten Tage bei meiner Mutter. Immerzu musste ich daran denken, dass ich in Anjas Nähe war, und egal, wohin ich in Hamburg ging und ein Mädchen mit blondem Haar sah, das im Profil oder von hinten nur die geringste Ähnlichkeit mit ihr hatte, zuckte ich zusammen und mir wurde weich in den Knien. Doch der Zufall wollte es nicht, dass ich Anja begegnete.

Als ich nach Köln fuhr, um mein Postfach auf dem Studiogelände in Hürth zu leeren, erwarteten mich allerhand Fanbriefe, Werbebriefe und irgendwelche Rechnungen. Auch ein Brief vom Finanzamt war wieder darunter. In kurzen Zeilen teilte man mir mit, dass ich eine weitere Steuerrückzahlung erhalten würde. Freudentränen schossen mir in die Augen. Die Rückkehr nach L.A. war also doch nicht so unwahrscheinlich … Während ich das Studiogelände verließ, öffnete ich noch einen letzten Brief, der in meinem Fach gelegen hatte. Es war ein Schreiben von der Bundeswehr. Es war eine Aufforderung zur Musterung, meiner sechsten. Der Termin lag in nicht allzu weiter Ferne. Doch das Schreiben beunruhigte mich nicht allzu sehr, ich war mir ziemlich sicher, für das nächste Jahr wieder befreit zu werden.

Mit achtzehn hatte ich mich das erste Mal der Musterungsprozedur stellen müssen, hatte mich aber dem Pflichtdienst entziehen können. Ich hatte dem Musterungsausschuss erklärt, dass sie den Beginn meiner Karriere zerstörten, wenn sie mich zum Dienst einberufen würden. Ich absolvierte damals ein dreimonatiges Praktikum bei einem Radiosender. Zwar durfte ich nur Umfragen machen und ab und zu auch mal einen Beitrag schreiben, ihn aber nur in Ausnahmefällen selbst vortragen. Dem Musterungsausschuss machte ich jedoch vor, dass mir eine große Karriere beim Radio bevorstand und all meine Anstrengungen umsonst sein würden, wenn man mich einzog. Das hatte den Ausschuss aber nur wenig beeindruckt. Meine Karriere war denen ziemlich gleichgültig. Ich erhielt dennoch einen einjährigen Aufschub: T3 lautete das Ergebnis der Tauglichkeitseinstufung. Ich war erst einmal gerettet. Warum, interessierte mich nicht, und ich kümmerte mich auch nicht weiter darum.

Nach zwei Jahren war ich bereits für *Unter uns* nach Köln gezogen, hatte die Ummeldung meines Wohnsitzes aber strategisch in die Länge gezogen und mich erst kurz vor dem erneuten Musterungstermin in Hamburg ab- und in Köln angemeldet. So war das Hamburger Kreiswehrersatzamt nicht mehr für mich zuständig, und die Unterlagen mussten ihren Weg erst nach Köln finden. Manchmal kommt es einem gelegen, dass sich Behördenräder nur sehr langsam drehen.

Erst ein halbes Jahr später traf wieder ein Brief mit dem Termin zur neuerlichen Musterung bei mir ein. Es war zu meiner besten Zeit bei *Unter uns*, und die drohende Einberufung erschien mir als megagroßes Drama. Ich wollte partout nicht zur Musterung gehen und konnte den Termin schließlich mit der Begründung, dass ich aus dem Dreh nicht rauskäme, zwar einmal verschieben, doch schließlich musste ich auch in Köln meine Hosen runterlassen. Schon wieder wurden mir die Eier untersucht und unliebsam abgetastet. Die Idee, das Ganze positiv zu sehen, da ich mir den Urologen dadurch ersparen konnte, kam mir nicht in den Sinn. Mich beschäftigte auch viel mehr, wie ich aus dieser Nummer rauskommen konnte, um nicht weiter in einer fremden Boygroup eine Unterhöschen-Show hinlegen zu müssen.

Mir stand die Panik ins Gesicht geschrieben und einem Leidensgenossen ebenso. Wir kamen beim Anstehen zum Auf-Kommando-in-den-Becher-Pinkeln ins Gespräch. Er hatte mich erkannt und wunderte sich, warum ein »TV-Star« auch zur Musterung muss.

»Na, weil ich auch nur ein Typ mit zwei Eiern bin.«

Wir kotzten uns gegenseitig über die erzwungene Zeitverschwendung aus.

Dann sagte er einen Satz, der mir Hoffnung gab, dem Ganzen doch noch zu entgehen – »*Fuck*, hätte ich doch bloß so ’ne beschcucrtc Klammer in der Fresse!«

»Wieso?«

Beim Pinkeln kurz darauf erfuhr ich, dass man mit einer Zahnspange T3 bekommen würde und für ein Jahr nicht wehrtauglich sei.

*Yeah*! So ’ne bescheuerte Zahnspange in der Fresse … Das war’s. Genauso ein blödes Ding hatte ich zu Hause in Hamburg bei meiner Mutter rumliegen. Eine lose, für oben und für unten. Sie war das Folgemodell einer festen Klammer gewesen. Ich hatte diese Klammer jedoch sogleich in einer Kiste im Keller verstaut und vergessen. Nun galt es, die Zahnspange wieder zu reaktivieren. Nur war sie eben in Hamburg und ich kurz vor dem Ende meiner dritten Musterung in Köln.

Während ich fieberhaft darüber nachdachte, wie ich das Teil ins Spiel bringen könnte, kam auch schon der Arzt und bestätigte mir, dass ich insgesamt sehr fit, körperlich belastbar und ein T2-Kandidat sei.

»Klasse«, sagte ich, »da bin ich aber froh!« Und als ob ich unbedingt zur Bundeswehr wollte, hatte ich mit dem größten Bedauern, welches ich auflegen konnte, fast nebenbei erwähnt, dass ich ja noch in kieferorthopädischer Behandlung sei und ich diese schon aus medizinischen Gründen nicht unterbrechen könne. »Ich muss meine Zahnspange jeden Tag tragen und schieb sie nach jeder abgedrehten Szene sofort in den Mund. Tja, und das werde ich auch weiterhin tun, schließlich will ich ja mal ein anständiges Gebiss haben. Gerade in meinem Beruf! Da muss ich durch …«

Der Arzt schaute mich kurz an und bat mich mit gleicher Überzeugung, ihm doch bitte meine Zahnspange jetzt und sofort aus meinem Mund in seine Hand zu legen, die er mir fordernd entgegenstreckte.

Ähm, jetzt nur cool bleiben, Stephen. »Die habe ich in meiner Garderobe liegen lassen. Und zwar in einem Glas mit so einer Art Corega Tabs. Aber ich kann sie ja schnell holen.«

Das war komplett gelogen, aber ich schaute ihm dabei wie ein frommes Lamm in die Augen.

Er erwiderte zunächst nichts. Dann blickte er zu seiner Assistentin hinüber und bat sie, dass sie eine Notiz in die Unterlagen zur Tauglichkeitsbewertung legen und dass die Bewertung fortgeführt werden solle, sobald ein Behandlungsplan von meinem Kieferorthopäden vorläge.

Gerettet! Ich hatte damals das Kreiswehrersatzamt mit dem festen Willen verlassen, die kieferorthopädische Behandlung wieder aufzunehmen und mir die Zahnspange auf die Zähne zu zwängen.

Ich hatte so rasch wie möglich alles in die Wege geleitet und saß schon bald darauf bei meinem Kieferorthopäden im Wartezimmer. Ich kam mir ziemlich bescheuert vor, neben all diesen Kindern, die stolz darauf waren, eine Zahnspangendose vor der Brust hängen zu haben. Aber kurz darauf konnte ich die Bestätigung über meine kieferorthopädische Behandlung an die Bundeswehr schicken, und einige Wochen danach erreichte mich die Nachricht, dass ich abermals mit T3 eingestuft wäre. Das war ein ziemlicher Glücksmoment!

Die Klammer bescherte mir zwei weitere Jahre Ruhe vor dem Musterungskomitee, und ich plante, die Nummer bis zu meinem achtundzwanzigsten Lebensjahr durchzuziehen.

So auch im Jahr 1997. Ich steckte den Brief in meine Tasche und verließ das Studiogelände in Hürth. Ich fand mich damit ab, bis zum Musterungstermin in Deutschland bleiben zu müssen. Ich musste sowieso noch auf die Überweisung vom Finanzamt warten. Sobald ich das Geld hatte und vom Bund befreit war, wollte ich so schnell wie möglich in einen Flieger nach L.A. steigen.

Leider hatte ich mich darauf nur allzu sehr verlassen und bin selbstsicher mit meiner Klammer im Mund ein paar Wochen später zu meinem sechsten Musterungstermin gefahren.

Richtig viel redete ich diesmal nicht mit den Leidensgenossen im Warteraum. Mir war nicht danach, denn die Zahnspange löste einen starken Druck auf Zähne und Gaumen aus. Ich war schließlich nicht an das Teil gewöhnt. Zudem musste ich kontinuierlich den Speichel, der sich im Mund ansammelte, wegschlürfen. Peinliche Aktion!

Endlich wurde ich ins Ärztezimmer gerufen.

Es stand der gleiche Arzt wie die letzten Jahre vor mir, und so hatte ich mich wenig bescheiden in den Vordergrund gespielt und ihm gesagt, dass ich leider noch immer die Zahnspange tragen würde. »Wirklich! Am liebsten wäre ich das Ding los, aber was soll ich machen? Die Zähne wollen nicht so wie ich, und mein Kieferorthopäde …« Ich fragte zum Schluss meiner Vorstellung noch unschuldig, ob ich die Untersuchung überhaupt mitmachen müsse und wandte mich schon dem Ausgang zu.

Da hörte ich nur ein »Tja« und »Bitte stellen Sie sich hinten an, und tun Sie, was von Ihnen verlangt wird!«

Ich glaubte, der Arzt hätte mich nicht verstanden und so nahm ich den oberen Teil der Zahnspange aus dem Mund und tat so, als ob sich etwas zwischen den Zähnen verfangen hätte, was ich nun herauspulen müsste. Dabei habe ich die Spange noch einmal gut sichtbar auf meiner Hand präsentiert.

Der Arzt ignorierte meine Einlage und wandte sich dem Nächsten in der Reihe zu.

Was geht denn hier ab? Ich hatte keine andere Wahl, ich musste die ganze Prozedur – Eierabtasten, Auf-Kommando-Pinkeln und den Check der Reflexe – über mich ergehen lassen.

Dann stand ich dem Arzt abermals gegenüber, und er legte mir einen trockenen Holzstab auf die Zunge und ließ mich »Ah« sagen. Danach bedankte er sich und erzählte mir, ohne den Stab von der Zunge zu nehmen, dass ich nun nicht mehr T3 bekommen würde, denn ab sofort gäbe es T7, und da könnten solche Fälle wie ich trotzdem eingezogen werden. Allerdings würde ich die ersten drei Monate nicht durch den Dreck kriechen müssen. Er entschuldigte sich, und mit seinem Blick gab er mir zu verstehen, dass er nur seinen Dienst tat. Sehr nett!

Ich hingegen muss ihn angeschaut haben, als ob er mir gerade sagte, ich hätte eine tödliche Krankheit. Es lief mir kalt über den Rücken, und ich musste meine Augen zusammenkneifen und mich mit einem kleinen Schütteln meines Kopfes von der blitzartig eingetretenen Verspannung befreien. Reingefallen! Gleichzeitig ballte ich meine Hand, in der ich die Klammer hielt, zur Faust und verbog das nun nutzlos gewordene Requisit.

Da die Sachlage für ihn klar war, verwies mich der Arzt an seine Helferin, die mir Blut abnehmen sollte. Im Vorgespräch hatte ich angegeben, dass ich auf Tierhaare und einige Lebensmittel allergisch reagieren würde. Das wollten sie überprüfen.

Ich musste mich aber erst einmal fassen. Wollten die mich etwa gleich dabehalten? Einige Sekunden war ich wie versteinert, dann sagte ich höflich und sehr ruhig, dass ich mir kein Blut abnehmen lassen würde. Nicht heute und auch nicht an einem anderen Tag. Ich fühlte mich, als hätte mir gerade jemand in die Fresse geschlagen.

Auf die Frage, warum ich mir denn kein Blut abnehmen lassen wolle, antwortete ich, dass ich nicht erfahren wolle, was ich nicht wissen wolle. – Und dabei habe ich nicht an Vitamin- oder Zinkmangel gedacht!

Die Schwester schien von meiner Antwort nicht beeindruckt zu sein und sagte nur, dass ich um einen Bluttest nicht herumkommen würde. Jeder, der zur Bundeswehr möchte, müsse sein Blut untersuchen lassen.

»Äh, möchte?« Die Frau hatte mich nicht verstanden! Also wiederholte ich meinen Spruch und betonte die letzte Hälfte des Satzes deutlich. Dann hatte sie kapiert und eine Notiz gemacht.

Wortlos verließ ich den Raum, zog mich wieder an und fuhr in die Stadt. Ich setzte mich in ein leeres Café ans Fenster und sah einfach nur in die Ferne.

Scheiße, Scheiße, Scheiße!, hallte es unaufhörlich in meinem Kopf. Warum hatte ich nicht mitbekommen, dass eine neue Tauglichkeitsstufe eingeführt worden war? Na ja, sollte ich mich darüber wirklich wundern? Alles, was mit der Bundeswehr zu tun hatte, ignorierte ich. Ich hatte mich einfach zu sehr auf die rettende Zahnspange verlassen, der ich übrigens auf dem Weg nach Hause eine neue Unterkunft bescherte … Stand Mülleimer drauf!

Es war mein Ziel, nicht zum Bund zu müssen, und ich hätte Himmel und Hölle in Bewegung gesetzt, wenn ich mich nicht derart auf die bewährte Zahnspangenshow verlassen hätte. Ich war unaufmerksam gewesen, und das schrieb ich meiner schlechten Verfassung zu. Da ich immer nur damit beschäftigt war, Selbstzweifel zu hegen, Anja nachzutrauern, mir Sorgen ums Geld zu machen und gegen die nächtlichen Krämpfe anzukämpfen, hatte ich alles andere aus dem Blick verloren. Doch diese Erkenntnis half mir auch nicht weiter.

Ein paar Tage später erhielt ich eine Einladung zur Nachmusterung. Ich schob Panik, recherchierte und überlegte fieberhaft, wie ich mich aus der Affäre ziehen könnte. Ich verfasste ein Schriftstück, in dem ich beschrieb, dass ich mich in einer finanziell sehr schlechten Lage befände, da ich über 60 000 Mark Schulden hätte. Außerdem würde ich mich mit meiner Produktionsfirma *my way productions* in den Vorbereitungen für einen Kinofilm befinden, und das Projekt stände vor dem Aus, wenn ich es nicht weiterverfolgen könnte. Der finanzielle Schaden, den ich davontragen würde, wäre enorm, aber noch nicht genau abzusehen. Die zu dieser Zeit noch in einigen Kinos laufenden D.K.Y.-Spots hatte ich als Beweis angebracht und zwischen den Zeilen kräftig auf die Tränendrüsen gedrückt.

Ich hatte durch einen Gastronomen auf dem Studiogelände in Hürth Kontakt zu einem ehemaligen Bundeswehrarzt aufgenommen, der mich noch einmal gründlich untersuchte, um vielleicht doch etwas zu finden, um mich aus medizinischer Sicht für untauglich erklären zu lassen. Doch das Einzige, was er feststellte, war ein harmloser Bandscheibenvorfall, mit dem er mich zu einem wiederum befreundeten Radiologen schickte, der mir erklärte, dass er mich entweder so röntgen könne, dass mein Bandscheibenvorfall so aussah, wie er tatsächlich war, oder so, dass er folgenschwerer erschien. Er machte mir nicht allzu viel Hoffnung, damit durchzukommen, wünschte mir aber Glück.

Glück! Ich konnte mich schon fast gar nicht mehr an die Bedeutung dieses Wortes erinnern.

Mit den Röntgenbildern, einem ärztlichen Befund und meiner selbst verfassten Unzumutbarkeitserklärung bin ich also erneut in das graue Gebäude marschiert, in dem die Musterungen stattfanden. Ich war unsicher, wünschte mir aber nichts mehr, als ausgemustert zu werden.

Als Erstes wurde ich von einer extrem unfreundlichen Ärztin in Augenschein genommen, die mich bezüglich des angeblich schweren Bandscheibenvorfalls untersuchte. Die Ärztin war ziemlich grob, was ich ihr auch vorwarf. Sie sagte mir kurz darauf schadenfroh, dass sie nichts feststellen könne, was auf »T5« hoffen lassen könne.

Klasse, die Nummer war gelaufen, es blieb nur noch die Hoffnung auf das persönliche Gespräch mit dem Musterungsausschuss.

Zu meiner Überraschung saßen drei Frauen im Ausschuss. Kräftige und autoritäre Gestalten, aber sympathisch. Die hatten mein Schreiben bereits gelesen, und baten mich, ihnen meine Situation noch einmal persönlich zu erläutern. Das hatte ich nicht gut gemacht, denn am Ende meinten sie, dass sie alles ganz genau überprüfen wollten und sämtliche Belege und Dokumente von mir verlangten. Aber das Schlimmste war, dass sie mir offenbarten, es gefiele ihnen, einen »Fernsehstar« in ihrer Mannschaft zu haben. »Das wäre eine gute Werbung für die Bundeswehr, Herr Dürr.«

Ich dachte, ich hätte mich verhört. Die wollten mir nicht nur ein Jahr meines Lebens rauben, sondern mich auch noch als Werbefigur missbrauchen. Passte für die auch ganz gut, denn der damals amtierende Verteidigungsminister Rühe hatte gerade eine Werbeoffensive gestartet, um die Bundeswehr in ein positiveres Licht zu rücken. Danach hatten mir die eigentlich noch immer sympathisch wirkenden Damen ins Gesicht gesagt, dass ich sie ja im Übrigen anlügen könnte, ohne rot zu werden, denn schließlich sei ich ja ein Schauspieler. Ähm, sympathisch? Ich fühlte mich richtig vom Schicksal gefickt und musste über so viel Pech einfach grinsen. Ja, fast lachen. Um zu testen, ob ich tatsächlich gelogen hatte, wurde die Entscheidung der Tauglichkeitseinstufung vertagt. Mir würde ein Termin bei der hauseigenen Psychologin mitgeteilt. Ihre Einschätzung wäre dann entscheidend.

Ich durfte gehen.

Meine Hoffnung sank auf minus tausend. Ich hatte keine Kraft mehr, mir selbst Mut zuzusprechen und ließ mich fortan erst so richtig hängen. Meinen nächtlichen Krämpfen verlieh es noch mehr Kraft, und meine Fähigkeit, positiv zu denken und optimistisch durchs Leben zu marschieren, schwand sekündlich weiter. Dann kam die Aufforderung zur weiteren Untersuchung. Bald schon würde ich herumkommandiert und schikaniert werden. Allzu Positives hatte ich bis zu dem Tag noch nicht vom Wehrdienst gehört.

Ich hatte mich zu dieser Zeit bei Maik aufgehalten, wenn ich in Köln war. Maik hatte ich durch einen seiner Mitarbeiter kennen gelernt. Circa ein halbes Jahr nach der Soap hatte mich ein Typ vom Kaufhof angesprochen, ob ich an einer Autogrammstunde interessiert wäre. Das hatte ich zuerst verneint, denn ich hatte grundsätzlich die Befürchtung, dass niemand kommen würde. Er hatte mich aber weiter besabbelt und dann ein Treffen mit dem Leiter der Requisiten- und Sonderveranstaltungsabteilung arrangiert. So lernte ich Maik in Oberhausen kennen. Er arbeitete dort in der Galeria Kaufhof. Daraus resultierte dann eine Autogrammstundentour durch circa zwölf Häuser der Kaufhofkette. Die Tour lief eigentlich ganz gut und fand ihren Abschluss im CentrO in Oberhausen. Dort hatte Maik die Coca-Cola-Oase für das Event reserviert, im Kaufhof selbst und im Einkaufszentrum mit meinem Konterfei geworben und in Regionalzeitungen Anzeigen geschaltet. Als ich in das CentrO kam, war mir richtig mulmig. So ein Aufwand – und dann kommt niemand vorbei. Was für eine peinliche Aktion … Aber es war mitnichten so. Ich aktivierte die Rolltreppe und fuhr nach unten zum vorbereiteten Tisch und mitten in mindestens 1 500 Menschen hinein, die alle nur meinetwegen gekommen waren. Na ja, zumindest die meisten. Einige wollten sicherlich nur in Ruhe etwas essen. Das musste ich denen allerdings leider verderben.

Hey Leute, es ging mir richtig gut! Die Fahrt mit der Rolltreppe nach unten habe ich so genossen wie lange nichts mehr davor. Die Menschenmenge schrie, und es bildeten sich Sprechchöre, die meinen Namen riefen. Dann setzte ich mich an den Tisch auf einem Podest, und die Teens drehten durch und drängelten sich nach vorn. Mehr als drei Stunden hatte ich Autogrammkarten beschrieben und Fotos gemacht. Sogar mein Handtuch, mit dem ich meinen Schweiß abgewischt hatte, wurde mir aus den Fingern gerissen. Das hatte mich ganz schön wieder aufgebaut. – Und jetzt? … Selbst die Erinnerung an diesen Tag konnte mich nicht aufbauen.

Über diese Aktion hinaus hatte ich mich mit Maik regelmäßig getroffen, und wir verstanden uns immer besser. So gut, dass ich ihm sehr viel von meinem Kummer erzählt hatte, aber bei weitem nicht alles. Ich tat dann auch meistens so, als ob ich mit meinem Liebeskummer schon klarkommen würde und dass nicht mehr zu arbeiten auch überhaupt kein Problem für mich sei. Was mir dabei am meisten geholfen hatte, war, dass er mir einfach nur zuhörte und mir auch ein wenig Einblick in sein Leben gewährte.

Es waren nur noch wenige Tage bis zu dem Termin, an dem ich mich von der Psychologin durchleuchten lassen musste. Ich bekam immer größere Angst vor mir selbst. Zwar hatte ich meinen Frust ein Stück weit mit Schreiben kompensieren können, doch Kraft hatte es mir nicht gegeben. So fragte ich Maik mal wieder, ob ich einige Tage bei ihm übernachten könne. Dass es mir nicht gut ging, wusste er ja, aber dass ich in meiner Wohnung in Hürth, die zudem ungemütlich leer war, zur eigenen Sicherheit die Fenster verschlossen und die Schlüssel dazu weggeworfen hatte, wusste er nicht. Tja, mich hatte die Trennung von Anja, der Tod von Michael und die Rolle als Mobbing-Opfer so sehr mitgenommen, dass ich Angst hatte, in einem Moment geistiger Umnachtung aus dem Fenster zu springen. Mitten auf die Luxemburger Straße, auf der ein Lkw nach dem anderen fuhr. Ich erzählte, dass ich zur Bundeswehr müsse und es nicht wirklich gut für mich aussehen würde. Zwei Tage waren es noch, bis ich mich dort psychologisch durchleuchten lassen musste. Zwei Tage noch! Ich zählte die Minuten und von einer zur nächsten ging es mir schlechter. Ich konnte auch bei Maik nicht richtig schlafen, weil ich Angstzustände bekam. Das äußerte sich so, dass ich derart starke Schmerzen in der Brust hatte, dass ich nur noch wimmerte. Mit jedem Herzschlag wurde der Schmerz intensiver, und ich verkrampfte mich immer mehr. Es tat so weh, dass ich immer wieder gegen meinen Brustkorb schlug, um dem Schmerz Einhalt zu gebieten.

Maik rief einen Krankenwagen. Ich flehte die Sanitäter an, mir zu helfen. Sie checkten mich durch und fuhren mich ins Krankenhaus.

Dort konnte man nach einigen Untersuchungen nichts entdecken. Vorsorglich sollte ich allerdings den Rest der Nacht im Krankenhaus verbringen. Sie verabreichten mir Beruhigungsmittel, damit ich schlafen konnte.

Am nächsten Morgen holte mich Maik ab und brachte mich wieder zu sich nach Hause. Weil er arbeiten musste, war ich den ganzen Tag allein dort. Ich versuchte zu schlafen, was mir nicht gelang. Stattdessen machte ich mir den ganzen Tag

Gedanken um den drohenden Wehrdienst. Ich hatte solch eine große Angst davor, dass ich nicht aufhören konnte, mir die heftigsten Szenarien auszudenken, wie es mir dort wohl ergehen würde. Eines war für mich klar: Ich wollte mich zu nichts zwingen lassen. Aber mit dieser Einstellung war Ärger vorprogrammiert. Ich war so labil, ich selbst hätte nicht die Hand für mich ins Feuer gelegt. Ich musste noch zwei Nächte und einen Tag durchhalten …

Mit Anbruch der Nacht kehrten die Schmerzen wieder. Ich empfand sie als doppelt so stark wie in der Nacht zuvor. Maik rief diesmal sofort einen Krankenwagen, denn ich quälte mich so sehr, dass er Angst bekam, ich würde sterben. Das dachte ich allerdings auch!

Es war das gleiche Notarztteam, auch das gleiche Team im Krankenhaus, das mich betreute.

Doch ich hatte das Gefühl, als ob sie mich dieses Mal nicht ernst nehmen wollten. Da sie die Nacht zuvor nichts hatten entdecken können, vermuteten sie wohl, ich würde eine Show abziehen.

Ich war wütend und fragte eine Schwester: »Glauben Sie mir etwa nicht? Meinen Sie, ich spiele Ihnen etwas vor?«

Die Schwester entgegnete: »Herr Dürr, Sie sind völlig gesund.«

Ich wurde in das gleiche Zimmer gelegt wie in der vorherigen Nacht und bekam wieder ein Beruhigungsmittel. Doch diesmal schlug es nicht an. Alle zehn Minuten drückte ich auf die Klingel, um den zunächst noch rasch herbeieilenden Schwestern meine großen Schmerzen kundzutun. Irgendwann reagierten sie einfach nicht mehr auf mich – bis ich laut nach dem Arzt rief.

Der Arzt war sehr freundlich und ruhig und ordnete eine große Untersuchung an. Mitten in der Nacht. Er zog einen Kollegen hinzu, und sie prüften mich im wahrsten Sinne des Wortes auf Herz und Nieren. Ich gewann Vertrauen zu dem Arzt, der mir erklärte, was sie untersucht hatten, und mir klar machtc, dass mit meinem Herzen alles in Ordnung sei und ich eine Kondition wie ein Sportler hätte.

Dem medizinischen Befund war also zu entnehmen, dass es mir eigentlich gut gehen müsste. Dem war aber nicht so! Die Schmerzen waren trotzdem da, und ich fühlte mich unsagbar schwach.

Als ich mit dem Arzt allein war, fragte er mich, ob mich irgendetwas bedrücken würde.

»Ja, schon … Ich muss zur Bundeswehr, und ich sehe kein Entkommen. Ich will dort aber nicht hin! Ich halte das nicht aus!«

Da setzte sich der Arzt zu mir an die Liege und sagte mir, dass das vermutlich der Grund für meine Qualen sei. »Rcin medizinisch gibt es keine Ursache für Ihre Schmerzen. Wissen Sie, Herr Dürr, die Schmerzen sind wohl eher psychosomatischen Ursprungs. Ich werde Ihnen ein Attest ausstellen, das Sie der Psychologin bei der Bundeswehr überreichen können.«

Irgendwie erleichterte mich diese Aussicht, auch wenn sie mich nicht von meiner Angst befreite.

Zurück in Maiks Wohnung, ich hatte einen Schlüssel und Maik war schon zur Arbeit, las ich mir immer und immer wieder das Attest durch. »Psychosomatisch« war das Wort, das mich am meisten beschäftigte. Was bedeutete *psychosomatisch*? War ich kurz davor durchzudrehen? Hieß das, dass ich mein Leben nicht mehr im Griff hatte? War ich verrückt?

Oder bedeutete es schlicht, dass ich auf der Verliererseite des Lebens angekommen war?

Gut, ich wusste nun, dass meine Organe okay waren, aber erleichtert war ich dadurch nicht. Mich zog das alles noch tiefer runter, denn nun hatte ich es schriftlich, dass ich allen Grund hatte, an mir zu zweifeln.

Und weil ich dem Druck, der daraus resultierte, nicht mehr gewachsen war, rief ich bei der Bundeswehr an und bat darum, einen Tag früher zur psychologischen Untersuchung erscheinen zu dürfen. Ich bekam einen Termin am nächsten Tag um elf Uhr.

Die letzte Nacht vor der finalen Musterung konnte ich zwar nicht gut schlafen, doch die Schmerzen waren nicht ganz so heftig wie in den beiden Nächten davor.

Ich stand am Morgen bereits um sieben Uhr auf und spielte mit dem Gedanken, mich einfach voll laufen zu lassen. Ich hatte eine Flasche Whisky in Maiks Schrank entdeckt und goss mir etwas in ein Glas. Vorsichtig nippte ich an dem Whisky. Das war mein erster Schluck Whisky überhaupt, und er schmeckte mir nicht. Also verwarf ich den Gedanken, mich zu betrinken, und fand die Idee schließlich auch albern.

Ich ließ mir durch den Kopf gehen, wie das Gespräch mit der Psychologin wohl ablaufen könnte und welche Fallen sie versuchen würde, mir zu stellen. Dabei fand ich aber keinen richtigen Anfang und kein Ende. Schließlich entschloss ich mich, einfach ich selbst zu sein und ihr klar zu machen, wie dreckig es mir ging.

Ich fuhr etwas später mit der Straßenbahn und dem Bus in die Höhle des Löwen. Dort angekommen, brachte man mich gleich in einen Raum am Ende des Ganges im zweiten Stock, in dem ich warten musste. In dem Raum waren drei Stühle, ein Tisch und Pflanzen, wie man sie auch aus Klassenzimmern oder Behördenbüros kennt. Die Dinger, die nie eingehen und ziemlich langweilig aussehen.

Ich setzte mich nicht hin, denn ich wollte nicht, dass die Psychologin auf den Gedanken käme, ich würde mich schon heimisch fühlen … Das Gegenteil war der Fall. Mir bescherte die Umgebung Unbehagen, und ich wollte am liebsten sofort verschwinden.

Ich schaute zum Fenster heraus und überlegte, zu flüchten. Auf was für Ideen man kommt … Plötzlich öffnete sich die Tür, und mit dem Geräusch des Türgriffes wurden meine Knie weich wie Pudding, und ich sah mein Ende nahen. Nun hatten sie mich! Diese Frau würde mich sicher nicht vom Wehrdienst befreien. Sie war ungefähr so groß wie ich, Anfang fünfzig und hatte kurze gelockte Haare. Eine Brille hing an einer Kette um ihren Hals. Sie wirkte äußerst unnachgiebig.

Ich blickte sie, während sie zum Tisch ging, an und erwog noch einmal die Idee mit der Flucht aus dem Fenster, doch da begrüßte sie mich freundlich und merkte an, dass sie und ihre Kolleginnen mich aus dem Fernsehen kennen und mich gern beim Bund sehen würden.

Mmh! Das wusste ich ja nun. Ich blieb stumm.

Sie setzte sich hinter den Schreibtisch und bat mich, auf dem Stuhl davor Platz zu nehmen.

Da war ich ihr sehr dankbar für, denn lange hätte ich nicht mehr stehen können, so aufgeregt war ich.

Die Psychologin öffnete eine Akte, auf der mein Name stand, setzte ihre Brille auf die Nase und las mir meine Daten vor. Name, Alter, Adresse, sechsmal gemustert, viermal T3 wegen einer kieferorthopädischen Behandlung, blablabla … Das wusste ich alles selbst, was sollte das also?

Dann schaute sie mir auf den Mund und bat mich, ihr meine Zähne zu zeigen.

Ich formte meinen Mund in eine Grinshaltung und ließ sie meine Zähne betrachten.

»Na, die sehen doch ganz gut aus, Herr Dürr!«

Das Thema Zahnspange war zwar schon längst durch, aber jetzt war es doppelt durch.

Dann fuhr sie fort. »Es fällt uns schwer, Ihnen zu glauben, Herr Dürr. Sie sind Schauspieler und daher können sie uns die Unwahrheit sagen, ohne dabei rot zu werden. Sie sind ja quasi geübt darin, etwas zu behaupten, was nicht stimmt.« Sie spielte auf die Texte an, die man lernt und mit der passenden Mimik so wiedergibt, also würden sie einem gerade einfallen. »Ich höre oft unglaubliche Geschichten von jungen Männern, die versuchen, um die Wehrpflicht herumzukommen. Deshalb bin ich grundsätzlich sehr, sehr skeptisch. Wissen Sie, die meisten lügen, dass sich die Balken biegen.«

Tja, dachte ich, dann kann ich ja auch erzählen, wie ich mich fühlte, als ich meine ersten Schokodrops bekommen hatte. Wenn's eh egal ist, was man hier so von sich gibt.

Sie schaute mich mit einem Blick an, der mir sagen sollte: Kleiner, lass uns die Zeit sparen und hol dir deinen Helm ab.

Und dabei hatte ich noch nicht ein einziges Wort gesagt. Harte Nummer, dachte ich, hatte mich allerdings etwas motiviert, mich nicht gleich geschlagen zu geben. Ich wollte nicht zum Bund, nein, viel schlimmer, ich *konnte* nicht zum Bund. Ich wusste genau, dass ich das niemals im Leben durchhalten würde.

Nun sagte mir die Psychologin, dass ich mit T7 eingestuft würde, und man mich als Feinelektroniker oder Koch einsetzen wolle.

Ich und Elektronik! Ich weiß, wie man einen Stecker in die Dose steckt, mehr aber auch nicht, und mehr interessiert mich auch gar nicht. Und die Vorstellung, als Gehilfe in der Küche innerhalb von zwölf Monaten eine Million Kartoffeln zu schälen, konnte mich auch nicht zum Befürworter der Wehrpflicht machen.

Ich wurde immer nervöser und meine Hoffnung immer geringer. Ich atmete dafür umso schneller und spürte meinen Puls im Hals. Dann nahm ich allen Mut zusammen und setzte an, einiges zu erklären: »Hören Sie zu! Zurzeit geht es mir nicht so gut.« Ich schluckte. Ich war wahnsinnig aufgeregt, sprach jedoch so ruhig wie möglich. »Ich werde Ihnen jetzt erklären, warum und welche Befürchtungen ich habe, sollten Sie mich zwingen, Ihrem Club beizutreten. Wie Sie ja wissen, habe ich in einer Daily Soap gespielt. Seit nunmehr über einem Jahr bin ich nicht mehr im Cast und schlage mich so durchs Leben. Ich leide extrem unter Liebeskummer und habe mit dem Umstand klarzukommen, dass ich einst geliebt, zuletzt gemobbt und nun verachtet werde. Ich habe Schulden, verdiene kein Geld mehr und kann meine Mutter nicht mehr finanziell unterstützen, die krankheitsbedingt nicht mehr arbeiten kann. Dann hat sich ein guter Freund von mir das Leben genommen. Kurzum, ich bin nicht sehr belastbar.«

Die Psychologin hörte sich mein Statement an, schaute mich an und sagte erst mal nichts.

Ich fügte dann noch hinzu, dass ich aufgrund dieser Ereignisse nach Los Angeles geflüchtet sei, seit geraumer Zeit dort wohne und mir eine neue kleine Existenz aufgebaut hätte. Dann schwieg ich wieder.

Die Psychologin entschuldigte sich kurz darauf und verließ den Raum.

Etwa zehn Minuten später kam sie wieder und sagte, dass sie sich mit einem Kollegen beraten hätte und sie zu dem Entschluss gekommen seien, mich für ein weiteres Jahr freizustellen. Aber im folgenden Jahr würden sie nicht mit sich reden lassen und mich zum Wehrdienst einziehen.

»Was bringt das dann?«, fragte ich resignierend und startete einen zweiten und letzten Versuch, mich von der Bundeswehr zu befreien. Ich erzählte ihr aufs Genaueste, was durch meinen Liebeskummer und durch den Suizid von Michael mit mir passiert war.

Sie schaute mich sehr betroffen an, und ich fügte noch hinzu: »So, und wenn Sie mich jetzt von meinem Weg abbringen, weil Sie der Meinung sind, dass ich hier Dienst schieben müsse, dann lenken Sie mich in eine Sackgasse, aus der ich nie wieder herausfinden werde, das spüre ich. Ich stelle ein Risiko für mich selbst dar. Ich habe alles, was mich verletzen könnte, aus meiner Wohnung in Hürth weggeschafft, die Fenster verschlossen und die Schlüssel dazu weggeworfen, um nicht Opfer einer von negativen Emotionen geleiteten Tat zu werden. Bitte, ich kann Sie wirklich nur bitten, berufen Sie mich nicht ein. Ich weiß nicht, wozu ich in der Lage bin, wenn ich Pistolen und Maschinengewehre um mich herum liegen habe –« Meine Stimme brach, und ich musste selbst noch einmal über die letzte Äußerung nachdenken, bevor ich weiterreden konnte.

Die Psychologin hatte keine Sekunde ihren prüfenden Blick von mir gelassen.

»Nun können Sie sich ein Bild machen von dem Serienstar, den Sie so gern bei sich hätten. Ich stehe seit geraumer Zeit quasi neben mir und beobachte mich dabei, wie es abwärts geht. Deswegen kann ich eine solche klare Diagnose geben.«

Sie schaute mich weiter an, und ich sagte: »Morgen fliege ich zurück nach L.A. Wenn Sie mich haben wollen, dann müssen Sie mich eben holen. Freiwillig bleibe ich nicht hier. Ich hasse Köln und alles, was mich an das Vergangene erinnert. In Kalifornien bin ich ein anderer Mensch. Unbekannt und einfach nur ein Junge aus Deutschland. Ich habe neue Menschen kennen gelernt und werde für immer dort bleiben. Punkt!« Ich stand auf und spürte, wie sich Tränen ihren Weg über meine Wangen suchten. Ich wischte sie schnell ab und legte ihr das Attest des Arztes auf den Tisch.

Die Psychologin las es, schaute mich an, stand auf und bat mich abermals zu warten. Als sie wieder hereinkam, sagte sie freundlich: »Sie können sich das Fahrgeld an der Kasse erstatten lassen. Wir befreien Sie von der Wehrpflicht, denn aus Amerika würden wir Sie sowieso nicht holen können. Machen Sie es gut, Herr Dürr.« Sie reichte mir ihre Hand, und ich kämpfte mit den Tränen.

Ich war so erleichtert, so sehr. Ich hatte einen Etappensieg erreicht. Es konnte weitergehen. Leben, ich komme!

Die nächste Nacht konnte ich gut schlafen. Keine Spur von Schmerzen oder Anspannung. Einfach nur die Augen zumachen und schlafen, wie jeder andere Mensch auch. Es wurde einen Tick heller um mich herum. Danke!

# KAPITEL 15

## Wille zur Veränderung

Ich fuhr am nächsten Tag nach Hamburg und buchte einen Flug nach L.A. Obwohl die Energie, die ich in Kalifornien tanken konnte, in Deutschland im Verhältnis eins zu zehn aufgebraucht wurde, blieb ich noch zwei Wochen bei meiner Mutter in Hamburg, denn sie war ja auch allein, und ich wollte ihr etwas Gesellschaft leisten. Ich hoffte, dass das Finanzamt in dieser Zeit die Überweisung tätigen würde.

Kurzzeitig fühlte ich mich besser und hoffte, dass sich mein Liebeskummer nun allmählich reduzieren würde. Doch nach ungefähr zehn Tagen war ich wieder total *down* und musste unentwegt an Anja denken. Egal, wo ich hinging und was ich sah, ich brachte es mit ihr in Verbindung.

Mein Kummer belastete mich so sehr, dass meine Fassade, die ich auch meiner Mutter gegenüber aufgebaut hatte, bröckelte. An einem Nachmittag brachen wir gemeinsam auf, um irgendwo hinzufahren. Ich erinnere mich nicht mehr an unser Ziel, vielleicht weil wir auch gar nicht ankamen.

Meine Mutter war wegen ihrer eigenen Situation sehr unzufrieden und klagte über Gleichgewichtsstörungen und Nebenwirkungen der Tabletten, die sie seit ihrer Operation nehmen musste. Wir waren schon morgens aneinander gerasselt. Sie war nicht gut drauf, und ich war es auch nicht.

Als wir in den Wagen stiegen, wurde unsere Auseinandersetzung lauter. Ich war voll Abwehr, hatte kein Ohr für die

Sorgen meiner Mutter und hörte auch nicht auf das, was sie mir sagen wollte. Ich hatte in diesen Tagen sowieso sehr nah am Wasser gebaut und merkte, dass die Luft um mich herum arg dünn wurde. Unser Streit eskalierte, und ich forderte sie verzweifelt auf, sofort anzuhalten und mich aussteigen zu lassen, um Schlimmeres zu verhindern.

Doch sie fuhr weiter, und so brach es aus mir heraus, und ich klagte laut über die schweren Krämpfe, die mir keine ruhige Minute in der Nacht ließen. Auch in Hamburg waren sie wieder verstärkt aufgetreten. Ich hatte meiner Mutter das bisher noch nicht so deutlich gesagt. Ich war völlig verzweifelt. »Mich erinnert alles an Anja!«, schrie ich fast. »Und ich bereue jeden Tag ohne sie. Hätte ich mich doch nicht von ihr getrennt …«

»Aber Stephen, du hast doch Schluss gemacht. Du hast die Trennung doch gewollt. Anja hat so darunter gelitten, jetzt musst du akzeptieren, dass sie einen neuen Freund hat. Reiß dich zusammen.«

Im Grunde hatte meine Mutter natürlich Recht mit dem, was sie sagte. Aber ihre Worte halfen mir nicht. Im Gegenteil. Sie streute damit nur Salz in meine Wunden. Ich schrie sie wütend an. »Ich kann mich aber nicht mehr zusammenreißen. Ich kann nicht mehr! Ich habe einfach keine Kraft mehr. Ich wünschte, das wäre alles vorbei. Ich will nicht mehr leben.«

Das traf. Meine Mutter fing nun ebenfalls an zu weinen. Sie hatte bis dahin keine Ahnung gehabt, wie sehr ich unter der Trennung und all den anderen Problemen litt. Das Drama um die Musterung hatte ich erst gar nicht erwähnt. Plötzlich meinte sie wütend: »Wie kannst du nur so etwas sagen?«

Meine Mutter hatte keine Chance, mir zu helfen. Alles, was sie sagte, verletzte mich nur noch mehr.

Ich wollte nur noch aussteigen.

Sie fuhr dann sofort an den Straßenrand, und ich sprang aus den Wagen und lief heulend weg. Sie wartete noch einige Minuten, doch als ich nicht zurückkam, wendete sie den Wagen und fuhr nach Hause.

Als ich spätabends nach Hause kam, redeten wir nicht mehr viel. Ich war völlig erschöpft, und in ihrem Gesicht konnte ich erkennen, wie sehr sie meine ehrlichen Worte belasteten. Das hatte ich nicht gewollt!

Zum Glück traf am nächsten Tag das Geld auf meinem Konto ein. Ich überraschte meine Mutter mit einem großen Blumenstrauß und bat sie, sich keine Sorgen um mich zu machen. Ich spielte die Szene vom Vortag runter und versicherte ihr, dass es nur ein Gefühlsausbruch gewesen wäre und ich nicht wirklich Suizidgedanken hätte.

Am nächsten Tag flog ich zurück nach L.A. Am Flughafen sagte ich meiner Mutter, dass ich mit dem Gedanken spielte, für immer in den Staaten zu bleiben, denn es ging mir dort im Vergleich zu Deutschland viel besser. Freuen konnte sie sich darüber nicht, aber sie sagte: »Wenn es gut für dich ist …« Wir hielten uns fest in den Armen. Sie weinte und ich musste mit den Tränen kämpfen. Es tat mir so Leid, ihr Sorgen bereitet zu haben.

Als ich in L.A. landete, spürte ich Erleichterung. Ich zog wieder in mein Apartment, nahm mir jedoch vor, meinen Tagesablauf von nun an zu verändern. Einige der Leute, die ebenfalls im Hotel wohnten, besuchten ja verschiedene Schauspielschulen. Ich erkundigte mich bei ihnen und meldete mich dann in einer Schule am Hollywood Boulevard in der Nähe des *Chinese Theatre* an. Der Unterricht kostete für drei Monate 2 000 Dollar. Damit war mein Geld zwar fast weg, aber so hatte ich jeden Tag etwas Sinnvolles zu tun und war unter Menschen.

Ich freundete mich ziemlich schnell mit George an. Er war drei Jahre jünger als ich und ein Surfer mit Leib und Seele. Er kam aus Santa Barbara und war in L.A. nicht weniger fremd als ich und die anderen Schauspielschüler, die aus völlig verschiedenen Teilen der Welt stammten. Wie die meisten auf der Schule hoffte auch er auf eine Karriere. Er wohnte in den Hollywood Hills, zehn Minuten von der Schule entfernt, in einer Einliegerwohnung im Haus einer Verwandten. Weil wir sowieso fast täglich zusammenhingen, bot er mir an, bei ihm einzuziehen. Er hatte zwar auch nur ein Zimmer, dafür aber zwei Betten. Ich müsste nur ab und zu den Kühlschrank füllen. Das war der Deal. Also zog ich zu ihm und wohnte somit fast mietfrei. Weil ich auch seinen Wagen mitnutzen durfte, zahlte ich außer Lebensmitteln noch die ein oder andere Tankfüllung.

Da wir als Schauspielschüler einen Studentenausweis erhielten, konnten wir in einzelnen Restaurants rund um die Schauspiel- und Musikschulen billiger essen und kamen vergünstigt ins Kino. Man könnte meinen, dass sich von da an alles zum Guten gewendet haben müsste, doch ich hatte noch immer das Gefühl, etwas falsch gemacht zu haben, und trauerte nach wie vor meiner großen Liebe nach – obwohl ich Anja sehr lange weder gehört noch gesehen hatte.

Es dauerte deshalb nicht lange und George bekam mit, dass ich nachts nicht gerade ruhig schlafen konnte, woraufhin ich ihm den Ursprung meiner Schlaflosigkeit und Beschwerden erklärte. Ich erzählte aber längst nicht alles und versuchte, nicht allzu viel Dramatik zu vermitteln.

George konnte mich verstehen, aber nicht nachempfinden, was ich fühlte, denn er hatte noch nie eine längere Beziehung mit anschließender Trennung erlebt. So machte er auch immer mal wieder irgendwelche Späße über meine Situation, über die ich mitlachte, die ich aber in Wirklichkeit nicht passend fand.

Als wir einmal in seinen Wagen stiegen, schob er ein Tape in den Player. Es erklang die Version des Klassikers *I will survive* von Cake. Dieses Lied kam zur rechten Zeit. Ich werde überleben! – Ich hörte das Lied nun jeden Tag, wenn wir mit dem Wagen fuhren. Ich brauchte nichts zu sagen, George schaltete es ein, er hatte gemerkt, wie sehr mir das Stück gefiel.

Ich schrieb in dieser Zeit auch weiter an meinen Geschichten und versuchte so, einen Weg aus dem Turm zu finden, in dem ich mich gefühlsmäßig noch immer befand. Weil ich immer so viel schrieb, erzählte ich George bald, dass ich ein Buch schreiben würde. Das hörte sich ganz gut an. Er wusste auch, dass ich damit versuchte, meinen Liebeskummer zu kompensieren.

Auf dem Weg zur Schauspielschule begegnete ich nun auch wieder häufig dem Mann im Rollstuhl vom *Walk of Fame*, der wie immer große Zufriedenheit ausstrahlte. An einem Morgen nickte er mir zu, als ob ihm aufgefallen wäre, dass ich einige Zeit nicht da gewesen war. Wir sprachen aber nicht miteinander.

Die Schauspielschule lenkte mich von meinem Kummer ab, und es half mir auch, George um mich herum zu haben. Ich war nicht mehr allein. Im Gegenteil, wir lernten viele Leute in unserem Alter kennen.

Maria, eine Schülerin aus unserer Klasse, lud uns eines Tages gemeinsam mit vier anderen von der Schule zu ihrem Geburtstag ein. George und ich trauten unseren Augen nicht, als sie uns die Einladungskarten überreichte. Sie wollte ihren Geburtstag in Las Vegas feiern, und sie würde alle Kosten für ein paar Tage Urlaub dort übernehmen. Nicht sie direkt, sondern ihr Ehemann, der fünfundzwanzig Jahre älter war als sie, ein Italiener. Irgendeiner aus der Gruppe warf in den Raum, dass er der Mafia nahe stünde, was uns natürlich ein wenig Angst machte. Sie selbst erzählte uns jedoch, dass er Inhaber einer großen Firma sei, die das Beleuchtungsdesign sämtlicher Hotels und Anlagen in Las Vegas in Auftrag hätte.

Na ja, es war uns letztendlich auch egal, wir wollten auf jeden Fall alle nach Las Vegas und wurden dann auch standesgemäß dorthin gefahren: in einem geräumigen Luxusbus.

Während der sechsstündigen Fahrt sahen wir DVDs, hörten Musik, spielten Karten und hauten uns gemütlich aufs Ohr; die Schlafkojen in dem Bus waren komfortabler als das Bett in Georges Bude.

In Las Vegas angekommen, bezogen jeweils zwei von uns gemeinsam eine Suite, in der zur Begrüßung ein Korb mit reichlich Obst und Champagner stand. Eine Stunde später waren wir auch schon zum Dinner geladen. George und ich machten uns ein wenig Gedanken darüber, dass wir keinen Anzug dabeihatten. Doch wir dinierten etwas später in unseren legeren Klamotten und hatten jede Menge Spaß. Dann ging es in eine der vielen Spielhallen des Hotels, und jedem wurden 200 Dollar in die Hand gedrückt. Eventuelle Gewinne durften einbehalten werden. Wir nahmen das Geld, wurden aber ein wenig misstrauisch. Was ging da ab? Die Bedenken erlagen schnell unserem Spieltrieb: Wir setzten das

Geld ein, und es war in Windeseile verzockt. Weiter ging's. Aus dem Hotel raus, und schon öffneten sich die Türen zweier Stretchlimousinen, die eine war schwarz, die andere weiß. Hintereinander fuhren sie uns quer durch Las Vegas. Die anderen gaben sich erfreut dem reichlichen Angebot an Alkohol aus der Minibar hin, nur ich trank die ganze Zeit Wasser oder Cola. Nach einer Weile ließ ich mich dann zu einem Glas Champagner überreden, auf das gleich ein zweites folgte.

Wir stiegen vor einem Club aus, dem damaligen Number-One-Club. Keine Ahnung mehr, wie der hieß. Jedenfalls war eine unendlich lange Schlange aufgestylter Menschen davor, die an den strengen Türstehern vorbeimussten. Wir brauchten uns nicht anzustellen, denn der Ehemann unserer Kommilitonin wurde per Handschlag von einem Herrn im Anzug begrüßt, der gerade heraustrat, als wir Richtung Eingang marschierten.

George war zu der Zeit erst zwanzig Jahre alt, und nach zweiundzwanzig Uhr durfte man nur noch in die Clubs, wenn man einundzwanzig Jahre alt war. Doch für uns war das kein Problem. Der Türsteher bekam mal eben 100 Dollar in die Hand gedrückt und schon konnte auch George passieren. Wir blieben vielleicht fünfzehn Minuten, also einen Drink lang, um dann in einen Club eine Ecke weiter zu wechseln. Hier war der Andrang vor dem Eingang ähnlich.

Dieser Club hatte jedoch einen großen separaten Bereich, in dem hübsche Frauen ihre Früchte präsentierten. Die meisten waren allerdings aus Plastik. Na ja, Silikon wohl eher. Tollerweise durften wir eine Frau nach der anderen zu uns rufen, die uns alle einen *private dance* präsentierten. – Der Italiener blechte und reichte Whisky pur herum. Zuerst wollte ich nicht davon trinken, aber dann mochte ich kein Spielverderber sein und zog mit. Also spülte ich das Zeug runter. Danach gab es für mich nur zwei Möglichkeiten, entweder ging ich kotzen oder ich kippte noch einen hinterher. Ich tat Letzteres und saß schließlich mit aufgeknöpftem Hemd, breitbeinig und mit einem Whiskyglas in der Hand auf einem Sessel und hatte eine Frau nach der anderen auf dem Schoß.

Erst spät kamen wir ins Hotel zurück. Auf dem Weg zu den Fahrstühlen standen zwei gut aussehende Frauen, und der Italiener quatschte die beiden an und rief uns dann zu sich. Er erklärte uns, dass die Damen im »*business*« seien, und wenn wir wollten, könnten wir sie auf seine Kosten mit aufs Zimmer nehmen. Das lehnten wir allerdings dankend ab. »Der Alkohol …«

Am nächsten Morgen waren wir alle frühstücken und machten es uns danach am Pool des Hotels gemütlich. Ich erlebte die Tage wie einen Traum. Ich zelebrierte die Stunden wie ein reicher, sorgloser Möchtegern-Macho. Spaß pur, um jeden Preis. Ich versuchte aber wohl nur, die Leere und die Traurigkeit in mir zu überspielen.

Am nächsten Abend zogen wir wieder durch exklusive Clubs, besuchten die Hinterzimmer und bekamen jede Menge Extraleistungen. Selbst Kokain wurde uns angeboten. Doch mir reichte der Alkohol vom Abend zuvor. Da war weder für weiteren Alkohol noch für andere Drogen Platz. Obwohl ich mich danach sehnte, meiner Traurigkeit zu entkommen.

Jeden Abend gingen wir in irgendeine Vorstellung. Siegfried und Roy, ein bekannter Zauberer usw. traten zum Beispiel auf. Wir hatten immer die besten Plätze. Geld spielte einfach keine Rolle.

Da George und ich sonst in einer völlig anderen Welt lebten, in der Geld nicht im Überfluss vorhanden war, betrachteten wir den Reichtum und das Gehabe des Italieners auch mit Distanz. Er war im Großen und Ganzen sicher ein netter Typ, der Maria wohl auch wirklich liebte – sie hatten zwei gemeinsame Kinder, die aber überwiegend von einer Nanny großgezogen wurden.

Der Italiener hatte bemerkt, dass ich seinen knallroten Chrysler Viper bewundert hatte, und überreichte mir zurück in L.A. kurzerhand die Schlüssel und lieh mir den Wagen aus. Ich solle ihn nur nicht kaputtfahren. Geld für Sprit gab es noch obendrauf, es reichte für zwei Tage.

Gleichgültig vor welchem Club George und ich abends hielten, wir bekamen den Parkplatz direkt vor der Eingangstür. Freier Eintritt inklusive. Das war echt lustig, weil wir zum Beispiel in den gleichen Club in *Century City* nicht reingekommen waren, als wir mit Georges altem Wagen vorgefahren waren.

Ich sah auch den Mann im Rollstuhl wieder. Als ich in eine Straße einbog, war er dort an der Ampel. Er sah mich, ich sah ihn. Und beide fuhren wir unseres Weges. Ich hörte laute Musik und ließ mir die Sonne ins Gesicht scheinen. Doch so cool und aufregend das alles war, es hatte für mich keinen Wert. – Nichts hatte wirklich mehr einen Wert in meinem Leben. Denn unter dieser scheinbar lebenslustigen Hülle brodelte es.

Ich hatte ein wenig Geld auf der hohen Kante, war vom Bund befreit, hatte zehntausend Kilometer von zu Hause soziale Kontakte aufgebaut und lebte in einer Stadt, in der Träume wahr werden sollten – was ich mir aber nicht wünschte, denn sonst wäre ich wohl schon tot gewesen.

In meinen Träumen begann ich neuerdings regelmäßig den immer wiederkehrenden bösen Energien zu erliegen. Ich erlebte die schlimmsten Foltern und schmerzvollsten Angriffe, die mich immer kraftlos zu Boden gehen ließen. Doch ich bin nie gestorben! In meinen Träumen aber wünschte ich es mir. Denn was mit mir passierte, war so grausam, dass ich dem einfach ein Ende bereiten wollte und gar darum flehte. Ich weiß, dass diese Zeilen starker Tobak sind und für jemanden, der noch nie in seinem Leben aus der Bahn geworfen wurde, kaum nachzuvollziehen. Aber diesen Kampf machte ich sehr lange durch, immer und immer wieder. Und mit jeder Nacht, mit jedem Traum, mit jeder neuen Krampfattacke wurde ich schwächer.

Ich hatte geglaubt, dass es wieder bergauf gehen müsste, aber es war nicht so. Ich wollte mein Leben ändern, stürzte aber immer weiter ab und konnte einfach nichts dagegen tun. Vielleicht hätte ich mich mal beraten lassen sollen.

Vielleicht hätte ich mich damals in die Hände von Profis begeben sollen. Das tat ich aber nicht. Ich sah meine tatsächlichen Probleme noch nicht ein und meinte, mich ohne Hilfe aus dem Seelenschlamassel ziehen zu müssen. Und so bewegte ich mich auf immer dünner werdendem Eis, das mittlerweile schon Risse bekommen hatte.

An einem schönen Tag, ich war allein in der Wohnung, die Sonne färbte sich schon rot, und ich war in melancholischer Stimmung, es lief chillige und sehr entspannende Musik im Hintergrund, griff ich zum Telefonhörer und wählte Anjas Nummer. Ich wollte ihr zu ihrem vierundzwanzigsten Geburtstag gratulieren. Warum auch immer! Sie war sofort am Telefon, und wir redeten einen Moment lang.

Ich erzählte ihr, dass ich jetzt in L.A. leben und es mir sehr gut gehen würde und dass ich wohl für längere Zeit bleiben würde.

Sie reagierte höflich, aber eigentlich nicht so sehr interessiert. Nach nicht einmal fünf Minuten beendeten wir das Gespräch. Ganz locker, ganz cool, bis es »Klick« machte! Dann fehlte mir die Kraft zum Stehen. Ich war völlig am Boden zerstört und total von mir selbst angenervt. Warum weine ich dieser Frau noch immer hinterher? Was ist bloß mit mir los? Stehe ich kurz davor durchzudrehen? Ich konnte mir diese Fragen nicht beantworten, griff in meiner Verzweiflung und meinem Selbsthass in die Schublade und holte ein Küchenmesser heraus. Ich wollte mich nicht umbringen … aber ich hielt das Messer mit beiden Händen fest. Ich wollte mich nicht umbringen … aber ich setzte die Spitze direkt an meinem Bauch an, sodass sie sich durch mein T-Shirt bohrte. Die Muskeln in meinen Armen waren sehr angespannt, und ich spürte eine unheimliche Kraft aufkommen. Ich wollte mich nicht umbringen … aber meine Arme fingen an zu zittern, und ich verharrte in dieser Position und dachte an gar nichts mehr.

An absolut nichts.

Mein Gehirn war wie leer gepustet. Ich schaute nur auf meine Hände, die das Messer hielten, und verfolgte mit meinem Blick die Klinge bis an meinen Bauch. Ich schwitzte, der Schweiß lief mir den Nacken herunter. Mir kam der Mann vom *Walk of Fame* in den Sinn, und ich sah ihn in Gedanken, wie er mich anlächelte.

Plötzlich kam ich mir bescheuert vor, denn ich wollte mich nicht umbringen, ich wollte nur dem Schmerz entkommen. Es war mir vor mir selbst fast peinlich, dass ich in einer Harakiri-Position auf dem Boden kniete. Ich schaute mich im Zimmer um, obwohl ich wusste, dass niemand dort war. Meine Arme entspannten sich, und ich stand wieder auf. Ich hielt mir die Klinge vor die Augen. Sie sahen traurig aus im Spiegelbild. Ich drehte das Messer ein wenig, und ein Lichtstrahl reflektierte direkt in meine Augen hinein. Ich blinzelte und legte das Messer zurück in die Schublade, setzte mich auf die Terrasse und blickte, während ich ruhig und tief durchatmete, über L.A.

Ich hatte es noch mal geschafft! Mich abermals zur Wehr gesetzt gegen mich selbst. Allen Ängsten, Selbstvorwürfen und Nöten, die in mir hochgekocht waren, hatte ich getrotzt. Während ich mir noch eine Zeit lang Gedanken machte, fragte ich mich, ob ich vielleicht leiden wollte, ob mein Unterbewusstsein inzwischen so programmiert war, dass ich es insgeheim geil fand, mich selbst fertig zu machen, und mir nicht die geringste Chance gab, Auftrieb zu gewinnen. Ich wusste nicht, ob das möglich war. Zumindest aber würde es die selbstzerstörerischen Kräfte in mir erklären. Leiden um des Leidens willen. Pervers? Krank? Durchgeknallt?

Musste ich leiden, um Futter fürs Schreiben zu haben? Kompensierte ich meine Leiden im Schreiben, um dann noch mehr leiden zu können? Oder wollte ich durch mein Leiden verhindern, mich mir selbst zu stellen und mir einzugestehen, dass ich einfach Fehler gemacht hatte? Machten nicht alle Menschen auf der Welt irgendwann einmal Fehler?

Vielleicht hatte ich einfach keine Courage vor mir selbst. Ich konnte mir nicht entgegentreten und mir sagen: »Dummbatz, nun ist Schluss! Schluss mit dem Selbstmitleid und der Trauer. Geschehen ist geschehen! Es reicht! Mach einen Punkt und komm zurück in die Realität, die noch mehr zu bieten hat als nur die Vergangenheit. Denke an die Zukunft! Denke an dich! Jetzt!«

Doch immerhin versuchte ich ab diesem Tag das Leben mehr zu genießen.

Ich ging weiter zur Schauspielschule, fuhr aber zweimal in der Woche morgens sehr früh mit dem Bus nach Santa Monica, um den Sonnenaufgang zu beobachten. Dann legte ich mich einfach in den Sand und schlief manchmal sogar für eine Weile ein. Trotzdem ich nicht mehr im Highland Gardens wohnte, durfte ich mich dort an den Pool legen. So bin ich nachmittags des Öfteren mit meinem Laptop oder einer Zeitung zum Hotel gegangen und machte es mir in der Sonne gemütlich. An einem Nachmittag lieh ich mir ein schnurloses Telefon, welches ich mit an den Pool nahm und hörte meine Mobilbox ab. Eine Nachricht war darauf gesprochen. Eine Frauenstimme bat mich darum, bei einer Filmproduktion in Leipzig anzurufen. Der Produzent Oliver Vogel wollte mich gern sprechen.

Oliver kannte ich noch von einem Casting. Er hatte mich, als er noch Produzent bei einer Münchner Produktionsfirma gewesen war, zu einem Casting für eine Rolle in einem Kinofilm eingeladen. Ich hatte die Rolle zwar nicht bekommen, aber da ich mich sehr gut mit Oliver verstand, blieben wir in Kontakt und telefonierten ab und zu.

Ich rief ihn zurück, erreichte aber nur seine Sekretärin, die mir mitteilte, dass Oliver in einer Besprechung sei. Also hinterließ ich meine Nummer und wartete auf den Rückruf. Der kam dann auch zwanzig Minuten später.

Oliver erzählte mir, dass er in einer neuen Produktionsfirma arbeiten würde und dort als Produzent gerade die Rollen besetze. Er fragte mich, ob ich mir vorstellen könne, eine kleine Rolle zu übernehmen, einen Zivi in einer neuen Krankenhausserie. Er konnte nicht sagen, wie sich die Rolle entwickeln würde, meinte aber, dass ich auf jeden Fall drei Drehtage im Monat haben würde.

Ich freute mich sehr über das Angebot, wollte jedoch dennoch erst mal darüber nachdenken. Ich erzählte ihm, dass ich gerade auf der Schauspielschule sei und dass ich eigentlich noch länger in Kalifornien bleiben wolle. Er bat mich, mich in den nächsten zwei Tagen wieder zu melden, um ihm zu sagen, ob ich die Rolle haben wollte oder nicht. Danach beendeten wir das Gespräch.

Ich freute mich sehr über den Anruf. Es war seit *Unter uns* das erste Angebot, das definitiv ein neues und längerfristiges Engagement versprach. Gleichzeitig stand ich aber auch vor der Frage, wo ich in Zukunft leben wollte. Eigentlich hatte ich mich längst für Amerika entschieden. Ich wollte nicht nach Deutschland zurück. Selbst dort zu arbeiten hatte ich mir abgeschminkt.

In Amerika fehlte mir jedoch der Ansporn, mich um Arbeit zu kümmern. Dass ich als Schauspieler Arbeit fand, war unwahrscheinlich. Ich sah mich in Gedanken schon kellnern gehen oder in irgendeinem Supermarkt Regale einräumen – und selbst dafür benötigte ich zunächst mal eine Arbeitserlaubnis, die ich nicht hatte.

Die Aussicht, wieder als Schauspieler arbeiten zu können, beflügelte mich.

Ich erzählte George von dem Anruf, und er riet mir sofort, das Engagement anzunehmen. Auch in der Schauspielschule fragte ich eine meiner Lehrerinnen um Rat. Ich wollte die Entscheidung nicht allein treffen. Auch sie bestärkte mich, die Chance zu ergreifen.

Nach zwei Tagen sagte ich Oliver, dass ich mir vorstellen könne, die Rolle zu spielen, ich mir aber vorgenommen hätte, die Schauspielschule in L.A. zu beenden, und dass ich mir nicht vorstellen könne, wieder ganz nach Deutschland zurückzukehren.

Oliver machte mir einen Vorschlag, den ich nicht ablehnen konnte. Er ließ ein Flugticket nach Leipzig am Flughafen in L.A. hinterlegen, damit ich mir die Sache vor Ort noch einmal anschauen und überlegen konnte.

Zwei Tage später saß ich im Flieger. Ich war noch nie zuvor in Leipzig oder überhaupt im Osten Deutschlands gewesen. Die Stadt gefiel mir auf Anhieb sehr gut. Sie war neu für mich, und ich verband keine quälenden Erinnerungen mit ihr. Die Rolle des Zivis Vladi Nemetz in der Sachsenklinik war tatsächlich nicht allzu groß, garantierte aber mindestens drei Drehtage im Monat, wie Oliver bereits vorausgesagt hatte. Bei sorgfältiger Haushaltsplanung konnte ich von dem Verdienst gut in L.A. leben, die Flüge eingerechnet.

In Anbetracht der Tatsache, dass ich ein sicheres Einkommen gut gebrauchen konnte und ich mich in Leipzig sofort wohl fühlte, nahm ich das Angebot an und unterschrieb einen Einjahresvertrag – allerdings unter der Bedingung, dass ich weiterhin nach L.A. fliegen konnte und im Drehplan entsprechend darauf Rücksicht genommen wurde. Das sagte mir Oliver zu, denn die Rolle war aufgrund ihrer Größe gut zu disponieren, sodass ich nicht jede Woche wegen eines Drehtages nach Leipzig fliegen müsste.

Nach Unterzeichnung des Vertrags schickte mich Oliver in die Garderobe, damit meine Maße genommen wurden. Anschließend fuhr ich nach Hamburg und besuchte meine Mutter.

Die Aussicht, wieder beim Fernsehen zu arbeiten, tat mir gut, das spürte ich.

Drei Tage später bin ich zurück in meine zweite Heimat L.A. Mir ging es von Tag zu Tag besser. Ich hoffte, endlich den Ursprung für meinen Absturz erkannt zu haben: fehlender Job und fehlende Anerkennung. Aber nun war ich *back on television*! Ich hatte den Liebeskummer vielleicht immer nur vorgeschoben, weil ich mir selbst nicht eingestehen wollte, arbeitslos und ein erfolgloser Schauspieler zu sein. Gleichzeitig wäre das aber auch ein ganz schönes Armutszeugnis für mich gewesen. Denn ich beurteilte Menschen nie nach ihren Jobs oder nach dem, was sie hatten, maß mich aber selbst sehr wohl daran. Doch die Hauptsache war, es ging jetzt wieder bergauf.

In den ersten Produktionsmonaten flog ich häufig hin und her. Das schlauchte. Ich kam in keinen richtigen Rhythmus, und die Zeitunterschiede brachten meinen Schlafrhythmus stark durcheinander. Wenn ich mich gerade an die Zeit in Deutschland gewöhnt hatte, musste ich schon wieder los und umgekehrt. Nur für einen Drehtag nach Leipzig zu fliegen, war wegen etwaiger Verspätungen, die der Produktion ziemlich viel Ärger gebracht hätten, nicht möglich. Also musste ich immer zwei Tage vor dem Drehtermin kommen und konnte erst zwei Tage nach dem Dreh zurück, für den Fall, dass eine Szene nachgedreht werden musste.

Zum Dezember 1998 brach ich dann meine Zelte in L.A. erst mal ab, ließ aber ein paar Klamotten von mir bei George. Das gab mir das Gefühl, nicht ganz aus L.A. wegzuziehen und dort noch einen Zufluchtsort zu haben.

Doch bevor George mich zum Flughafen fuhr, ging ich noch einmal auf den Hollywood Boulevard, um den Mann zu treffen, an den ich so oft hatte denken müssen. Er hatte mir, ohne es zu wissen, geholfen, mich nicht ganz aufzugeben. Und ich hatte Glück, er war wieder dort. Er fuhr mir auf Höhe des *Chinese Theatre* entgegen und lächelte mich an. Wie immer. Er sah zufrieden aus. Ich verabschiedete mich mit einem Augenblinzeln und lächelte ebenfalls. Dann machte ich mich auf meine Reise zurück nach Deutschland.

Durch das Geld, das ich verdiente, konnte ich meine Mutter wieder mehr unterstützen. Das machte mich glücklich. Und so verhalf ich ihr zu einem Umzug in einen netteren Stadtteil, weshalb ich auch mein Zimmer, das ich bis dahin noch bei ihr gehabt hatte, leer räumte und meine Sachen bei einem Freund im Keller unterstellte. Bei ihm zog ich auch fast für ein halbes Jahr ein. Zwar verabredeten wir zuerst, dass ich nur ungefähr einen Monat bei ihm im Wohnzimmer auf der Couch schlafen und ich mir in dieser Zeit eine eigene Wohnung suchen würde, doch mir gefiel keine Wohnung so gut, dass ich sie mieten wollte. Ich war mir auch irgendwie noch zu unsicher und befürchtete, ich könne plötzlich den Job verlieren und ohne Geld dastehen. Schließlich kommt es in der Fernsehbranche nicht selten vor, dass Serien abgesetzt werden oder die Rolle eines Schauspielers gestrichen wird, vor allem im ersten Produktionsjahr. Es gab aber noch einen anderen Grund, der mein Interesse an einer eigenen Wohnung sehr gering hielt. Ich wollte mich nicht allzu sehr an einen Ort binden; ich wollte in der Lage sein, von heute auf morgen die Stadt oder das Land zu verlassen, ohne lange Formalitäten klären zu müssen oder irgendwelche bindenden Verpflichtungen wie das Zahlen einer Miete zu haben. Ich hielt mir nach allen Seiten eine Tür offen. Bis heute mag ich keine längerfristigen Verträge unterzeichnen. Ob es ein Arbeitsvertrag ist, ein Mietvertrag oder sonst eine Verbindlichkeit. Alles, was über einen Zeitraum von zwölf Monaten hinausgeht, bereitet mir Unbehagen. Wenn etwas gut läuft, dann kann man ja weiter zusammenarbeiten, das muss man aber nicht schon Jahre zuvor so bestimmen. Wer weiß, was in zwei oder drei Jahren sein wird.

Inzwischen lief die Serie in der ARD am Montagabend um einundzwanzig Uhr fünfundvierzig. Zum Ausstrahlungsbeginn gab es jede Menge Pressetermine, auf denen die Serie und die Schauspieler vorgestellt wurden. Mir war dabei meist unwohl. Obwohl ich solche Pressetermine kannte und zahlreiche während meiner Zeit bei *Unter uns* absolviert hatte, hielt ich mich möglichst im Hintergrund.

Ich hatte Angst davor, wieder in der Öffentlichkeit zu stehen, konnte mich dem aber nicht ganz entziehen – schließlich war ich nicht nur besetzt worden, weil ich so nett war, sondern weil ich bei einer jüngeren Zielgruppe bekannt war.

Während eines Termins in Leipzig mit der *Bild-Zeitung* schlug der Redakteur vor, mit mir eine Geschichte zu machen, in der ich Leipzig bei Nacht erkunden solle. Das war meine erste Pressegeschichte seit dem Ende von *Unter uns*, das mittlerweile fast drei Jahre her war.

Als ein paar Tage später ein Foto von mir auf dem Rathausplatz in Leipzig beinahe eine halbe Seite der Zeitung füllte, nahm ich es mit gemischten Gefühlen auf. Zum einen freute ich mich, denn es entstand erneut ein Interesse an meiner Person, zum anderen befürchtete ich aber auch, dass mir nun wieder Neid und Missgunst entgegengebracht würden. Ich hatte Angst davor, wieder gemobbt zu werden.

Es beruhigte mich, dass klar war, dass ich bei *In aller Freundschaft* nicht so herausragen würde. Dennoch wollte ich allzu großen Presserummel lieber meiden. Bloß nicht mehr in der Öffentlichkeit stehen als die anderen Darsteller, redete ich mir ein. Ich genoss meinen zweiten Karrierebeginn mit Vorsicht und hielt vorsorglich eher Distanz zu meinen Kollegen.

Bei den ersten Drehs fühlte ich mich aber auch aus einem anderen Grund nicht so wohl. Ich hatte ja nur eine sehr kleine Rolle und so das Gefühl, dass mich die Kollegen und Regisseure gar nicht richtig wahrnahmen, mich nicht als vollwertigen Schauspieler anerkannten. In der Rolle konnte ich nicht wirklich zeigen, was in mir steckte.

Die anfängliche Freude wurde durch diese ambivalenten Gefühle und Gedanken getrübt, und die Hoffnung, dass ich mich vollständig erholen und mein Kummer verschwinden würde, wich der bekannten Traurigkeit. Ich spürte, dass meine vergangene Arbeitslosigkeit und meine fehlende Bildschirmpräsenz nicht für meine Niedergeschlagenheit und Beschwerden allein ausschlaggebend gewesen waren, sie hatten meine tiefe Traurigkeit lediglich verstärkt.

Die Arbeit bei *In aller Freundschaft* linderte meine Ängste wenig, verhinderte aber nicht, dass mich Selbstzweifel und Kummer auch weiterhin bedrückten. Also blieb ich hinter meiner lächelnden, scheinbar unbekümmerten Miene und der nach außen hin intakten Fassade im Grunde traurig, verschreckt und sehr verletzlich.

# KAPITEL 16

## Der 17. Februar 1999

Die Dreharbeiten für die erste Staffel *In aller Freundschaft* näherten sich dem Ende, und alle Beteiligten fieberten der Vertragsunterzeichnung des Senders für die zweite Staffel entgegen.

Am 17. Februar 1999 lud uns die Produktion dann zu einer Feier in dem großen Aufenthaltsraum des Studios auf dem Alten Messegelände in Leipzig ein.

An diesem Tag ging es mir sehr schlecht. Ich war gefühlsmäßig total durcheinander. Meine Sehnsucht nach Anja und nach Geborgenheit und die Zweifel, jemals wieder glücklich zu werden, schmerzten so sehr, dass ich es kaum noch aushielt. Doch nach außen hatte ich mich unter Kontrolle, erledigte den Tagesdreh recht souverän, und wohl kaum einer ahnte, wie es wirklich in mir aussah. Nach den Aufnahmen bin ich sofort in die Maske und schminkte mich schweigend ab, ging danach in die Garderobe und zog meine Privatklamotten an.

Am Abend hatte die Produktionsfirma eine Party organisiert. Mir war nicht nach Geselligkeit zumute, eigentlich wäre ich sogar lieber direkt ins Hotel gefahren, doch allein sein wollte ich auch nicht. Ich ging in den Aufenthaltsraum und mischte mich unter die anderen, die bereits gespannt darauf warteten, was die Produktionsleitung kundgeben wollte. Es sah alles nach Feiern in dem Raum aus.

Ich saß auf einer Couch am Fenster und schenkte mir ein Glas Mineralwasser ein. Vor mir saßen zwei von der Technik, die sich unterhielten und immer wieder laut lachten. Am Tisch links von mir war eine Gruppe in ein Gespräch über den vergangenen Drehtag vertieft. Es war schon dunkel draußen, und der Raum füllte sich.

Ich saß erst mal nur da und beobachtete meine Kollegen. Aber richtig wahr nahm ich sie nicht, denn ich dachte unentwegt daran, wie ich es anstellen könnte, die Telefonnummer von Milena, Anjas Freundin, herauszufinden.

Milena hat am 17. Februar Geburtstag. An dem Tag waren Anja und ich ja bei Milena zu Hause zusammengekommen, und ich hatte mir geschworen, dass ich diesen Tag immer als Glückstag in Erinnerung behalten werde. Um ihre Nummer zu bekommen, musste ich allerdings mit Anja Kontakt aufnehmen, mit der ich mittlerweile schon seit über einem Jahr nicht mehr gesprochen hatte.

Ich spielte mindestens eine halbe Stunde mit dem Handy in der Hand, bevor ich das erste Mal Anjas Nummer eingab. Bevor die letzte Ziffer gewählt wurde, legte ich jedoch auf. Das wiederholte ich eine weitere halbe Stunde lang, immer und immer wieder. – Dann nahm ich endlich all meinen Mut zusammen und unterbrach den Wählvorgang nicht.

Das erste Freizeichen schoss durch mein Ohr direkt in meinen Kreislauf und ließ meinen Puls höher schlagen. Beim zweiten Freizeichen schon musste ich schneller atmen. Das dritte und vierte Freizeichen kam hinzu. Ich wollte gerade wieder auflegen, als es knackte und auf der anderen Seite der Hörer abgenommen wurde.

Mir stockte der Atem.

Ich hörte die Stimme von Anjas Mutter.

Ich riss mich zusammen und sprach so weit es ging mit klarer Stimme. Ich sagte »Hallo« und fragte nach dem Wohlbefinden.

»Besten Dank. Und wie geht es dir, Stephen?«

»Mir geht es auch bestens. Hab gut zu tun.« Das stimmte nicht wirklich, denn ich drehte zu dieser Zeit maximal fünf Tage im Monat.

»Wolltest du Anja sprechen? Die ist nicht da. Sie ist bei den Eltern von ihrem Freund Mark.«

Mich kickte allein der Klang des Namens um einiges nach unten. »Ich wollte Anja nach der Nummer von Milena fragen. Darf ich vielleicht Anjas Handynummer haben?«

»Das ist wohl keine gute Idee. Aber ich werde Anja anrufen und sie bitten, dich zurückzurufen.«

Das saß. Mir wurde klar, dass ich ein Fremder geworden war. Ich ließ mir jedoch nichts anmerken und verabschiedete mich betont cool.

Nachdem Anjas Mutter aufgelegt hatte, hielt ich das Handy noch einen Moment lang am Ohr und senkte erst dann langsam meinen Arm. Ich hatte schon abgehakt, dass Anja mich anrufen und ich die Nummer von Milena bekommen würde.

Ich griff zur Mineralwasserflasche und ließ langsam das sprudelnde Wasser ins Glas laufen. Ich goss es randvoll. Erst in letzter Sekunde brachte ich die Flasche wieder in die Senkrechte. Ich beobachtete, wie der letzte Tropfen Wasser von der Flaschenöffnung ins Glas fiel und durch seinen Aufprall auf der Wasseroberfläche die Kohlensäure zum Sprudeln brachte.

Das Handy klingelte, und es schoss mir eiskalt über den Rücken. Ich schaute auf das Display. Der Vorwahl nach zu urteilen, war es die Nummer von Mark, vielleicht die Nummer von Marks Eltern.

Es klingelte das zweite Mal, und in mir lief ein Film ab. Bilder von Anja und mir aus glücklichen Tagen flimmerten vor meinem inneren Auge auf.

Es klingelte ein drittes Mal, und ich empfand den Klingelton eindringlicher und bedrohlich. Ich hatte Angst, auf die grüne Taste zu drücken. Ich schaute wie paralysiert auf das Telefon. Es gab in diesem Moment nur das Telefon und mich. Nichts anderes! Und nichts anderes war jetzt wichtiger, als die Frage, ob ich es verkraften würde, das Gespräch anzunehmen. Es klingelte mittlerweile ein fünftes Mal. Ich nahm das Handy wie in Zeitlupe auf, drückte auf den grünen Knopf und führte es zum Ohr. »Ja?«, fragte ich, als ob ich nicht gewusst hätte, wer mich anrief.

Ich atmete nicht mehr, sondern lauschte nur der Stimme, die »Hallo« sagte. Diese Stimme hatte ich so viele Monate nicht gehört, aber ich erkannte sie sofort, sie war in meinem Hirn wie eingebrannt.

Ich sagte nichts.

Ein weiteres »Hallo« folgte.

Ich grüßte nun ebenfalls, fragte möglichst locker: »Wie geht's?«

»Ganz gut.« Anja kam gleich zur Sache. »Du wolltest die Nummer von Milena. Hast du etwas zu schreiben?«

»Ja.«

»Okay, die Nummer ist …«

Gleich nach der letzten Ziffer fragte ich Anja erneut, wie es ihr denn so ginge, und sie antwortete: »Gut«, dann fügte sie noch hinzu, dass sie nicht so viel Zeit hätte und verabschiedete sich.

Ich sagte: »Tschüss«, holte noch einmal tief Luft und wiederholte: »Tschüss.« Doch da war schon das Besetztzeichen in meinem Ohr. Kälte und Einsamkeit waren die einzigen Gefühle, die ich noch spürte.

Ich befand mich im freien Fall. Ich war an einem Punkt, an dem ich vor zwei Jahren schon einmal gewesen war. Ich konnte förmlich zusehen, wie alles in mir zusammenbrach. Die Kraft, die sich in mir wieder langsam aufgebaut zu haben schien, der Lebensmut, der wieder geweckt worden war, verschwand in diesen Sekunden. Da saß ich nun.

Ich schloss meine Augen und bereute, was ich getan hatte. Warum, fragte ich mich, tust du dir das an? Warum kannst du nicht einfach vergessen und nach vorn blicken? Ich fand keine Antwort. Ich wollte auch nicht mehr nach einer Antwort suchen. Ich kapitulierte und ließ die ganzen negativen Gefühle in mich einströmen beziehungsweise in mir ausbrechen.

Ich merkte schnell, dass die Gefühle eigentlich nie verschwunden waren, sie zu mir gehörten und ich nur einen Weg gefunden hatte, sie nicht spüren zu müssen. Doch jetzt hatte ich ihnen nichts entgegenzusetzen.

Mir wurde heiß und kalt, und mein Hals wurde trocken. Ich griff zum vollen Wasserglas und verschüttete etwas auf dem Weg zum Mund. Ich setzte das Glas an und trank das Sprudelwasser auf ex. Gleichzeitig schossen mir Tränen in die Augen. Ich wusste, sie kamen nicht nur von der Kohlensäure …

Der Aufenthaltsraum war inzwischen gut gefüllt. Ich stand auf und wollte gehen. Doch dann begann der Geschäftsführer mit seiner Rede und teilte dem gesamten Team mit, dass sich der MDR entschieden hätte, die Serie trotz nicht zufriedenstellender Quoten ein weiteres Jahr fortzuführen. Ein erleichtertes Raunen ging, gefolgt von Applaus, durch den Raum.

Nun trat Oliver, der Produzent, nach vorn und lobte das Team und die Produktion. Um ehrlich zu sein, bekam ich gar nicht richtig mit, wer was sagte. In meinem Kopf lief zu viel ab.

Es wurde schließlich ein Toast ausgesprochen, dem auch ich mich nicht entziehen konnte. Ich hatte nichts mehr im Glas, ging an den Tresen und goss mir einen O-Saft ein. Außer Saft gab es noch Wein, Ouzo, Cola und verschiedene griechische Leckereien. Das Verköstigungsmotto lautete *Griechischer Abend.* Ich drehte mich mit meinem O-Saft um und stieß auf eine Gruppe von vier Kollegen, die mir ihre Gläser entgegenhielten. Ich stieß mit ihnen an und kippte den Saft runter. Sofort hielt ich mein leeres Glas in die Runde und mir wurde Ouzo eingeschenkt. Ich solle Stopp sagen … Doch ich sagte nichts. So war mein 0,33-Glas kurz danach bis zum Rand mit Ouzo gefüllt, den ich aber, ohne darüber nachzudenken, wie Wasser runterkippte.

Ich hielt mein Glas erneut in die Runde und nahm an dem Spiel teil, bei dem jeder auf jeden anstößt. Immer wieder füllte sich mein Glas mit Ouzo. Hätte man mich gefragt, auf wen wir gerade anstießen, ich hätte es nicht sagen können. Ich war gar nicht mehr richtig da.

In meinem Kopf schwirrten die Gedanken nur so umher, und ich erlebte meinen immer schneller werdenden Fall ins Dunkel nur noch aus weiter Ferne. Ich verstand nicht mehr als Wortfetzen und schaute meist in mein Glas und nicht in die Gesichter der Menschen, mit denen ich lachend im Kreis stand.

Ich registrierte jedoch, dass die erste Flasche Ouzo geleert war. Deshalb griff ich zu einer eiskalten, mit Frost benetzten zweiten Flasche. Sie war offen, und nun war ich derjenige, der einschenkte. Zuerst mir! In dem Moment ist mir etwas passiert, was ich in meinem ganzen Leben noch nicht erlebt hatte. Obwohl ich meinen Kopf wieder zurückbewegte und ich meinen Blick auf das Glas richtete, sah ich immer noch den Tresen vor mir und nicht das Glas. Es war wie ein Standbild, so als hätte man meinen Blick auf *freeze* geschaltet. Nur allmählich rückte in den Blick, was ich tatsächlich vor Augen hatte.

Ich hob die Flasche und setzte sie an meinen Mund. Der Ouzo floss in meinen Hals und bahnte sich seinen Weg durch meinen Körper. Ich setzte die Flasche nicht mehr ab und trank, als würde ich in meinem Leben nie wieder etwas zu trinken bekommen. Das Salmiakgesöff lief mir dabei aus den Mundwinkeln. Mir wurde schwindelig. Plötzlich griff jemand nach der Flasche, aber die war bereits leer. Es war Joachim Kretzer, ein Schauspielerkollege, der damals die Rolle des Doktor Kreutzer spielte.

Ich ignorierte ihn, ging zur Theke und versuchte, nach einer Flasche Wein zu greifen. Mein Gleichgewichtssinn war allerdings nicht mehr intakt, sodass ich eher zur Theke stolperte und an der Flasche Rotwein vorbeilangte.

Joachim zog mich zurück, doch ich konnte mich befreien und stürzte abermals auf den Tresen zu. Nun bekam ich die Flasche zu greifen, stieß dabei jedoch sämtliche anderen Flaschen und Gläser vom Tresen. Ich setzte auch diese Flasche an und ließ einfach laufen.

Kretzer entriss mir die Flasche und hielt mich nun energisch fest.

Ich war außer mir. Ich wollte nur noch trinken.

Ab diesem Moment habe ich nur noch Erinnerungsfetzen von dem weiteren Geschehen behalten. Da ich mir aber nachher von anwesenden Personen erzählen ließ, was noch passiert war, kann ich den Ablauf wiedergeben.

Mein Kollege hatte einige Kraft aufzuwenden, um mich vom weiteren Trinken abzuhalten. Irgendjemand musste in der Zwischenzeit ein Taxi gerufen haben, denn ein Fahrer kam den Flur entlang, winkte jedoch schon von weitem ab, als er mich sah. Ich ging gerade in die Knie, als er mich durch die offene Tür hindurch entdeckte. »Ich lasse mir doch nicht den Wagen voll kotzen«, und sogleich verschwand er wieder von der Bildfläche.

Mein Verlangen nach Alkohol war ungebrochen, und kaum hatte man mich aus den Augen gelassen, versuchte ich, mehr zu bekommen. Daran kann ich mich selbst nicht mehr erinnern, denn ich hatte immer wieder einen Filmriss.

Einige Kollegen meinten, mir eine kalte Dusche zu verpassen, würde vielleicht helfen. So schleppten sie mich in die Herrentoilette, denn ich konnte den Weg dorthin nicht ohne Hilfe zurücklegen und war wohl auch nicht sehr willig.

An den Moment, als sich das eiskalte Wasser aus einem Zehnlitereimer über mich ergoss, kann ich mich erinnern. »Batsch!«, machte es, und ich war von oben bis unten nass. Ich lag am Boden und legte meinen Kopf zur Seite. Ich lag auf den Kacheln und sah Lydia, die medizinische Fachberaterin. Sie berät die Requisite, die Regie und die Autoren, sobald kompliziertere, medizinische Szenen gedreht werden, damit keine Spritze irgendwohin gesetzt wird, wo keine Spritze hingehört. Des Weiteren sah ich die damalige Aufnahmeleiterin, und einige Füße. Ich begann mich gegen die eingeleiteten Maßnahmen zu wehren und wollte wieder zurück zur Feier, um weiterzutrinken. Lydia und die Aufnahmeleiterin redeten auf mich ein, und Lydia versuchte außerdem, mir ihren Finger in den Hals zu stecken. Doch wenn ich eins nicht ausstehen kann, ist es kotzen. Und so biss ich fest zu. Gemeinsam gelang es den beiden Frauen, mir irgendwie den Alkohol aus dem Magen zu schaffen. Ich übergab mich unter Tränen.

In der Zwischenzeit war ein Rettungswagen gerufen worden. Als die Sanitäter eintrafen, lag ich ruhig, eigentlich eher regungslos, auf dem kalten, nassen Boden. Zuerst betraten zwei Sanitäter den Waschraum. Sie waren offensichtlich durch die Filmkulisse gelaufen und suchten die ganze Zeit die Decke ab. »Na, wo ist denn die versteckte Kamera?«, soll einer gefragt haben.

Die ernst gemeinten Bitten, mir doch zu helfen, ignorierten die Sanitäter zuerst. Als dann die Notärztin eintraf, war ich schon blau im Gesicht, und es waren keine Anzeichen von Atmung mehr zu erkennen.

»Jetzt tun Sie doch endlich etwas!«, schrie eine weitere anwesende Person die Ärztin plötzlich an.

Erst jetzt sah das Rettungsteam den Ernst der Lage ein und handelte: Für Beatmung wurde gesorgt, eine Infusion gelegt. Sie hievten mich auf eine Trage, dann lag ich im Flur, und die Atmung setzte wieder ein.

Plötzlich soll ich aufgestanden sein, als ob nichts passiert wäre und gesagt haben, dass ich alle reingelegt hätte und wir wieder feiern gehen könnten. Danach bin ich aber zusammengebrochen und lag erneut am Boden. Ich rief unter Tränen nach Oliver. Ich drehte meinen Kopf zu ihm, blickte ihm in die Augen und sagte, dass ich sie alle lieben würde. Danach soll ich um eine Pistole gebeten haben. Für einen kurzen Moment kehrte Ruhe ein. Ich drehte meinen Kopf und starrte ins Leere. Niemand sprach mehr ein Wort oder rührte sich.

Alle Augen waren auf mich gerichtet. Ich bewegte mich nicht mehr, und meine zu Fäusten geballten Hände entspannten sich langsam. Dann blickte ich Oliver an und bat ihn mit ruhiger und klarer Stimme: »Sag meiner Mama, dass ich sie liebe und dass ich sie nie vergessen werde!«

Oliver antwortete nicht. Er nickte auch nicht zustimmend. Er schaute mich nur an. Dann schloss ich meine Augen. Ungefähr im gleichen Moment muss meine Atmung abermals ausgesetzt haben und mein Herz aufgehört haben zu schlagen. Ich hatte mich verabschiedet. Ich gab auf!

Ich kann dieses Gefühl nicht genau beschreiben und bin mir auch nicht sicher, ob ich es mir nicht nur eingebildet habe, aber ich meine, mich für einen kurzen Moment frei gefühlt zu haben, losgelöst von allem, was mich quälte. Ich befand mich im freien Fall. Der Turm, der sich um mich im Laufe der Zeit aufgebaut hatte, war so endlos hoch und schwarz wie die Nacht gewesen. Nun schien die negative Kraft in mir gesiegt zu haben. Sie hatte meinen Lebenswillen gebrochen. Das kleine Lichtlein in mir erlosch. – Plötzlich wurde ich gepackt, und die Glut meines Lebensfeuers leuchtete wieder auf … Ich öffnete meine Augen und war im Flur auf der Trage. Ich wurde künstlich beatmet.

Die Sanitäter hatten mich reanimiert. Sie hatten die trügerischen Gefühle, die mir Frieden und Freiheit vorgetäuscht hatten, entkräftet und mich zurück ins Leben geholt. Doch ich war scheinbar nicht bereit dazu.

Der Schlauch, den sie mir durch den Hals in die Lunge eingeführt hatten, bereitete mir solche Schmerzen, dass ich um mich schlug und versuchte, ihn herauszuziehen. Zwei Mann mussten mich davon abhalten. Doch ich wehrte mich weiter, mir helfen zu lassen. Um dem Alkohol im Blut entgegenzuwirken, hatten sie mir außerdem eine Infusion gelegt. Ich versuchte verzweifelt, die Nadeln aus meinen Venen zu ziehen. Ich wollte nicht wieder in *meine* Realität zurück, nicht weiter mit diesen schmerzhaften Gefühlen leben, die mir Tag für Tag mein Herz zerfetzten und mich bei lebendigem Leibe zerfraßen. Ich wollte die innerlichen Qualen nicht mehr ertragen. Ich wollte zwar leben, aber ich wollte auf keinen Fall länger leiden. Mein Leben war zum Leiden geworden. Deshalb kämpfte ich gegen die Hilfe an.

Ich wollte mich von dem Schuldgefühl befreien, Anja das Herz gebrochen zu haben, nicht vor Ort gewesen zu sein, als meine Mutter beinahe gestorben war, und von dem Gedanken, alles, aber auch alles in meinem Leben falsch gemacht zu haben.

Ich machte es den Sanitätern nicht leicht. Als ich mit der Trage in den Aufzug geschoben werden sollte, streckte ich plötzlich meine Arme aus und hielt mich links und rechts an der Tür fest. Ich wollte den Ort, an dem ich war, nicht verlassen. Daraufhin griffen die Sanitäter meine Arme und schnallten sie an der Trage fest. Oliver war die ganze Zeit an meiner Seite. Als sie mich in den Notarztwagen gehoben und die Türen geschlossen hatten, stieg er in seinen Wagen, um mir ins Krankenhaus zu folgen.

Doch der Notarztwagen fuhr nicht los. Nach ungefähr zehn Minuten stieg Oliver aus seinem Wagen aus und klopfte gegen die Tür des Notarztwagens. Es wurde ihm mitgeteilt, dass sich mein Zustand derart verschlechtert habe, dass ich nicht transportfähig sei. Die Ärztin kämpfte um mein Leben. Schockindex nennt man so etwas. Während der so genannte systolische Blutdruck bei 120 liegen soll und der Puls bei 60, hatte sich das Verhältnis umgedreht. Blutdruck 60 und Puls 120. Dann ist man in einem lebensbedrohlichen Zustand, und der Notarztwagen darf nicht fahren. Nach etwa zwanzig Minuten war ich endlich wieder stabil, und der Motor wurde gestartet. Mit dreißig Stundenkilometern fuhren wir durch die Nacht.

Im Krankenhaus wurde ich in den Schockraum gebracht, wo bereits ein Ärzteteam auf mich wartete. Zwei Stunden musste ich darin bleiben. Magen auspumpen, reanimieren. Immer wieder verlor ich das Bewusstsein, und die Atmung setzte aus. Leben oder Tod? Immer wieder musste der Kampf mit dem Tod auf ein Neues aufgenommen werden. Ob ich sterben oder doch leben wollte, spielte schon gar keine Rolle mehr. Die Entscheidung lag nicht mehr bei mir. Ich wehrte mich aber nicht mehr dagegen, mir helfen zu lassen. Ich entschied mich für das Leben. Mehr konnte ich dazu nicht beitragen. Mein Wille zu sterben war gebrochen. Ich hatte anderen die Entscheidung über mein Leben und meinen Tod übergeben. Und sie hatten sich wieder und wieder für mein Leben entschieden.

Erst Stunden später hatten die Ärzte den Kampf gegen den Tod gewonnen, und ich wurde auf die Intensivstation verlegt.

Es mag sich jetzt ziemlich unglaubwürdig anhören, doch ich hatte das Gefühl, Ereignisse, die schon längst vergangen waren, noch einmal durchlebt zu haben. Sie waren wieder sehr präsent. Ich durchlebte all die Geschichten, die ich in meinem

Kummer verfasst hatte, und stellte mich dem Tod. Mir wurde klar, dass der Todbringer ich selbst war. Ich war es selbst, der sich über fast vier Jahre hinweg eingeredet hatte, ein schlechter Mensch zu sein. Ich war es selbst, der sich immer und immer wieder gesagt hatte, dass das Leben ohne Anja nicht mehr lebenswert war. Ich verweigerte mich mir selbst und begann, mich zu ignorieren. Somit hatte ich mir die negative Kraft genommen, mich dem Tode nahe zu bringen. Ich hatte mich selbst besiegt. Ich konnte so tief schlafen und wieder so viel Kraft und Lebensmut gewinnen, dass sich eine innerliche Ruhe einstellte. Diese Nacht des 17. Februars war die erste Nacht seit Jahren, in der ich, ohne Krämpfe zu haben, meine Augen schließen konnte. Na ja, ich lag ja auch irgendwie im Koma!

# KAPITEL 17

## Zurück im Leben

Ich hatte überlebt. Doch was bedeutete das?

Es bedeutete, dass jetzt der wahre Kampf ums Leben begann. Das mag sich vielleicht seltsam anhören, doch so war es wirklich. Jetzt hatte ich mich all meinen Problemen und Sorgen zu stellen. Ich wusste, dass ich all diese Geschichten noch einmal nachempfinden musste, all die Gefühle aufsuchen, die ich in meinem Kummer in Bilder gefasst hatte. Ich musste mich meiner Todessehnsucht stellen.

Ich hatte alles ignoriert, was ich an Stärken und Gutem in mir hatte. Somit hatte ich auch selbst diese negative Kraft in mir geschürt und brachte mich damit dem Tode gefährlich nahe. Ich hatte mich selbst angefeindet. Doch das sollte jetzt vorbei sein. Ich war auf dem Weg zurück ins Leben …

Nach dem Krankenhausaufenthalt schlief ich fast zwei Tage im Hotel durch. Zwar wusste ich, was passiert war, doch der Ernst der Lage wurde mir erst bewusst, als ich meine Kollegen in der Produktion wiedersah. In allen Augen, die mich ansahen, erblickte ich nicht nur Wiedersehensfreude, ich konnte erkennen, dass das Erlebnis auch für die Kollegen sehr schlimm gewesen sein musste.

Ich wurde herzlich empfangen, alle schienen froh zu sein, mich wiederzusehen. Sie wussten zu diesem Zeitpunkt nicht, was tatsächlich in mir vorgegangen war und was mich so unkontrolliert hatte handeln lassen.

Ich konnte schnell wieder lachen und machte wie gewohnt meine Scherze. Doch als mich Angie, die Requisiteurin, so sehr drückte und vor Freude weinte, dass sie mich wiedersah, wurde mir noch mal mulmig ums Herz.

Ich scherzte aber nur, dass das Schlimmste an der Sache die zwei verpennten Drehtage wären und dass mir nun zwei Tagesgagen durch die Lappen gegangen wären. Danach machte ich mich auf den Weg in die Maske und freute mich aufs Drehen. Etwas später fand ich mich im Studio ein. Hier und da kam ein cooler Spruch. Ich konterte mit Humor. Ansonsten verlief der Drehtag wie die anderen Tage auch – nur dass ich mich besser fühlte. Irgendwie erleichtert. Vielleicht weil ich einen erholsamen Schlaf ohne Krämpfe gehabt hatte.

Nach dem Dreh ging ich ins Büro der Aufnahmeleitung. Ich hatte auf der Fahrt zum Studio zwei kleine Pflanzen gekauft und überreichte eine davon der Aufnahmeleiterin und die andere Lydia. Die Pflanzen gaben in keiner Weise wieder, welch großen Dank ich für die beiden rettenden Engel empfand. Ohne sie wäre ich nicht mehr am Leben …

Zwei Wochen nach der Nacht auf der Intensivstation rief ich Milena an. Ich bat sie um ein Treffen und beschrieb ihr in wenigen Worten, was mit mir geschehen war. Am Samstag darauf trafen wir uns in Hamburg an der Außenalster. Ich erzählte ihr meine ganze Geschichte, zeichnete ihr meinen ganzen Leidensweg auf. Sieben Kilometer, einmal um die ganze Alster herum, hörte sie nur zu. Ich wollte nicht mit Anja reden, zu sehr fürchtete ich mich davor, dass sie mich abweisen würde. Aber dadurch, dass ich es Milena erzählen konnte, war es beinahe so, als ob ich es Anja selbst sagte. Es half mir!

Meine Traurigkeit verschwand dennoch nicht. Ich war noch immer depressiv. Und trotzdem ich meinen negativen Emotionen beinahe erlegen war, arbeitete ich daran, mich von ihnen zu befreien. Aber ich hatte es noch nicht ganz geschafft. Was mich nur noch weiter verzweifeln ließ. Immer mal wieder zweifelte ich, immer mal wieder verzweifelte ich. Ich fragte mich, was wohl noch passieren müsste, damit ich endlich wieder ausgeglichen und aus tiefstem Herzen fröhlich weiterleben konnte. Ich konnte einfach nicht loslassen. Ich konnte mein Herz nicht frei machen, und dafür rächte sich mein Körper. Schließlich kamen auch die Krämpfe wieder.

Etwa vier Wochen später ging ich mit einem Bekannten, der als freier Journalist arbeitete, in eine Bar auf der Reeperbahn. Ich hatte ihn bei einem Interview kennen gelernt. Er war zwei Jahre jünger als ich, und wir freundeten uns ein wenig an.

Ihm war aufgefallen, dass ich vor einer Ampel oft noch Gas gab, wenn sie schon mehr rot als gelb war. Das hatte ich selbst noch nicht bemerkt.

Er fragte mich, was mit mir los sei, und ich erzählte ihm, dass ich seit über zwei Jahren Liebeskummer hätte und ich langsam aber sicher daran kaputtginge.

Daraufhin sagte er nichts. Er schob nur den rechten Ärmel seiner Lederjacke hoch und zeigte mir eine Narbe an seiner Pulsader.

Obwohl ich keine solche Narbe hatte, wusste ich, dass ich mit meiner Aktion nicht weit von einem Selbstmordversuch entfernt gewesen war. Ich hatte mir nicht bewusst vorgenommen: »Jetzt trinkst du so viel, dass du daran krepierst«, aber ich hatte dennoch mein Leben aufs Spiel gesetzt, als ich den Ouzo in mich hineingeschüttet hatte.

Später in dem Lokal bestellten wir uns am Tresen eine Apfelschorle für mich und ein Bier für ihn. Er traf eine Bekannte, und ich ging allein zur Bühne, wo die Liveband spielte, und stellte mich ans Geländer, um die tanzenden Leute von oben zu beobachten.

Dann schaute ich mich im oberen Bereich ein wenig um. Ich drehte zuerst meinen Kopf nach links und ließ dann meinen Körper folgen. Dann stoppte ich abrupt. Mein Atem stockte, und ich konnte spüren, wie alle Energie aus meinem Körper verschwand. Ich begann zu zittern und ging langsam zur Bar zurück. Ich setzte mich erst mal auf einen Hocker. Um mich herum nahm ich nichts mehr richtig wahr. Ich bestellte einen Espresso, bezahlte und kippte mir das heiße Getränk auf ex runter. Ich atmete tief durch. Anja stand im oberen Bereich, nur einen Meter von mir entfernt an die Wand gelehnt. Mark war auch da. Ich hatte sie nicht direkt angeschaut, sondern sie nur wahrgenommen, während ich mich umgesehen hatte. Doch ich war fest davon überzeugt, dass auch sie mich gesehen hatte, dass alle mich dort gesehen hatten. Deswegen war für mich klar, dass ich mich der Situation stellen und ich zu ihr zurückgehen müsse.

Ich rieb mir mit meinen Händen durchs Gesicht, atmete tief durch, stand auf und ging zu ihr. Mit jedem Schritt, den ich tat, erklomm ich eine Stufe in meinem Turm in Richtung Licht.

Ich fixierte sie schon, als ich noch fünf Meter von ihr entfernt war. Sie hielt eine Flasche Bier in der Hand. Es war ein Bild, das ich noch nie zuvor gesehen hatte. Sie hatte sich verändert. Sie war nicht mehr die Frau, die ich in meinem Gehirn abgespeichert hatte. Ich begrüßte sie und musste mich dabei anstrengen, nicht meine Stimme zu verlieren. Wir erkundigten uns nur nach unserem Befinden. Doch mit jedem Wort, das ich sagte, mit jedem Wort, das ich von ihr hörte, und mit jedem Blick, den meine Augen einfingen, fühlte ich mich besser. Die Begegnung dauerte gerade mal drei Minuten, und ich wusste, dass ich sie nicht mehr zurückhaben wollte. Sie war noch genauso hübsch, aber ich wollte sie nicht mehr zurückhaben. Nie mehr! Ich blickte noch zu Mark und ging dann nach unten auf die Tanzfläche. Und während ich einen Fuß vor den anderen setzte, spürte ich, wie sich mein Rücken gerade aufrichtete und sich eine große Verspannung in meinem Nacken löste. Ich atmete so tief und ruhig durch, wie ich es meinem Gefühl nach schon Jahre nicht mehr getan hatte. Ich stellte mich in die Mitte der überfüllten Tanzfläche und fing an zu lachen. Ich lachte immer und immer mehr. Ich spürte, dass es jetzt vorbei war. Ich konnte loslassen, mein Herz konnte sich von ihr befreien. Ich war wieder da, und zwar so, wie ich zuvor schon existiert hatte: als lebensfroher, optimistischer Mensch. Freudentränen liefen mir übers Gesicht. Ich gab mich dem Rhythmus hin und tanzte stundenlang, ohne an Kraft und Energie zu verlieren. Ich lief dann später ganz gemütlich nach Hause und ließ das Auto auf dem Kiez stehen.

Die Sonne ging auf. In meinem Inneren! Ich feierte im Juli 1999 meinen fünfundzwanzigsten Geburtstag, freute mich die meiste Zeit des Lebens und schaute immer relaxter meiner Zukunft entgegen. Ich versuchte jeden Tag meiner Gegenwart zu genießen. Das Leben ging weiter und auch beruflich taten sich neue Möglichkeiten auf. Im Januar 2000 bekam ich ein Angebot, bei der ARD-Serie *St. Angela* eine Hauptrolle zu übernehmen. Ich nahm an und ergriff die Chance. Bald spielte ich parallel zu Vladi in der Serie *In aller Freundschaft* den treudoofen Konrad in der Serie *St. Angela.*

Da es sich bei dieser Serie ebenfalls um eine Krankenhausserie handelte, befürchtete ich zuerst, dass die ARD es nicht erlauben würde, dass ich in zwei Serien des gleichen Genres spielte. Aber da *St. Angela* am frühen Abend ausgestrahlt wurde und ein jüngeres Publikum ansprach, hatte niemand etwas dagegen einzuwenden. So drehte ich fast jeden Tag entweder in Hamburg oder in Leipzig. Es tat mir sicher gut, mehr zu tun zu haben und mich in einem neuen Team beweisen zu müssen.

Nach drei Monaten bei *St. Angela* kam eine neue Regisseurin, die mich nach einer Woche, die wir mit ihr gearbeitet hatten, um ein Gespräch bat.

Ich hatte keine Ahnung, worum es ging, aber ich setzte mich mit ihr in der Mittagspause vor den Eingang des Studios auf einen großen Stein.

»Ist mit dir alles in Ordnung, Stephen?«

»Klar.« Ich wusste nicht, was sie meinte.

»Ich hab da aber ein anderes Gefühl. Ich denke, du gibst dich nicht so, wie du wirklich bist. Du nimmst dich gegenüber deinen Kollegen total zurück, achtest penibel darauf, niemandem auf den Schlips zu treten oder gar besser zu spielen.«

Ich stutzte, hörte aber aufmerksam zu.

»Dadurch verschlechtert sich dein Spiel.« Sie sah mich freundlich, aber ernst an. »Wenn man dich lobt, wiegelst du es immer sofort ab, relativierst es und verweist auf die Kollegen. Ich hab dich mal ein paar Tage beobachtet. Warum verschwindest du immer gleich nach Drehschluss? Meidest du den privaten Kontakt zu den Kollegen? Stephen, sag schon, was ist los mit dir?«

Ich benötigte einen Moment, bis ich antworten konnte. Sie hatte mit alldem, was sie sagte, Recht. Nach und nach fand ich Worte. Ich erzählte ihr von meinen früheren Erfahrungen mit den Kollegen von *Unter uns*. Dem Neid und der Ablehnung, vor allem nach meinem Ausstieg. Ich stellte in dem Gespräch fest, dass ich aus Vorsicht und Angst, zu viele Gefühle zu investieren, unbewusst eine Grenze zog, die ich nicht überschritt und die im Gegenzug auch keiner überschreiten durfte.

»Damit blockierst du dich und dein Spiel. Ist dir das klar?«

So hatte ich über das Ganze noch nie nachgedacht.

»Da du es unbedingt vermeiden willst, anderen unbeabsichtigt das Gefühl zu geben, sie wegzudrängen, oder als jemand zu erscheinen, der sich in den Vordergrund spielt, gibst du nur sechzig Prozent von dem, was du eigentlich geben könntest.«

In meinem Gehirn rotierte es, und ich wog ab, ob ich mich darauf einlassen oder ob ich die vorsichtige Haltung beibehalten sollte. Doch bevor ich etwas sagen konnte, forderte sie mich auf, die anderen um mich herum für einen Moment zu vergessen und einfach so zu spielen und zu agieren, wie ich es gern wollte. Dann ging sie wieder rein, und ich blieb noch eine Weile draußen sitzen.

Ich war einerseits irgendwie froh, dass mich die Regisseurin darauf angesprochen hatte, andererseits aber auch verunsichert, was passieren würde, wenn ich ihrer Bitte folgte.

Nach der Mittagspause hatten wir wieder eine Szene zu drehen, und ich konnte richtig spüren, dass dieses Gespräch draußen eine Veränderung mit sich gebracht hatte. Die Menschen um mich herum konnten es vermutlich nicht erkennen, aber ich wurde in der nächsten Zeit freier im Spiel und konnte schließlich sogar ein an mich gerichtetes Lob anerkennen und für mich verbuchen.

Diese Veränderung machte sich dann nach einiger Zeit bei den Arbeiten zu *In aller Freundschaft* bemerkbar. Ein Regisseur der Serie stellte nach einigen Wochen fest, dass die Arbeit bei *St. Angela* mir schauspielerisch sehr gut täte, ich hätte eine viel größere Präsenz als vorher.

In dieser Zeit wurde ich allmählich wieder der Alte. Mein Selbstbewusstsein wuchs, und ich konnte auch damit leben, wenn mich nicht jeder mochte. Ich dachte jetzt wieder öfters an mein Wohlbefinden und nicht nur an andere und wie ich auf sie wirkte, und ich ging auch wieder das Risiko ein, mich mehr zu öffnen – auch auf die Gefahr hin, dadurch verletzlicher zu sein; und diese Entwicklung bewirkte noch etwas: Ich konnte mich endlich neu verlieben …

## KAPITEL 18

### Die zweite große Liebe

Ich hatte eigentlich nicht mehr daran geglaubt, dass ich mich jemals wieder richtig verlieben würde. Doch ich wurde vom Schicksal eines Besseren belehrt.

Es war an einem Freitagabend im Sommer 2000, als ich mit ein paar Freunden und Kollegen aus der Hamburger Produktion auf eine Party fuhr. Wir hatten alle VIP-Bänder bekommen und hielten uns erst einmal im VIP-Bereich auf. Dabei hatte gar nicht Vorrang, dass es dort alles kostenlos gab oder wir uns »besser« fühlten, sondern die Veranstaltung war so überlaufen, dass der einzige Ort, an dem man sich einigermaßen frei bewegen konnte, eben hier war.

Wir hatten jede Menge Spaß. *Wir*, das waren vor allem Arne und ich. Arne zählt zu meinem Freundeskreis. Wir fingen gleichzeitig bei der Produktionsfirma Rhinestone an, die *St. Angela* produziert – er als Praktikant in der Aufnahmeleitung und ich als Schauspieler. Während ich Schauspieler blieb, stieg Arne vom Praktikanten zum Produktionsfahrer auf. Seine Hauptaufgabe bestand darin, sich um die Schauspieler zu kümmern und dafür Sorge zu tragen, dass sie immer rechtzeitig am Set waren …

Aber zurück zum Sommer 2000: Arne und ich scannten die Frauen auf der Party, doch es war nicht wirklich eine für mich oder ihn dabei. Deshalb gingen wir nach einer Weile aus dem VIP-Bereich rüber in die *puplic area* und checkten auch diesen Teil der Location. Das wurde uns aber schnell zu anstrengend, weil dort einfach zu viele Menschen herumstanden.

Also wollten wir wieder zurück in den VIP-Bereich, mussten uns aber neu beim Türsteher identifizieren. Der hatte uns kurz vorher beim Rausgehen sogar noch angequatscht, weil er mich aus dem Fernsehen kannte, doch nun war sein Tonfall nicht mehr so freundlich. Er bestand sogar darauf, dass ich mein VIP-Bändchen, das ich in der Hosentasche aufbewahrte, um das Handgelenk band. Erst danach durften wir passieren. Na ja, hätte ich ja auch gleich machen können.

Kurz nach diesem Zwischenfall schwebte ein engelhaftes Wesen in einem eng anliegenden, knallroten Kleid, das so kurz war, das es gerade mal die Hüfte bedeckte, an unserem Tisch vorbei und schaute sich interessiert um. Ihre Schultern und Arme waren auch frei, und so konnte ich erkennen, dass sie kein VIP-Bändchen trug. Das wunderte mich doch sehr, nachdem der Türsteher gerade noch gepredigt hatte, dass niemand ohne Band am Handgelenk an ihm vorbeikäme.

Plötzlich schaute mir die Frau in Rot in die Augen, und es erwischte mich voll. Sie ging jedoch unbekümmert weiter und verschwand Richtung Ausgang. Sofort tippte ich Arne an und fragte, ob er die Frau auch gesehen hätte.

Er verneinte.

Ich bin dann ebenfalls Richtung Ausgang und hielt nach ihr Ausschau. Ich sah sie erst nicht, aber dann, als ich die Hoffnung schon aufgeben wollte, stand sie plötzlich vor mir.

Ich sprach sie an, und wir stellten uns vor.

Sie hieß Patrizia.

»Und wie bist du ohne Bändchen am Arm in den VIP-Bereich gekommen?«

»Ich habe einfach gefragt, ob ich mal kurz gucken darf, ob es brauchbare Männer im VIP-Bereich gibt.« Sie besaß gar kein Bändchen.

So, so. Ich dachte mir, dass der Türsteher sich wahrscheinlich genauso hatte den Kopf verdrehen lassen wie ich. Ich spürte meinen Puls höher schlagen. »Hast du Lust auf einen Cocktail?«

»Gern.«

Wir gingen dann an die Bar und bestellten zwei Cocktails, sie suchte sich einen aus der Karte aus, ich nahm eine Virgin Colada. Wir unterhielten uns ganz nett, und dabei schaute ich ihr die ganze Zeit in die Augen. Irgendwann fragte ich: »Bist du allein hier?« Davon war ich ehrlich gesagt ausgegangen, da sie allein herumlief.

»Nö«, meinte sie aber, »ich bin mit Freunden hier. Mein Freund muss hier auch irgendwo rumschwirren.«

Ähm, ich glaubte nicht richtig gehört zu haben! Meine euphorisierte Gemütslage ging sofort den Bach runter, und die Schmetterlinge, die in meinem Bauch Purzelbäume geschlagen hatten, stürzten grausam ab.

Ich konnte meine Enttäuschung nicht verbergen und wollte bloß schnell wieder zu meinen Leuten. Doch vorher fragte ich sie noch, warum sie sich von einem Typen zu einem Cocktail einladen lasse, wenn sie einen Freund habe, mit dem sie eigentlich auch unterwegs sei.

»Warum sollte ich mich nicht einladen lassen? Du kannst mir ja deine Nummer geben.«

Die wollte ich ihr aber nicht geben.

»Gib mir wenigstens deine E-Mail-Adresse. Okay?«

Die gab ich ihr. Eine Mailadresse ist ja ziemlich anonym.

Dann ging sie. Sie hatte ja auch begriffen, dass ich die ganze Nummer nicht lustig fand.

Ich zahlte die Cocktails – Patrizia hatte sich den teuersten bestellt, den es in dem Laden gab. Klasse! Irgendwie fühlte ich mich verarscht. Ich konnte nicht verstehen, warum diese Frau, die es mir zugegebenermaßen wirklich angetan hatte, so eine Nummer abzog. Einem Typen schöne Augen machen und sich mal eben auf einen Cocktail einladen lassen, um ihm dann zu sagen, dass sie in festen Händen sei. Echt gemein!

Auf der Rückfahrt in Arnes Wagen regte ich mich noch etwas darüber auf, wie Patrizia mich vorgeführt hatte. Eiskalt, und ich war völlig naiv darauf reingefallen.

Ich merkte aber auch, dass ich mich nur so sehr ärgerte, weil ich mich tatsächlich ziemlich in die Frau verguckt hatte. Als ich zu Hause angekommen war, beschloss ich, diesen Partyabend aus meinem Gedächtnis zu streichen.

Nach zwei Wochen ungefähr bekam ich dann eine E-Mail, deren Absender den Namen eines Fabelwesens trug. In der Betreffzeile stand »unser *date*«. Zuerst wollte ich die E-Mail löschen, weil ich annahm, dass es eine Spam-Mail sein könnte. Aber ich war einfach zu neugierig, also öffnete ich sie doch. Zu meiner Überraschung war die E-Mail von Patrizia. Sie schrieb, dass es ihr im Nachhinein Leid getan habe, dass sie mir nicht gleich die Wahrheit gesagt hatte. Und dass sie sich sehr gern mit mir treffen würde, um sich bei mir zu revanchieren. Sie schrieb ihre Firmennummer auf und bat mich, sie anzurufen und ihr auf keinen Fall zu mailen, da ihr Freund ihre Mails lesen würde. Ich solle aber nur dann anrufen, wenn ich wirklich Interesse an ihr hätte, denn sie wollte ihren Freund nicht unnötig verletzen … Trotz aller Bedenken meldeten sich die Schmetterlinge wieder, waren aber noch ein wenig vorsichtig und flatterten eher im unteren Bauchbereich umher.

Ich rief Patrizia an, und wir verabredeten uns für einen Abend in der nächsten Woche.

Es sprach von Beginn an vieles gegen die Art, wie sie mit mir und wie sie mit ihrem Freund umging. Aber Patrizia interessierte mich trotzdem. Als sie mir in der Hotel-Lounge, in der wir uns verabredet hatten, dann entgegenkam, waren auch meine letzten Zweifel plötzlich wie weggepustet, und ich freute mich sehr, sie wiederzusehen.

Wir redeten über dies und das, und sie sagte mir, dass sie die Beziehung zu ihrem Freund ein paar Tage zuvor beendet habe.

Das freute mich aber nicht nur, denn ich konnte mir gut vorstellen, wie sehr ihr Ex nun litt. Dennoch tranken wir auf ihre neu gewonnene Freiheit und stießen mit einem Cocktail an. Sie wollte bezahlen, doch ich bestand darauf, die Rechnung zu übernehmen. Dann fuhren wir zu mir, ganz selbstverständlich, so als ob wir das verabredet hätten. Ich zeigte ihr meine Wohnung, eine Art Wohnatelier, das ich seit mehreren Monaten bewohnte und in dem ich mich sehr wohl fühlte. Wir setzten uns auf die Couch, und kurz darauf küssten wir uns. Wir hatten in dieser Nacht Wahnsinnssex, und ich verliebte mich Hals über Kopf in Patrizia.

Am nächsten morgen fuhr sie dann von meiner Wohnung aus direkt zur Arbeit. Sie hatte offenbar damit gerechnet, dass sie bei mir übernachten würde. Sie hatte sogar eine Zahnbürste dabei. Aber da sie ja nicht mehr in einer Beziehung steckte, fand ich das auch legitim.

Patrizia und ich trafen uns nun häufiger. In der ersten Zeit hatten wir fast ausschließlich Sex. Da mein Sexualleben bis dahin alles andere als intakt gewesen war, und ihres auch nicht gerade ausgeglichen zu sein schien, störte mich das nicht. Doch irgendwann fragte ich sie, was sie genau von mir wolle. Ich selbst wollte sicherstellen, dass ich mich nicht immer mehr in eine Frau verliebte, für die ich nur irgendein Lover war oder die sich durch mich Vorteile erhoffte. Ich wollte auf keinen Fall wieder in einem Liebeskummersumpf landen! Deshalb wollte ich mir Klarheit verschaffen, damit ich gegebenenfalls die Notbremse ziehen konnte.

Patrizia sagte mir, dass sie mich ja noch nicht so richtig kenne und eigentlich nicht gleich von einer Beziehung in die nächste stolpern wolle.

Diese Antwort hatte ich mir nicht gewünscht, aber sie war wahr – dachte ich zumindest – und kam meiner eigenen Bindungsscheu entgegen. Ich war zwar verliebt und hätte Patrizia am liebsten rund um die Uhr anknabbern können, aber eine innere Stimme warnte mich: Achtung, denke an die Zeit danach! Wirst du damit fertig, wenn du wieder allein dastehst?

Da ich sehr genau wusste, wie schmerzvoll Liebeskummer sein kann und wie sehr er einen außer Gefecht setzen kann, dachte ich auch häufig an den Ex meiner neuen Flamme, der mir ehrlich Leid tat.

Obwohl Patrizia mir sagte, dass sie ihn überhaupt nicht mehr lieben würde und in den letzten Monaten ihrer Beziehung auch nicht mehr glücklich mit ihm gewesen sei, hielt ich mich zurück, wenn sie vorschlug, sie zu Hause zu besuchen oder in ihrer Wohnung zu übernachten. Nicht zuletzt, weil es die gemeinsame Wohnung der beiden gewesen war, in der sie mehrere Jahre lang zusammen gelebt hatten.

Ich wollte seine Sphäre wahren und ihm nicht noch Nährstoff für weitere schmerzliche Gedanken geben, wenn ich in *seinem* Bett schlafen, in *seinem* Badezimmer baden und in *seiner* Küche mit ihr zusammen frühstücken würde. Es war zwar Patrizias Wohnung, aber die Möbel hatten sie gemeinsam ausgesucht. Einen Teil hatte er mitgenommen, doch ich war mir sicher, dass er noch vieles für sich beanspruchen würde – sei es der Kochtopf, der Fernseher, der Teppich oder, und das war wohl das Wichtigste: Patrizia, für die er, seitdem sie einen Neuen hatte, plötzlich wieder Liebe empfand. Er bereute vieles und hatte sie um einen Neuanfang gebeten, wie Patrizia erzählte.

Das kam mir irgendwie bekannt vor. Ich nahm Rücksicht; obwohl ich ihn nicht kannte, geschweige denn je gesehen hatte. Ich hatte nichts an ihm auszusetzen und konnte mir nicht wirklich eine Meinung über ihn bilden – bis nach einigen Wochen eines Abends mein Handy klingelte.

Es war so gegen dreiundzwanzig Uhr, und Patrizia und ich machten voller Wonne rum. Ich wollte erst gar nicht drangehen. Dann nahm ich doch das Gespräch an und sofort begann ein Typ, mich anzumachen. Ich brauchte erst einmal ein paar Sekunden, bevor ich begriff, dass es Patrizias Ex war. Ich war sehr freundlich zu ihm, doch er beschimpfte mich und sagte, dass er mich verfolgt und so herausgefunden hätte, wo ich wohne und wo ich zur Arbeit gehen würde. Das ließ mich allerdings kalt, und ich sagte ihm das auch, woraufhin er mich unterbrach und mich weiter sehr unfein beschimpfte. Dann verlangte er Patrizia und meinte, ich solle nicht auf die Idee kommen, zu behaupten, sie sei nicht bei mir, denn er würde genau wissen, dass sie bei mir sei. Er hatte sie nämlich in mein Haus gehen sehen.

»Na, du bist ja ein ganz Gerissener«, erwiderte ich und reichte das Handy weiter. Als er Patrizia sprach, war er so laut, dass ich mit fünf Metern Abstand noch deutlich hören konnte, was er sagte. Er fragte sie immer und immer wieder, ob wir schon Oralsex hätten und ob ihr das Spaß bringen würde. Sie beantwortete die Frage nicht. Es war aber klar, dass ihn allein der Gedanke daran, sie könnte mit einem anderen Typen Sex haben, wahnsinnig wütend machte.

Patrizia bat ihn, mit der Schreierei aufzuhören und forderte ihn auf, uns in Ruhe zu lassen. Doch er hörte nicht auf.

Mir wurde das Ganze dann zu albern. Ich übernahm wieder das Gespräch und forderte ihn auf, meine Nummer zu löschen und sich nicht weiterzubesaufen. Zu meiner Überraschung wurde er nach diesen Worten plötzlich ruhig.

Trotz allem was er gesagt hatte, konnte ich seinen Frust nur allzu gut nachvollziehen und hatte großes Verständnis dafür. Richtig böse war ich ihm also nicht. Doch er hatte eine Grenze überschritten.

Ganz ruhig wiederholte er, dass er ja wisse, wo ich wohne und wo ich arbeiten würde. »Pass besser auf …«, drohte er.

Ich wurde hellhörig. »Worauf denn genau?«

Er druckste erst herum und sagte dann: »Wenn ich dir begegne, weiß ich nicht, was ich tun werde …«

»Aha! Kannst du dich nicht ein wenig klarer ausdrücken?« Langsam, aber sicher schwand mein Verständnis für seine Situation. Als er nicht antwortete, lenkte ich wieder ein. »Hör mir mal zu, du hast wohl ein wenig zu viel getrunken und solltest jetzt lieber deinen Rausch ausschlafen. Okay?«

Aber er lachte nur und meinte: »Ich sorge dafür, dass du von der Bildfläche verschwindest – und zwar nicht nur von der im Fernsehen, sondern von der ganzen Welt.«

Hey, was ging denn jetzt ab? »Drohst du mir?«, fragte ich mit ruhiger Stimme. »Was würdest du denn davon haben, mich von der Bildfläche verschwinden zu lassen? Damit reißt du dich doch nur selbst rein.«

Er sagte, dass er alle Konsequenzen, die das mit sich bringen würde, in Kauf nähme. Hauptsache, sein Ego sei wieder in Ordnung. »Mir ist eh alles egal, ich tu alles, um mich wieder besser zu fühlen.«

»Du drohst mir also mit Mord«, stellte ich relaxt fest, war aber ziemlich angespannt, denn Mord aus Eifersucht ist ja kein seltenes Tötungsdelikt.

»Das habe ich so nicht gesagt«, gab er zurück, »aber du scheinst mich verstanden zu haben. Denk daran, ich bin ganz in deiner Nähe.«

»Gut, dann hoffe ich, du überlegst dir das noch einmal in Ruhe. In der Zwischenzeit gehe ich dann mit Patrizia ins Bett und schlaf mit ihr ein.« Danach legte ich auf und fragte Patrizia: »Meinst du, dein Ex zieht so eine Nummer durch?«

»Kann ich mir wirklich nicht vorstellen. Aber er war auch noch nie so wütend.«

Na, das konnte ja heiter werden. Ich rief eine Freundin von mir an, die bei der Polizei arbeitet, Susann, und holte einen Rat bei ihr ein. Sie empfahl mir, den Typen sofort anzuzeigen, um einer vermeintlichen Verzweiflungstat entgegenzuwirken. Das wollte ich aber nicht, denn allein die Androhung eines Mordes konnte ihn bis zu zwei Jahre ins Gefängnis bringen. Nur weil ich selbst mal wegen einer zerbrochenen Liebe so verzweifelt war, sah ich von diesem Schritt ab.

Es ist schon ein eindrückliches Phänomen, dass ein Mensch wegen Liebeskummer zu Taten in der Lage ist, die ihn entweder selbst oder andere das Leben kosten … Da kann man schon zu dem Schluss kommen, dass Liebe gefährlich werden kann!

Ich erinnerte mich plötzlich an eine Nacht, in der ich meinen ganzen Frust auf den neuen Freund von Anja projiziert hatte.

Ich hatte ihn quasi für alles, was geschehen war, allein verantwortlich gemacht, obwohl er für die Entwicklung der Beziehung zwischen Anja und mir, für meine Sorgen im Job und für meine Ängste überhaupt nichts konnte. Aber auch rein gar nichts! Er hatte sich nicht mal in unsere Beziehung gedrängt und sie auseinander gebracht, sondern ist mit Anja erst zusammengekommen, als es mit uns zu Ende war. Zumindest aus seiner Sicht und der, die Anja ihm vermittelt hatte, weil ich mit ihr Schluss gemacht hatte.

Abgesehen von dem einen Brief, den ich ihr geschrieben hatte, und den wenigen Anrufen, hatte ich Anjas Privatsphäre gewahrt und mich, so hart es auch war, allein mit meinem Liebeskummer auseinander gesetzt. Ich respektierte ihre neue Beziehung. Schließlich war ich es ja auch gewesen, der einen Keil in unsere Liebe getrieben hatte. Was kann ein Neuer oder eine Neue dafür, wenn von einer Seite die Liebe nicht mehr existiert? – Nichts!

Natürlich sieht man, wenn man Liebeskummer hat, nicht immer klar. Aber die Liebe kommt nach einer Gewalttat sicher nicht wieder zurück! Im Gegenteil, die wird sich dann erst recht in Ablehnung und Hass verwandeln. Letztendlich wird man seines Lebens dann überhaupt nicht mehr froh. Nie mehr!

Ich selbst hatte im Schreiben ein gutes Instrument gefunden, meinen Frust zu kompensieren, aber auch die buchstäblichen Killerszenarien erwirkten letztlich keine Besserung meines Gemütszustandes.

Ich zeigte Patrizias Ex also nicht an und ging ins Bett. Mir reichte, dass Susann, die Polizistin, wusste, was abgegangen war, und dass sie oder ihre Kollegen im Notfall nicht im Dunkeln tappen müssten.

Patrizia entschuldigte sich bei mir für das Verhalten ihres Exfreundes. Aber morgen würde die Welt schon wieder anders aussehen, und ich war sicher, dass er vielleicht schon durch seine jetzige Aktion begriffen hatte, dass er sich zusammenreißen müsse. »Kannst du nicht jemanden aus seinem Bekanntenkreis informieren, der sich um ihn kümmert? Vielleicht muss er sich mal kräftig bei jemandem ausheulen.«

Patrizia schickte einem Freund ihres Ex' eine SMS. Dann machten wir das Licht aus.

Am nächsten Tag schickte mir der Ex eine Kurzmitteilung, in der er sich für seinen Ausfall entschuldigte. Ich war froh, ihn nicht angezeigt zu haben.

Mit Patrizia schien, abgesehen von diesem Zwischenfall, alles gut zu laufen. So gut, dass ich mich immer sicherer fühlte und schon begann, etwas eifersüchtig zu werden, wenn sie von »tollen« anderen Typen erzählte. Dabei werde ich eigentlich nicht so schnell eifersüchtig. Es war auch mehr ein Hoffentlich-verknallt-sie-sich-nicht-in-einen-anderen-oder-wieder-in-ihren-Ex-Gefühl.

Ich war der Meinung, dass man einen Vogel fliegen lassen sollte, wenn er fliegen möchte. Würde man ihn festhalten, würde er irgendwann eingehen. Das ist ein schönes Bild, so zu handeln erfordert im Bedarfsfall jedoch jede Menge Kraft und Zuversicht. Aber alles andere würde nur schmerzen und auf die Dauer auch nicht zufrieden stellen.

Patrizia und ich verbrachten einen sehr harmonischen Herbst, und mit Anbruch des Winters zündeten wir abends überall in der Wohnung Kerzen an und kuschelten uns regelmäßig auf der Couch aneinander. Es war die Phase, in der man seinem Partner am liebsten alles von den Lippen ablesen will. Ich fühlte mich sicher in der Beziehung, und es stand für mich fest, dass ich Patrizia wirklich liebe und dass ich sie gern mein Leben lang halten wollte. Nur hatte ich ihr das noch nicht gesagt.

Meine Angst, meine Gefühle zu outen, mich verletzbar zu machen, war zu groß. Durchdacht war diese Hemmung nicht, denn ohne die Gefühle auszusprechen ist man nicht weniger verletzbar – aber ich könnte im Zweifelsfall versuchen, über sie hinwegzutäuschen, oder?

Ich dachte häufig über meine Gefühle nach. Ich erinnerte mich an die Zeit nach Anja zurück. Ich war mittlerweile froh erfahren zu haben, dass die Liebe wiederkehren kann und dass dies nur möglich war, weil die Beziehung mit Anja auseinander gegangen war, denn sonst hätte ich Patrizia sicher nie getroffen oder zumindest kein Auge auf sie geworfen. Ich glaubte sogar, dass ich aufgrund meiner Erfahrungen viele Fehler nicht wieder begehen würde. Inzwischen war ich erwachsener und reifer geworden. Na ja, das glaubte ich zumindest; den Satz »Ich liebe dich« konnte ich aber immer noch nicht aussprechen!

Zu Weihnachten lud mich Patrizia dann ein, mit ihrer ganzen Familie essen zu gehen. Zuerst war mir nicht richtig wohl bei der Sache, denn für mich bedeutet die Familie kennen zu lernen schon einen großen Schritt, den ich erst zu gehen bereit war und noch immer bin, wenn ich wirklich eine Zukunft sehe. Aber das hatte ich ja. Nur die Rücksicht auf ihren Ex hatte mich wieder etwas zögern lassen. Wie ging es ihm an Weihnachten? An solchen Tagen wie den Weihnachtstagen empfindet man einen Verlust noch intensiver, wie ich aus eigener Erfahrung wusste. Mir schwirrte im Kopf herum, dass ich nun an der Stelle von Patrizias Ex am Weihnachtsschmaus teilnehmen würde, an dem Platz, an dem er zuvor fünf Jahre lang sitzen durfte. Aber letztendlich sagte ich mir, dass er da durch müsse. So ist das Leben. Hart und nicht immer gerecht. Das musste ich lernen, und das müssen alle im Leben früher oder später durchmachen. Also beschloss ich, die Rücksichtnahme *step by step* zu reduzieren. Weihnachten wäre vielleicht ein guter Anfang …

Patrizia schenkte mir am Morgen des 24. Dezember 2000 ein selbst gemaltes Bild. Eines ihrer Hobbys war nämlich das Malen. Ich hatte in meiner Atelierwohnung genügend Platz für Bilder und hatte ihr auch mal gesagt, dass ich mir bald ein Gemälde anschaffen würde, das ich mir an die Wand hängen wollte – doch ehrlich gesagt … Glücklich überreichte sie mir ihr Gemälde, das eins fünfzig mal zwei Meter groß war, und sah mir gespannt in die Augen.

Ich freute mich sehr über die Mühe, die sie sich gemacht hatte, die Idee und ihre Aufmerksamkeit. Aber ich wusste sofort, dass ich das Gemälde wohl nie an die Wand hängen würde. Es war absolut nicht mein Stil und passte nicht wirklich zu mir! Zum Glück hatte ich weder Haken noch kleine Trägerseile da, sodass ich meine Bedenken noch nicht gleich kundtun musste.

Beim Dinner, zu dem wir pünktlich erschienen waren, sprach mich dann gleich einer ihrer Verwandten auf das Werk an. Ich konnte mich jedoch nicht dazu durchringen, es als das beste Geschenk *ever* zu bezeichnen, was ihn stutzig machte. Er versuchte mir dann klar zu machen, dass Patrizia unendlich viel Arbeit in dieses Gemälde investiert hätte.

Tja, dachte ich, das mag zwar alles sein, aber was mir nicht gefällt, kann ich auch nicht an meine Wand hängen. Punkt! Ich riss mich aber zusammen und sagte, dass ich das sehr zu schätzen wüsste und dass das Gemälde einen Ehrenplatz in meinem Atelier verdient hätte. – Schließlich sollte der Weihnachtsabend in guter Laune verbracht werden.

Das klingt jetzt vielleicht alles ein bisschen arrogant, aber ich konnte mich da einfach nicht verbiegen. Mit Geschenken ist das eben so eine Sache: Manchmal reicht eine Geste aus, um einen glücklich zu machen, ein großes Geschenk kann einen hingegen ganz schön in Verlegenheit bringen, wenn es unpassend ist.

Silvester nahte. Ich lud Patrizia nach Luxemburg ein, wo ich mit einigen Freunden den Jahreswechsel feiern wollte. Sie wollte aber lieber zu Hause mit ihren Freunden und in ihrer Stammkneipe, in der sie sich regelmäßig trafen, feiern. Sie schlug vor, dass ich doch dort hinkommen sollte, schließlich müsse man Silvester doch zusammen verbringen. Super, dachte ich, der Meinung war ich zwar auch, aber warum dann nicht in Luxemburg feiern?

Da wir die Partys beide vereinbart hatten, bevor wir uns kennen gelernt hatten, verschoben wir den gemeinsamen Jahreswechsel schließlich auf das nächste Jahr.

Wir sahen uns dann Anfang Januar ein paar Tage, danach flog ich mit einem ehemaligen Klassenkameraden und Freund nach Las Vegas und L.A. Mitte Januar kam ich zurück und freute mich schon sehr, Patrizia wiederzusehen. Ich hatte sie schon richtig vermisst. Ich spürte, dass meine Gefühle für diese Frau immer stärker wurden – vielleicht wurden sie aber auch nur umso stärker, je seltener wir uns sahen.

In 2001 endete mein Engagement bei *St. Angela*, und ich hatte wieder mehr Zeit. Patrizia war immer sehr spontan, und so sind wir öfters an den Wochenenden in irgendeine Stadt gefahren und verbrachten dort zwei Tage in einem Hotel. Sie war noch nicht viel herumgekommen, und deshalb nahm ich mir voller Freude vor, ihr die Städte, die ich kannte, zu zeigen.

An einem Samstag fuhren wir dann mit dem Wagen nach Köln. Wir schlenderten die Hohe Straße entlang und landeten in einem Auktionshaus. Dort wurde an diesen Tag ein wunderschönes Ölgemälde mit einem aufwändig geschnitzten, vergoldeten Rahmen versteigert, das mir auf Anhieb gefiel und das vom Motiv her – es zeigt einen Kanal in Venedig, den Himmel und die Piazza San Marco – sowie farblich sehr gut zu meiner Einrichtung passte. So hatte ich mir das Gemälde für meine Wand vorgestellt.

Ich zeigte es Patrizia. Ihr gefiel es auch.

Also steigerte ich mit und erhielt den Zuschlag für das Werk. Ich war stolz wie ein König.

Ich versprach Patrizia, dass wir an unserem Einjährigenjubiläum genau an die Stelle reisen würden, die auf dem Gemälde abgebildet war. Der Gedanke, diesen Ort mit ihr zu entdecken, machte mich glücklich. Ich schaute auf das Bild und stellte mir vor, wie wir zuerst am Kai des Kanals entlangflanieren und dann in einer Gondel durch die Kanäle fahren würden. – Dass zu Hause das Gemälde von Patrizia noch immer darauf wartete aufgehangen zu werden, hatte ich zwar nicht vergessen, aber ich wollte es ja sowieso nicht aufhängen. Zumindest vorerst nicht. Sie erwähnte es selbst auch nicht.

Weil wir gern in irgendwelchen Hotel-Lounges einen Kaffee schlürften, waren Patrizia und ich öfters im Hyatt Hamburg. An einem Nachmittag saßen wir dort mal wieder zusammen auf einer Couch und unterhielten uns vergnügt. Mitten im Gespräch ergriff ich Patrizias Hand, um sie etwas zu fragen. Mit ernster Stimme begann ich: »Patrizia, willst du –« Ich stockte, denn Patrizia sah mich mit großen Augen an. Mir dämmerte es, warum. So fing schließlich auch die berühmte Frage an, die sich viele Paare irgendwann stellen … Ich hatte zwar nicht vor, genau diese Frage zu stellen, doch der Gedanke machte mir erstaunlicherweise keine Angst, sondern gefiel mir sogar ganz gut.

Auch Patrizia guckte nicht wirklich skeptisch.

Wir scherzten eine Weile über eine mögliche Heirat, doch dann sagte ich, dass ich zumindest nicht in absehbarer Zeit heiraten wolle, denn das sei ja mit erheblichen Verpflichtungen verbunden und viele davon müsse man ja in einem Vertrag klären. Ich dozierte eine Weile über die Rechte und Pflichten als Lebenspartner in einer Ehegemeinschaft und was im Falle einer Scheidung alles anstand. Das alles wusste ich aber nur, weil ich zwei Wochen zuvor zufällig mit einer befreundeten Anwältin in spe darüber gesprochen hatte. Und da schob ich die Idee zu heiraten eigentlich erst einmal in die Ferne. – Patrizia das so offen wiederzugeben, war zwar ehrlich, aber nicht gerade romantisch.

Sie sagte, dass sie es eher als ein Zeichen von Misstrauen ansehen würde, vor einer Heirat einen Vertrag unterzeichnen zu müssen. Wenn man sich liebt, würde man sich auch über alles andere einig werden. Das war das Statement einer Frau!

Ich war da zum Teil etwas nüchterner eingestellt. Doch das änderte nichts an der Tatsache, dass ich mit Patrizia zusammenbleiben wollte.

Mit der Frage, die ich im Hyatt eigentlich vorgehabt hatte zu stellen, rückte ich erst später bei einem Bummel auf der Reeperbahn heraus. Ich hatte mir nämlich überlegt, dass wir noch nicht wirklich etwas gemeinsam erlebt hatten, einen Urlaub zum Beispiel. Deshalb fragte ich Patrizia nun, ob sie Lust hätte, mit mir für eine Woche irgendwohin zu fliegen. Wir tauschten uns aus, in welchen Ländern wir schon mal gewesen waren, und da wir beide Lust hatten, New York kennen zu lernen, beschlossen wir, dorthin zu fliegen.

Patrizia sagte jedoch gleich, dass sie sich das nicht so schnell leisten könne und darauf erst einmal sparen müsse. Aber weil ich von dem Gedanken so begeistert war, mit ihr New York zu erkunden, lud ich sie einfach ein und setzte auch gleich den Termin fest: nächste Woche Freitag!

Patrizia reagierte spontan, fragte in ihrer Firma nach Urlaub und bekam nach einigem Hin und Her eine Woche frei.

Ich buchte zwei Flüge und recherchierte im Internet nach geeigneten Hotels. Die Tage vergingen schnell, und schon ging es los. Ich überraschte sie damit, dass wir im Flieger nicht nach rechts in die Economyclass gingen, sondern nach links in die Businessclass. Ich dachte mir: Nur das Beste für diese Frau. Ich war richtig verliebt, und Geld spielte in diesem Moment keine Rolle.

Wir verbrachten sieben Tage in New York. In der ersten Nacht waren wir im Hyatt, das extrem teuer war – aber ich wollte an unsere Hyatt-Besuche in Hamburg anknüpfen. Für den Rest der Zeit sind wir dann in ein preiswerteres Hotel umgezogen, das nur fünf Minuten vom Empire State Building entfernt lag. Wir hatten in New York jede Menge Spaß und sahen uns sehr viel an. Das Wichtigste war aber, dass wir das erste Mal sieben Tage rund um die Uhr zusammen waren. Durch den Jetlag und den Drang, so viel wie möglich zu sehen, war es teilweise schon ein wenig hektisch, und wir hatten auch kleine Meinungsverschiedenheiten bezüglich der Wege, die wir gehen wollten, um unsere nächsten Ziele zu erreichen. Jeder wollte seinen Dickkopf durchsetzen und es trotz fehlender Ortskenntnis und nicht vorhandenem Stadtplan besser als der andere wissen, wo es langging. Das eine oder andere Mal hatte ich mich auch extra quergestellt, um abzuchecken, wie sie reagieren würde. Zugegeben, das war nicht nett von mir. Aber ich mochte es irgendwie auch, wenn sie sich ereiferte … Wenn sie sich aufregte, verliebte ich mich immer wieder neu in sie. Abends kompensierten wir dann unsere kleinen Dispute mit Liebesgeflüster im Hotel.

Einen Tag vor Patrizias Abreise, ich selbst wollte noch auf einen Abstecher nach L.A. und San Diego, wo ich Arne von der Produktion treffen wollte, besuchten wir China Town. Das war megaspannend, aber auch megaanstrengend, wie ich fand. China Town ist wie eine Stadt in der Stadt, es waren dort Tausende von Menschen auf den Straßen. Ich wollte da am liebsten nur ganz schnell durch und weg. Solche Massenaufläufe nehmen mir die Luft zum Atmen. Patrizia hingegen fühlte sich richtig wohl in der Menge und ließ sich von einem Straßentrödler zum anderen treiben. Ich musste mich mächtig zusammenreißen, um nicht einfach abzuhauen.

Irgendwann sind wir dann in eines der unzähligen chinesischen Restaurants gegangen, aber richtig viel gegessen haben wir nicht, denn es war viel exotischer, als wir es erwartet hatten. Kein Vergleich mit den chinesischen Restaurants, die wir aus Deutschland kannten.

Vor einem Denkmal machten wir am Abend dann die letzten Fotos.

Ich brachte Patrizia am nächsten Morgen zum Flughafen, mein Flieger nach L.A. ging jedoch erst einen Tag später.

Patrizia und ich waren am Airport von einer Sicherheitsleine getrennt. Sie hatte gerade eingecheckt und ihren Koffer abgegeben. Ich war so euphorisiert von New York und den USA überhaupt, dass ich plötzlich sagte: »Ich will hier unbedingt wieder länger hin. Vielleicht für drei Monate nach L.A. Das kann ich bestimmt irgendwie mit der Serie arrangieren. Hast du nicht Lust mitzukommen?«

Patrizias Reaktion war verhalten.

Natürlich hatte ich nicht vergessen, dass sie einer geregelten Arbeit nachging.

»Stephen, das kann ich mir echt nicht leisten. Ich krieg auch bestimmt nicht so lange frei.«

»Papperlapapp … dann lade ich dich eben ein.« Ich wollte einfach gern mit ihr noch mehr von diesem Land erkunden und ihr zeigen, wie und wo ich in L.A. gelebt hatte. Ich verfiel geradezu in einen schillernden Tagtraum, dessen

Weg uns gerade nach Las Vegas führte, als Patrizia mich aufweckte.

Sie gab mir einen Kuss auf die Wange und verabschiedete sich mit einem Blick auf die Uhr.

Ein Kuss auf die Wange! Das hätte mir zu denken geben sollen. Doch erst später kam mir der Gedanke, dass ich sie überrumpelt hatte mit meinen Plänen, und sie sich wahrscheinlich auch nicht wohl dabei gefühlt hatte, kurz vor dem Abflug solch weit reichende Zukunftspläne zu schmieden.

Meine Begeisterungsfähigkeit war manchmal einfach nicht zu bremsen. Ich nahm mir vor, den Zwischenfall in Hamburg wieder gutzumachen.– Doch vorher verbrachte ich weitere zehn Tage in L.A. und San Diego.

Während dieser Zeit hatte Patrizia Geburtstag. Wegen der Zeitunterschiede hätte ich eigentlich *easy* der Erste sein können, der ihr gratulierte. Doch ich hatte im Hotel keine Callingcard und ein Anruf via Kreditkarte hätte über zwölf Dollar pro Minute gekostet. Ich realisierte nicht, welch verschiedenes Maß ich anlegte. Eine Woche New York war mir nicht zu teuer, auch nicht eine Nacht im Hyatt, aber ein Anruf für vielleicht 20 Dollar war nicht drin.

Wie auch immer, ich dachte damals nicht darüber nach und fuhr erst mal zum Venice Beach.

Als ich unterwegs in Hamburg anrufen wollte, hatte ich nicht genügend Geld dabei, um ein Ferngespräch zu führen. Also rief ich erst später vom Hotel aus Patrizia an, fragte sie jedoch gleich, ob sie mich mal zurückrufen könne, weil das billiger wäre.

»Nein.« Patrizia klang eingeschnappt.

Ich gratulierte ihr noch zum Geburtstag, dann beendete sie das Gespräch mit den Worten: »Wird ja sonst noch zu teuer für dich.«

Hmm! Kleine Zicke, dachte ich. Aber sie hatte ja auch allen Grund beleidigt zu sein.

Ich genoss den restlichen Urlaub. Ich weiß, das klingt unsensibel, aber ich wertete die Situation in diesem Moment als nicht so heftig.

Als ich Patrizia wiedersah, hatte ich die Zwischenfälle beinahe vergessen. Ich freute mich sehr auf sie, nahm sie stürmisch in den Arm, knuddelte sie und drehte mich mit ihr im Kreis. Ich war glücklich, sie zu spüren.

Sie freute sich auch, zumindest machte es den Anschein. Wir fuhren dann zu mir, und sie übernachtete auch bei mir. Wegen des Jetlags war ich sehr nachtaktiv und ließ ihr nicht viel Möglichkeit zu schlafen. Das störte sie aber nicht. Morgens fuhr sie dann zur Arbeit, und ich pennte den ganzen Tag. Abends gingen wir gemeinsam auf eine Party.

Patrizia war mir gegenüber ein wenig distanziert. Ich glaubte, dass es noch immer an dem verspäteten Geburtstagsanruf lag. Ich fragte aber nicht nach und tat einfach so, als würde ich es nicht bemerken.

Zwei Tage später konnten wir uns abends nicht sehen, da ich nach Leipzig zum Dreh musste. Immer wenn ich im ersten Bild oder der ersten Szene des Drehtages spielen musste, fuhr ich wenn möglich schon einen Abend vorher nach Leipzig.

Patrizia erzählte, dass sie mit Freunden, die ich inzwischen ja auch kannte, auf den Hamburger Sommer-Dom gehen wolle. Sie sagte, dass sie mich gern dabei haben würde, aber ich müsse ja leider nach Leipzig …

Um sie zu überraschen, checkte ich die Bahnverbindungen für den nächsten Morgen und plante, in aller Frühe mit dem Zug zu fahren, um doch den Abend in Hamburg zu sein. Ich rief sie an und verkündete fröhlich, dass ich nun doch mit auf den Dom kommen könnte.

Wie aus der Pistole geschossen sagte sie: »Nein!«

Ich dachte, ich hätte nicht richtig verstanden, und sagte, ich könne gleich bei ihr vorbeikommen.

»Nein«, sagte sie wieder, und es hörte sich so an, als ob es schlimm wäre, wenn ich zu ihr kommen würde.

»Warum?«, fragte ich verwundert und enttäuscht.

»Jessi, ich und die anderen Mädels wollen ohne Männer losziehen«, sagte sie zögernd.

»Ohne Männer?«, fragte ich. »Aber du hast doch selbst gesagt, dass du mich gern dabeihaben würdest … Was ist denn mit Frank?« Frank war der Freund ihrer Freundin Jessi.

»Der wollte nicht mit. Ist eben eine reine Frauenveranstaltung«, versetzte sie patzig, sagte aber, sie würde sich noch mal melden und beendete das Gespräch.

Was ging denn da ab? War von Anfang an geplant gewesen, dass sie einen Frauentreff veranstalten, und sie hatte mir nur so gesagt, dass sie mich gern dabeihaben würde, um mir ein gutes Gefühl zu geben? Oder ging es hier um etwas anderes? Ich schenkte meiner zweiten These Glauben und ging auf die Terrasse, um tief Luft zu holen.

Fünf Minuten später klingelte das Telefon erneut.

Patrizia sagte nun, dass ihrer Freundin plötzlich schlecht geworden wäre und sie deswegen nun doch nicht mehr auf den Dom gehen würden.

»Sorry, Patrizia, aber das glaube ich dir nicht«, sagte ich.

»Ist aber so«, hörte ich aus dem Hörer, und dann beendete sie das Gespräch und wünschte mir viel Spaß in Leipzig.

Ich rief einen Freund an, denn ich musste mit jemandem quatschen. Wir trafen uns, und ich erzählte ihm, was geschehen war und mutmaßte, dass sie einen anderen hatte. Ich fuhr dann doch noch an dem Abend nach Leipzig, fühlte mich aber sehr unwohl und war sehr traurig.

Am nächsten Tag hoffte ich, alles würde sich in Wohlgefallen auflösen, wenn wir noch einmal darüber sprachen. Da ich nur am Vormittag drehen musste, hatte ich mich nach dem Dreh gleich wieder auf den Heimweg gemacht.

Kurz vor Hamburg klingelte mein Telefon. Es war Patrizia, die mir sagte, dass sie mit mir reden müsse. Wir verabredeten uns für den frühen Abend bei mir zu Hause.

Eigentlich wäre das Treffen gar nicht mehr notwendig gewesen, denn mir war sofort klar gewesen, dass sie Schluss machen wollte. Gehofft hatte ich allerdings etwas anderes.

Patrizia kam mit gesenktem Blick die Treppe zum Atelier hoch, ging die letzten Stufen sehr langsam und vermied es, selbst als sie oben angekommen war, mir in die Augen zu schauen. Ich stand an die Tür gelehnt und bat sie herein. Es war eine eher distanzierte Begegnung, und ich wollte es eigentlich nur hinter mich bringen. Als sie an mir vorbeiging, fragte ich sie, was sie mir denn sagen wolle.

Sie stammelte herum und suchte scheinbar nach Worten.

Ich half ihr und sagte: »Du möchtest Schluss mit mir machen! Stimmt's?«

Ihr liefen Tränen über die Wangen, und sie nickte.

»Warum?«, fragte ich.

»Es kann nicht gut gehen, Stephen. Ich mag dich sehr, aber es kann nicht gut gehen. Wir leben in zwei verschiedenen Welten.«

Das verstand ich nicht ganz. »Was meinst du mit zwei verschiedenen Welten?«

Da beklagte sie sich, dass ich mich nicht als Erster zu ihrem Geburtstag gemeldet hätte, um ihr zu gratulieren, wie es sich für einen Freund aber gehören würde.

»Aber das kann doch nicht der Grund sein, weswegen du unsere Beziehung beenden möchtest.« Schließlich hatte ich mich dafür ja schon entschuldigt.

»Wir leben in zwei verschiedenen Welten«, sagte sie nun wieder. Dann zählte sie auf, wozu ich sie in den letzten acht Monaten eingeladen hatte und zählte auch den Urlaub hinzu.

Ich war völlig irritiert. Was ist schlimm daran eingeladen zu werden? Das war für mich nicht schlüssig. »Hast du vielleicht einen anderen?«, fragte ich, obwohl ich diese Frage blöd fand, und ich eigentlich niemals in die Lage kommen wollte, sie zu stellen.

»Nein. Es gibt einfach zu viele Unterschiede zwischen uns. Das geht nicht gut.«

Okay, dachte ich, das habe ich zur Kenntnis genommen, aber ich ließ nicht locker. »Und das hast du nicht vor New York gewusst?«, fragte ich.

Nun begann sie zu stammeln, fasste sich dann aber wieder. »Das ist mir wirklich erst nach dem Urlaub klar geworden.« Sie ging zur Tür und meinte: »Ich muss jetzt, ich bin spät dran, hab Konzertkarten. Mach es gut.«

Klasse! Da macht die Frau, die mir am meisten bedeutete, mal eben auf dem Weg zu einem Konzert mit mir Schluss und ließ mich mit ihrer »Wir-leben-in-zwei-verschiedenen-Welten«-Theorie zurück.

Ich dachte die ganze Nacht darüber nach, was sie in unserer Beziehung gestört hatte. Bereitete ihr wirklich mein Lebensstil ein mulmiges Gefühl? Ich fand das nicht nachvollziehbar, denn ich war weder protzig noch warf ich permanent mit Geld um mich. Aber ich nahm ihre Worte ernst. Ich fasste schließlich folgenden Entschluss: Entweder musste ich mich ihr anpassen oder ich musste sie in meine Welt holen. Letzteres wollte ich zuerst in Angriff nehmen.

Ich rief am nächsten Morgen bei einem befreundeten Programmdirektor an, der mir bei einem zufälligen Treffen mal erzählt hatte, dass seine Redaktion gerade eine neue Moderatorin für ein neues Format suchte. Nach dem Gespräch schickte ich ihm ein Foto von Patrizia, und er konnte sich auf Anhieb gut vorstellen, sie zu einem Casting einzuladen.

Doch war das wirklich die Lösung? Ich wurde unsicher. Ich wollte keine Beziehung, die bloß aufgrund einer Jobvermittlung bestand, ich wollte eine Beziehung, die aus Liebe hielt.

Es blieb noch die Möglichkeit übrig, mir einen neuen Job zu suchen und die Schauspielerei an den Nagel zu hängen. Ich wunderte mich selbst über meinen Wagemut, aber ich war so verliebt, dass ich tatsächlich zurückgesteckt hätte. Es war mein voller Ernst. Ich wollte diese Frau unbedingt halten. Um ihr die letzten Zweifel zu nehmen und um ihr zu beweisen, dass ich es ernst meinte, wollte ich ihr einen Heiratsantrag machen.

Es war an einem sonnigen Sonntagnachmittag, an dem ich mich mit ihr verabredete. Die Juweliere hatten alle geschlossen, also fuhr ich mit zwei Freunden an den Hafen, um dort an einem Stand erst einmal einen vorläufigen Ring zu besorgen. Es war jedoch nichts Passendes dabei, dafür aber ein kleiner Globus, den ich zusammen mit einer roten Rose kaufte.

Ich verabredete mich mit Patrizia und fuhr samt Rose und Miniglobus zu dem kleinen Bahnhof in der Nähe ihres Wohnortes. Ich war zehn Minuten früher da und nach wie vor fest entschlossen, ihr einen Antrag zu machen.

Endlich bog sie mit ihrem Wagen auf den Parkplatz am Bahnhof ein, parkte in meiner Nähe und öffnete die Tür.

In diesem Moment bin ich auf das rechte Knie niedergesunken. Sie trat vor mich hin, ich legte ihr die kleine Weltkugel zu Füßen und nahm ihre rechte Hand in meine. Ich schaute ihr in die Augen und fragte sie: »Möchtest du meine Frau werden?«

Sie brauchte ungefähr zehn Sekunden, um etwas zu sagen. Definitiv zehn Sekunden zu viel. »Das kannst du doch nicht so einfach fragen.«

»Doch«, erwiderte ich, und obwohl die Entscheidung gefallen war und sie ohne Worte Nein gesagt hatte, war ich sehr erleichtert. Nun hatte ich Klarheit und konnte mich auf den Rückzug begeben. Es war für mich sehr wichtig, sie gefragt zu haben, denn sonst hätte mir das wohl ewig keine Ruhe gelassen, und ich hätte es vielleicht irgendwann bereut und würde mir Vorwürfe machen.

Wir sind danach an einem See spazieren gegangen und redeten über ihre Freiheit, und wie wichtig es für sie sei, erst einmal als Single durchs Leben zu gehen. Ich war sehr traurig, aber es war okay für mich. Sollte sie glücklich werden, und ich nahm mir vor, es ebenfalls zu werden …

Nach dem Treffen fuhr ich nach Hause und ließ meinen Tränen freien Lauf. – Sehr wichtig, wenn man Kummer hat!

Patrizia kam dann ein paar Tage später noch einmal zu mir. Wir standen uns gegenüber und waren uns sehr nahe. Ohne etwas zu sagen, küssten wir uns und schliefen ein letztes Mal miteinander. Erst danach sprachen wir noch einmal über alles. Als sie ging, gab ich ihr das Gemälde zurück – sonst wäre es vermutlich in der Tonne gelandet – und alles, was sie mir jemals geschenkt hatte, eine kleine gelbe Quietsche-Ente und die Fotos, die ich von ihr hatte.

Sie wunderte sich. »Das ist ja so, als ob du mich aus deinem Gedächtnis streichen willst«, sagte sie.

»Stimmt«, gab ich zu. Warum sollte ich etwas aufbewahren, was mich an sie erinnerte? Meine Devise lautete diesmal, wenn nicht diese Liebe, dann ein neues Glück, eine neue Liebe! Irgendwann zumindest …

Ich bereitete mich nach der Trennung von Patrizia dennoch innerlich darauf vor, meinen zweiten großen Liebeskummer zu erleben. Sie war für mich schließlich ein wichtiger Mensch gewesen … Die nächsten Tage spürte ich auch, wie das bekannte Gefühl in mir hochkam, das ich aus vergangener Zeit kannte: Traurigkeit! Aber diesmal wollte ich mich nicht fertig machen lassen. Ich wollte mich dem Kummer stellen. Um mich abzulenken, holte ich meine *dky*-Aufzeichnungen aus der Schublade und las nach langer Zeit mal wieder, was ich damals alles aufgeschrieben und mir vorgenommen hatte. Nachdem ich mich ganz in die gefüllten Seiten vertieft hatte, beschloss ich, das, was ich mir vorgenommen hatte und noch mehr, auch umzusetzen. Zuerst einmal entstand die Homepage: www.dky.de.

Meine Trauer schlug um, als ich einige Wochen nach der Trennung zufällig die Schwester einer Freundin von Patrizia in einem Hamburger Club traf. Sie erzählte mir einiges, was mir im ersten Augenblick die Sprache verschlug. Ich erfuhr nämlich, dass Patrizia mit ihrem Exfreund erst Schluss gemacht hatte, als sie schon zwei Monate mit mir zusammen gewesen war, und dass sie schon einen neuen Liebhaber gehabt hatte, als ich noch in L.A. Urlaub machte. Sie hatte unseren Urlaub noch mitgenommen, wusste aber schon längst, dass sie sich von mir trennen wollte.

Ich war verletzt. Mein Stolz war verletzt! In diesem Moment schlug die Traurigkeit des Verlassenen um, zum einen in Selbstzweifel, aber auch in Wut – dann, nachdem ich genügend Abstand gewonnen hatte, in Gelassenheit: Ich kann mich mittlerweile sogar darüber amüsieren, dass ich auf diese kleine, süße Maus reingefallen bin. Man ist eben nicht vor solchen Erfahrungen gefeit. Niemand und niemals. So ist das Leben! Tut es auch weh, so lohnt es sich nicht, das eigene Leben wegzuwerfen. So viel hatte ich immerhin gelernt.

## KAPITEL 19

### Lebenswert

Der 17. Februar 1999 war ein Tag, der mein Leben verändert hat. Mit dem Aufschreiben meiner Geschichte wurde mir klar, wie unausweichlich und wichtig dieses schreckliche Ereignis für mich gewesen ist: Es war lebensgefährlich und lebensrettend zugleich.

Jetzt soll bitte niemand denken, eine Alkoholvergiftung, sich fast zu Tode saufen, wäre ein Heilmittel gegen Gefühlschaos. Das ist es natürlich nicht! Es ist mit Sicherheit ein Akt der Selbstzerstörung gewesen – ähnlich wie ein Autounfall, den man selbst provoziert, weil man zum Beispiel aus Kummer Alkohol trinkt und sich danach ans Steuer setzt. Solche Unfälle können einen selbst und sogar noch andere in den Tod führen, aber sie lösen die Probleme, die man hat, nicht.

Um diese Erkenntnis geht es mir in diesem Buch. Es gibt viele Verzweiflungstaten, die ein Mensch begehen kann, wenn er nicht mehr weiterweiß – auch junge Menschen können die Lust am Leben verlieren. Besonders Liebeskummer, aber auch andere Sorgen und nicht zuletzt Selbstzweifel können einem jegliche Kraft rauben und einem die Sicht auf die schönen Seiten des Lebens versperren.

Heute weiß ich, wie kostbar das Leben ist und dass man es nicht einfach wegwerfen darf, nur weil man einer Krise entgehen möchte. Ich weiß, das sagt sich *jetzt* leicht, ich weiß auch, es gibt Situationen oder Phasen, in denen sich das Leben so schwer anfühlt, dass man meint, es nicht mehr ertragen zu können.

Falls du jemals in eine solche Situation kommst, dann gib dich nicht auf. Irgendwo tief in dir drinnen hast auch du eine Kraftreserve, die dir aus deinem Turm heraushelfen kann.

Wenn du einem Menschen begegnest, der in solch einer Sackgasse steckt, dann versuche ihm herauszuhelfen und gib ihn nicht auf.

Ich bin den Menschen, die mir geholfen haben und die mich nicht aufgegeben haben, unendlich dankbar!

Den Plan des *dky projects* fasste ich in einer Zeit, in der ich suizidgefährdet war. Heute, Jahre später, ist dieses Buch, ein Teil meines Vorhabens, fertig.

Außerdem gibt es schon seit längerem die Internetplattform www.dky.de, die ich als Erstes realisieren konnte. Du bist herzlich eingeladen, sie zu besuchen. Dort finden alle, die Liebeskummer oder anderen Kummer haben, Informationen über das Thema Suizidalität oder können sich mit anderen austauschen, die Ähnliches erlebt haben.

Ein großes Ziel in meinem Leben wird nach wie vor sein, eine Einrichtung für suizidgefährdete Jugendliche zu errichten. Das wird nicht einfach, denn es geht mit sehr hohem finanziellen Aufwand und jeder Menge erforderlicher Unterstützung von Sponsoren und Behörden einher. Doch solange das dauert, werde ich versuchen, mit einigen Aktionen rund um das *dky project* für Aufmerksamkeit zu sorgen.

Das wird hoffentlich zum einen mit diesem Buch passieren und zum anderen mit meinem ersten Film, den ich mit *my way productions* produziert habe. Und ob du es glaubst oder nicht, allein das Aussprechen meines Vorhabens hat schon wieder Neid und Missgunst heraufbeschworen. Von Menschen, von denen ich es überhaupt nicht erwartet hätte. Aber so ist das wohl in unserer Gesellschaft. Es wiederholt sich! Ich kann damit jetzt aber umgehen – und vor allen Dingen kann ich damit leben. Außerdem sehe ich darin etwas Positives und lasse mich davon motivieren. Es hat sich in mir eine Trotzhaltung entwickelt, die lautet: Jetzt erst recht!!! Wenn von zehn Menschen, denen ich eine Idee präsentiere, genau zehn sagen, dass ich es nicht schaffen werde, mobilisiere ich erst richtig meine Kräfte und ebne meinen Weg eben selbst. So konnte ich einige Filmschaffende und Sponsoren von meinem Vorhaben begeistern und somit Teile des Buches auf Zelluloid bannen.

Und dieses ist erst das erste *dky*-Buch- bzw. Filmprojekt, das ich aus dem in der Vergangenheit Erlebten realisiere. Es sind viele fiktionale Texte zusammengekommen, die mir in schlimmsten Phasen Ablenkung boten und meine Gefühlsebenen widerspiegeln. Diese möchte ich nach und nach veröffentlichen und vielleicht entstehen ja auch noch ein oder zwei weitere Filme dazu.

Und das alles nur, weil es mir mal so richtig dreckig ging. Heute sage ich gern, dass diese Zeit zwar nicht schön und empfehlenswert war, aber sie hat mich erfahrener und reifer gemacht. Das möchte ich auch dir mit auf den Weg geben: Sieh Niederlagen und Rückschläge in deinem Leben als etwas Positives an und mach etwas daraus. Nur die Tatsache, dass du weißt, wie andere Menschen sich fühlen, reicht schon aus, um helfen zu können.

Alles Liebe, *Stephen Dürr*

# ANHANG

## Ein Wort zum Schluss – von Pater Maurus Dörpinghaus

Stephen Dürr und ich kennen uns nun seit eineinhalb Jahren: er, ein weithin bekannter TV-Star, ich, Benediktiner einer altehrwürdigen Abtei in Deutschland, wo ich seit vielen Jahren in der Jugendarbeit tätig bin. Von daher ist das Thema »Suizid« mir sehr vertraut. Was uns vor allem verbindet ist der Wunsch, dass junge Menschen das Leben als wertvoll und einmalig erkennen – und es daher nicht einfach wegwerfen sollen, wie es leider oft genug der Fall ist.

Gern komme ich darum Stephens Bitte nach, eine kurze Hintergrundanalyse zu seiner Geschichte zu verfassen, Zusammenhänge aufzuzeigen, mehr als psychologischer Seelsorger und nicht so sehr als Theologe. Dies ist Stephens ureigenste Geschichte, die ihn geprägt hat und die sich sicher noch heute auf ihn auswirkt. Es steht weder mir noch einem anderen zu, darüber zu richten, einen Schuldigen zu suchen oder irgendeine Moral hinterherzuwerfen, denn all diese Erlebnisse haben ihn zu der lebensbejahenden Einsicht gebracht: Trotz allem, was einem an Leid widerfahren kann, das Leben lohnt sich, und alle Möglichkeiten dazu sind nur in einer Zukunft und in einem Weiterleben vorhanden. Es gibt immer wieder einen neuen Anfang, gerade auch in der Liebe.

Es sind tatsächlich »Erlebnisse«, die Stephen berichtet, und man muss seine Geschichte tatsächlich gefühlsmäßig miterleben, um seine Botschaft besser zu verstehen. Stephens anfängliche Erlebnisse sind eigentlich schon fast klischeehaft; so etwas könnte man von vielen amerikanischen Filmstars hören: Der Junge einer allein erziehenden Mutter arbeitet sich über Jobs in einer Imbissbude und im Kino, über die Komparserie zu einem TV-Star empor, der dann später sogar den populären *Goldenen Bravo Otto* erhält. Es scheint alles perfekt: ein guter, spannender Job, der ihm einen hohen Bekanntheitsgrad verschafft, eine liebende treue Freundin, die eine gewisse Nestwärme vermittelt, später verschiedene Angebote in Amerika, gute Freunde, eine liebende Mutter – wer könnte nicht von solch einem Leben träumen? Aber schon bald wird deutlich: Wo viel Licht ist, ist auch viel Schatten. Alles so Traumhafte wird in sich selber ambivalent. Durch die Beanspruchung in der Schauspielerei bekommt die Liebesbeziehung eine ungewollte Spannung, durch den Ruhm wächst der Neid und das Mobbing der Kollegen, in der liebenden Beziehung zur Mutter entstehen Ängste bis zur Verzweiflung. Das, was einem doch so lieb und teuer ist, muss plötzlich hinterfragt werden, alle diese schönen Beziehungen beginnen auch zu stressen. Notwendige Entscheidungen, um dieser allseitigen Beanspruchung gerecht zu werden, können aus den verschiedensten Gründen vorerst nicht getroffen werden, werden zu spät getroffen oder manchmal sogar allein vom Schicksal. Der Traum bekommt Risse, Stephen wird misstrauischer, später in höchstem Maße irritiert, zuweilen aggressiv und oft sehr traurig, denn wie auch immer im Showgeschäft: Die eigene menschliche Sensibilität wird oft unterschätzt, und die Wirklichkeit holt einen in Stresssituationen immer grausam und gnadenlos wieder ein. Eine gewisse unbewusste seelische Ermüdung setzt ein – von Depression kann man anfangs im eigentlichen Sinne noch nicht sprechen –, aber Stephen gibt nicht auf.

Ein ständiges Wechselspiel von Spannung und Entspannung zeichnet seine Lebensbezüge, und es scheint, als wolle das Schicksal eine Art Pingpong mit ihm spielen: In aussichtslos erscheinenden Situationen gibt es eine glückliche Wendung, aber gerade so, dass man neue Hoffnung fassen und weiterleben kann. Doch im nächsten Moment wird man wieder von anderer Seite zurückgestoßen. Und es entsteht die Hölle einer Hoffnung, die sich nie vollständig erfüllt.

Die seelische Situation Stephens zeichnet sich sehr deutlich auch in den verschiedenen Symbolen, Bildern und Träumen ab, die er in seinen Erlebnissen sehr drastisch schildert.

Da steht zum Beispiel die Vorstellung vom Turm, in dem er sich gefangen sieht und dessen Mauern stetig weiter nach oben wachsen. Türme sind Bilder der Macht. Wo immer Menschen sich behaupten wollen, wo sie ihre Überlegenheit beweisen wollen, da baut man Türme. Wenn Stephen sich in einem Turm gefangen sieht, dann fühlt er sich von der Macht des Schicksals bedroht, und unfähig, diesem Schicksal zu entrinnen. Und die Aussicht auf Freiheit wird immer geringer, ohne etwas dagegen tun zu können, empfindet er den Druck der Umstände immer stärker werdend. Eine Situation, die Panik hervorrufen könnte. Das Licht am Turmende schwindet, ein Zeichen wachsender Hoffnungslosigkeit, denn Licht ist ein Symbol der Hoffnung – sicher eine der wichtigsten Motivationen zum Leben.

Der Regenbogen, dem der »Liebende« in einer Fantasiegeschichte entgegengeht, ist ein weiteres wichtiges Symbol, denn seit Urzeiten ist in verschiedenen Mythen der Menschheit der Regenbogen ein Bild für die Verbindung zwischen Irdischem und Himmlischem. Er ist die Brücke, die zum Himmel führt, die, wer es vermag, die irdischen Fesseln der Zeitlichkeit abzulegen, einem die Erlösung in der Ewigkeit verspricht. Ein Symbol, das einen archetypischen Jenseitsglauben des Menschen ausdrückt, wobei die Überwindung der Zeitlichkeit nur durch Sterben geschehen kann. Der »Liebende« geht aus der Zeitlichkeit in die Ewigkeit, also in den Tod, der ihn von dem Leiden der unerfüllten Liebe befreien soll.

Auch das Bild von den Ketten, die ihn in einer seiner Geschichten erst gefangen nehmen und ihn dann ganz langsam in die Scherben sinken lassen, sind tiefster Ausdruck für die wachsende Verzweiflung in ihm. Ketten besitzen immer eine Doppelsymbolik: Auf der einen Seite nehmen Ketten einen gefangen, rauben einem die Freiheit, machen handlungsunfähig; auf der anderen Seite können Ketten aber auch Halt geben, wie bei einer Kettenbrücke oder einem Kettenkarussell. Stephen empfindet sich als gehalten und gefangen; was ihm Halt gibt, wird auch irgendwie zum Gefängnis und liefert ihn dem schmerzhaften Ende in den Scherben (kann auch Ausdruck für ein zerstörtes Leben sein) aus. Wenn das, was ihn bisher gehalten hat – zum Beispiel die Beziehung zu Anja oder der Erfolg nach *Unter uns* – schwindet, und er kann nichts dagegen machen (gefangen sein), dann kommt man in den Scherben seines Lebens unweigerlich und machtlos um.

In ersten Reaktionen auf dieses stetig wachsende, quälende Gefühl einer inneren Verzweiflung, Enttäuschung und Frustration versucht Stephen durch verschiedene Flüchte zu entkommen. Amerika steht da an erster Stelle. Das Land der unbegrenzten Möglichkeiten, das *easy going*, nimmt von Stephen allein durch die geographische Distanz viel von der Brisanz seiner Probleme. Doch Stephen bringt sich selbst mit in diese neue Welt und damit auch die Verwundungen durch die Probleme in der Heimat. Die innere Frustration, die sich langsam in eine immanente Depression verwandelt, verringert seine gefühlsmäßige Anteilnahme: Er ist nicht wirklich im Inneren beeindruckt von den Stars, die er trifft, oder von den Partys und Unternehmungen, an denen er teilnimmt. Die Krankheit der Mutter holt ihn mit Gewalt wieder in die Heimat zurück, wo seine angeschlagene psychische Situation sofort wieder gegenwärtig ist, und das noch verstärkt. Fluchtversuch missglückt!

Eine zweite Fluchtrichtung führt in die Sexualität. Einerseits enttäuscht durch die zerbrochene Beziehung zu Anja, andererseits aber auch durch den negativen stetig wachsenden Druck einer weit gehend latenten Depression versucht sich Stephen nun in seinen männlichen Idealen. Ebenso ein Irrweg, denn eine gescheiterte tiefe Liebeserfahrung sucht nicht die einfache sexuelle Befriedigung, sondern die gleiche tiefe Liebe, die man soeben verloren hat. Der Zweifel an der eigenen Männlichkeit spielt da eine Rolle, man versucht ein eigenes Schuldgefühl (»Lag es an mir, dass …«) durch den sexuellen Nachweis seiner Potenz und seiner sexuellen Attraktivität von sich zu wenden, aber die wirklich erfüllende Liebe, so wie man sie gehabt hatte, findet man nicht. Auch hier gibt es statt Besserung und Linderung der seelischen Schmerzen wieder nur Frustration, die noch verschärft wird durch den Selbstmordversuch der einen Freundin, die ihn zum Übergang bei sich aufnimmt, und die nagende und lähmende Ungewissheit einer nicht gewollten Vaterschaft bei der anderen. Das Konto der psychischen Belastung wächst an, die stressbedingte Depression wird also nicht verringert, sondern noch gesteigert. Es fügt sich eines zum anderen. Der unerwartete Freitod seines Freundes Michael, für Stephen die große Stütze in seiner seelischen Notlage, erhöht die Verzweiflung und die depressive Verfassung um ein großes Maß: Selbsttötung als Fluchtmöglichkeit drängt sich nun auch schon in das Bewusstsein, vorerst noch ohne praktische Umsetzung.

Man muss es einmal gefühlsmäßig nachvollziehen: Jeder Versuch, dem Druck des Schicksals zu entkommen, scheitert. Alle Bezugspersonen, die einem doch irgendwie Hilfe waren, haben sich entfernt. Keine Zeit, keine Ruhe und keine Möglichkeit, einmal die Dinge zu verarbeiten, kein Partner, bei dem man sich wirklich mal aussprechen kann, sondern im Gegenteil: Die Bundeswehr sitzt einem im Nacken, scheint einem noch dazu alle Möglichkeiten einer Daseinsbewältigung zu rauben. Es wird einer Persönlichkeit, zwar mit starkem Lebenswillen und Selbstbewusstsein, stückchenweise der Boden unter den Füßen weggezogen.

Bei Stephen brach dies in der ultimativen Katastrophe in Leipzig vollends durch. Obwohl er in der Serie *In aller Freundschaft* die Chance für einen neuen Anfang geboten bekommt, waren die seelischen Verletzungen und Leiden der

Vergangenheit zu groß geworden. Der Gedanke an Flucht, diesmal unter dem schmerzhaften Eindruck von Michaels Suizid, wurde dringender denn je. Sich selbst unbewusst, aber doch für andere spürbar, legt er seinen neuen Karrierebeginn zu vorsichtig an, was wiederum zu nicht gewollten Spannungen führt. Die Mauer eines bisher immer rettenden Lebenswillens ist brüchig geworden; sie ist von der Angst, wieder in eine Misere zu geraten, angenagt, und so reicht eine übergroße Portion Ouzo für den sonst alkoholfrei lebenden Stephen (immerhin auch eine Leistung, bei solchen Problemen nicht den Alkohol als Flucht zu ergreifen), um auch diese letzte Barriere wegzuspülen.

Alkohol (wie auch andere Drogen) lässt im menschlichen Bewusstsein sehr schnell die Hemmgrenze zu den verschiedenen »Tabuzonen« der Gesellschaft sinken, beziehungsweise sogar verschwinden. Die sublime Ich-Schwächung, die Stephen im Laufe der Jahre erlitten hat, konnte dem gewaltigen Druck einer mit aller Macht gewollten Vergangenheitsbewältigung nicht länger standhalten. Die bis in das Psychosomatische sich manifestierenden seelischen Schmerzen drückten nun mit voller Wucht in Richtung Lösung, nach endgültiger Lösung: Stephen wollte endlich nur frei sein und begann die Flucht leider in die falsche Richtung.

Dennoch, diese wirkliche Klimax einer seelischen Leidensäußerung brachte dann auch die Lösung. In der Psychiatrie gilt der etwas fatal anmutende Satz, dass sehr oft in der größten seelischen Katastrophe die Heilungschancen am besten sind. Und so war es auch bei Stephen: Auf der Intensivstation des Leipziger Krankenhauses, die diesmal kein Studio ist, kommt ihm ganz klar die Sinnlosigkeit seines Tuns zu

Bewusstsein, und er erkennt, dass ein In-sich-Begraben und ein Sich-Einmauern die falsche Richtung ist. Zum ersten Mal suchte er den Sinn außerhalb von sich: »Vielleicht musste ich das alles durchmachen, damit ich andere Menschen davor bewahren kann.«

Immer und überall suchte Stephen den Sinn im Ganzen. Immer wieder versuchte er seinem Leiden einen Sinn abzugewinnen. Das gerade war die Basis für sein Nicht-Aufgeben. Solange einer einen Sinn für sein Leben sucht, gibt er nicht auf. Aber bisher suchte er an einem falschen Ort: Er suchte ihn in sich selbst. Und diese »Selbst-Reflexion« ist ein Teufelskreis: Ein Mensch fragt, weil er keine Antworten hat. Sich selbst fragen ist daher völlig sinnlos, erhöht aber die Frustration und die Intensität des Fragens. In meiner Selbst-Reflexion enge ich mir meinen Lebensraum immer mehr ein und werde vielleicht sogar am Ende von meiner Sinnkrise erdrückt und – getötet?

Der freie Wille zum Sinn ist das Organ des Menschen, was ihn zum Leben wirklich motiviert, aber wenn dieser Wille nur auf sich selbst gerichtet ist, dann kann er sogar zu einer Gefahr werden. Das ist die Botschaft eines Prof. Dr. med. Viktor E. Frankl (1905–1997), des großen Wiener Neurologen und Psychiaters, der als der Begründer der Lehre von der Logotherapie gilt, der Schule der »Heilung durch Sinnfindung«. Er setzt der gefährlichen Selbstreflexion das Postulat der »Dereflexion« entgegen; in seiner Sinnsuche muss der Kranke, Leidende den Teufelskreis des ständigen In-sich-selbst-Wühlens durchbrechen, sich und sein Leiden transzendieren, überschreiten, und damit auch den immer höher werdenden Turm verlassen. Bildhaft ausgedrückt: Wer den Turm von innen versucht zu zerstören, der kommt darin um, wer aber von außen angreift, sich »äußert«, und damit anderen eine Möglichkeit gibt zu helfen, der kann die Macht, die ihn gefangen hält, ohne Schaden zu erleiden, für immer zerstören. Und genau das passiert mit Stephen schon in Ansätzen vor der eigentlichen Katastrophe. In seiner Ausweglosigkeit, in seinem tiefsten seelischen Elend findet er die Motivation: Ich muss das alles aufschreiben, ich muss es alles einfach mal abgeben, auswerfen, Gestalt werden lassen, damit ich es besser begreifen kann, besser sichtbar werden lassen kann. Ohne es zu ahnen hat Stephen damit den ersten kleinen Schritt zu einer Dereflexion gemacht. Schreiben ist immer eine Form des Überdenkens, des Außer-sich-Stellens. Mit dem ersten Schreiben hat sich Stephen geäußert, hat sich mitgeteilt, einen ersten Schritt zur Selbstdistanzierung getan und gleichzeitig eine Botschaft an andere Menschen in ähnlicher seelischer Verfassung übermittelt.

Er schreibt dabei in einem sehr selbstironischen, oft auch humoristischen Stil, ein weiteres wichtiges Mittel zur Selbstdistanzierung und Entschärfung einer bedrängenden Realität (man denke vergleichsweise an den politischen Witz!). Humor und Lachen können sehr effizient von Ängsten und seelischem Druck befreien, man kann sich »Angst auch vom Leibe lachen«, durch Humor und Ironie die Ernsthaftigkeit einer Situation entschärfen. Und sicherlich ist es dieser Effekt gewesen, der die seelische Stärkung (nicht »Heilung«! Stephen ist in keinem Moment seiner Geschichte psychisch krank gewesen!) herbeiführte, indem er sich dann mit seiner Geschichte äußerte, um andere vor dem gleichen Schicksal zu bewahren. Es war die Geburtstunde des *dky projects*, angeregt durch sein eigenes Erleben und Sich-Öffnen, um anderen jungen Menschen Mut zu machen, nicht in ihrem Leid und Liebeskummer zu verzweifeln, sondern im Gegenteil: Habe Mut, dich über dich und das Leid deines Liebeskummers hinwegzusetzen, indem du dich mitteilst und dir helfen lässt. Die Selbsttötung (das Wort »Mord« ist sicherlich zu wertend) ist die falscheste aller Lösungen. Sie ist nicht nur die Endgültigkeit deiner Probleme, sondern fataler Weise auch die Endgültigkeit aller zukünftigen Möglichkeiten und Wahrnehmungen.

Jedes Jahr begehen in Deutschland 12 000 Menschen Selbsttötung. Das sind mehr als alle Verkehrs-, Drogen- und Aidstoten zusammen. Ein Großteil dieser Suizide wird von älteren Menschen begangen, aber erschreckenderweise nimmt die Zahl unter den Jugendlichen zwischen sechzehn und sechsundzwanzig Jahren rapide zu. Wenn man dann noch die Dunkelziffer der versuchten Suizide (die in der Statistik natürlich nicht auftauchen) hinzunimmt, die man auf das Dreifache schätz, dann erkennt man die Brisanz dieses Themas. Die häufigsten Gründe für Jugendsuizid sind Beziehungskrisen, berufliches oder schulisches Versagen und Drogen. Meist sind diese Gründe gekoppelt. Viele dieser Suizide und Suizidversuche kündigen sich irgendwie an, aber eine große Menge geschieht spontan und unvorhergesehen. In den meisten Fällen aber, und das bestätigt mir die persönliche Erfahrung im Umgang mit Suizidvorfällen, liegt der Grund darin, dass viele Menschen ihre wachsenden und gekoppelten Probleme in sich verschließen, quasi anhäufen. Aus Scham, aus Versagensangst, aus befürchtetem Unverständnis, aus Angst, nicht als »cool«

(für mich *das* Unwort schlechthin!) zu gelten, wie auch immer, findet man den Anschluss nach außen nicht und greift daher, meist unüberlegt, zur äußersten Konsequenz. Stephen Dürr hat diesen Weg genauso erfahren, aber er will mit der Veröffentlichung seiner Erfahrung und mit seinem *dky project* so viel wie möglich ein Bewusstsein für die notwendige Öffnung solcher oft selbst verursachten seelischen Gefangenschaft erwecken. Mut, seine Isolation zu überwinden, Mut, sich seine Probleme einzugestehen, das ist der Weg zu einem Sinn in der eigenen Wirklichkeit und damit zu einem erfüllten Leben. Stephen hat aus seinem Leid heraus einen solchen Sinn gefunden und ist damit »Zurück im Leben«.

P. Maurus Dörpinghaus OSB

## DKNY vs. D.K.Y. oder die juristische Karriere des *dky projects*

Ich hatte mich nicht abschrecken lassen, den bürokratischen Kampf gegen Donna Karan aufzunehmen, deren Unternehmen DKNY versuchte, die Löschung der Eintragung meiner kompletten Marke, der Buchstabenfolge D.K.Y., zu bewirken.

Hierzu muss man wissen, dass man zwar eine Marke beim Patentamt anmeldet, diese aber für verschiedene Nutzungsbereiche, so genannte Klassen, anmelden muss. Dies hatte ich getan, unter anderem hatte ich meine Marke bei der Klasse »Bekleidung« angemeldet. Doch es war nicht nur diese eine Klasse, die die Modedesignerin Donna Karan für sich beanspruchte. Sie forderte, dass ich meine Marke in allen angemeldeten Klassen, also komplett, löschen solle. Das wollte ich aber schon mal gar nicht.

Ich stellte mich den Angriffen und ließ mich auch von einer juristischen Laufbahn des *dky projects* nicht abschrecken, das Ganze schaukelte sich nämlich noch bis zu einer Verhandlung vor dem Bundespatentgericht in München hoch.

Ehrlich gesagt, ich habe den Trubel um meinen Antrag beim Patentamt von Anfang an nicht verstanden, denn es war überhaupt nicht mein Interesse, die Bekanntheit von Donna Karan für meine Belange zu nutzen. Schon gar nicht wollte ich ihren Ruf mit einer Kampagne, in der es um Menschenleben und nicht um Mode ging, in Verbindung bringen, was sie anscheinend befürchtete und was ihr nicht zu gefallen schien. Gut, ich wollte T-Shirts mit dem Aufdruck D.K.Y. in irgendeinem Copyshop bedrucken lassen, anziehen und damit über die Straße laufen, aber sonst hatte ich keine Pläne, in Textilien zu machen.

Das langwierige Verfahren, das sich durch den Widerspruch von DKNY und meinen darauf folgenden Widerspruch in Gang setzte, endete vorerst mit einer Verhandlung beim Bundespatentgericht.

Die Anwältin der Gegenseite packte bei der Verhandlung eine mindestens fünfhundertseitige Beweisschrift aus, aus der die Bekanntheit der Marke und die damit verbundenen Marketingkosten hervorgingen. Gleichzeitig versuchte sie damit darzustellen, welch eine Gefahr ich für das Unternehmen darstellen würde. Allerdings wurde sie vor Gericht nicht zugelassen, da die Einreichfristen für solche Unterlagen schon längst verstrichen waren. Daraufhin sagte die sichtlich verunsicherte Anwältin, dass ich die drei Buchstaben in »böser Absicht« habe eintragen lassen, um dem Weltkonzern und der Marke DKNY zu schaden. Da konnte ich mir ein Grinsen nicht verkneifen und warf meinem Anwalt einen kurzen Blick zu. Ich bat das Gericht, selber zu den Vorwürfen Stellung nehmen zu dürfen. So bin ich in meinem 150-Euro-Kordanzug von H&M auf die freie Fläche getreten und begann mit meinem Spontanplädoyer:

*Sehr geehrtes Gericht, sehr geehrte Damen und Herren in der hinteren Reihe, sehr geehrte Frau Anwältin der Gegenpartei,*

*zuerst möchte ich mich noch einmal vorstellen. Mein Name ist Stephen Dürr, ich bin sechsundzwanzig Jahre alt und führe neben meinem Beruf als Schauspieler eine kleine Produktionsgesellschaft mit dem Namen* my way productions, *die auch die Inhaberin der angegriffenen Marke* D.K.Y. *ist.*

D.K.Y. *steht für* don't kill ya'self! *Ich habe diese Marke in der Nacht kreiert, in der ich von dem Suizid eines guten Freundes erfahren hatte. Die drei Buchstaben haben mir geholfen, mich selbst aus einer suizidalen Phase in meinem Leben herauszuholen. Ich wollte mir mit dieser Buchstabenfolge ein Eigentum schaffen, um in der für mich sehr schlimmen Zeit etwas zu haben, woran ich mich metaphorisch gesehen festhalten konnte.*

*Ich nahm mir später vor, unter diesen drei Buchstaben ein Buch, einen Film, ein Internetportal und eine Einrichtung für suizidgefährdete Jugendliche zu errichten. Ich habe die Marke für verschiedene Klassen eintragen lassen. (…) Denn ich habe festgestellt, dass mehr Menschen mit Suizidgedanken durchs Leben gehen, als man annimmt, geschweige denn, als man zu erkennen vermag. Dass ich die Marke in drei großen Buchstaben angemeldet habe, rührte aus einer Information her, dass man bei einer Marke, die man in großen Buchstaben eintragen lässt, größeren Gestaltungsspielraum in der Frage habe, ob man sie letztendlich großgeschrieben oder kleingeschrieben nutzen möchte. (…) Ich hatte DKNY nicht im Sinn, als ich mir* D.K.Y. *habe einfallen lassen. (…)*

*Wie Sie ja auch sehen können, trage ich einen Anzug von H&M, der sitzt wie angegossen und ist in Bezug auf meine finanziellen Möglichkeiten für mich erschwinglich. Ich denke, dass ich überwiegend eine Klientel anspreche, die sich nicht auf dem Level von DKNY bewegt. Diese Menschen kennen mich wahrscheinlich auch nicht einmal … Ich möchte noch einmal ausdrücklich klarstellen, dass ich weder das Interesse habe, Mode oder andere ähnlich geartete Artikel, die Donna Karan produziert, unter meinem Label zu produzieren oder auf den Markt zu bringen, noch dass ich das Geld dazu habe oder in Verbindung mit finanzkräftigen Partnern dafür stehe. Meine drei Buchstaben sind für mich weitaus wertvoller, sie sind nicht in Dollar aufzuwiegen, sondern nur in Gefühlen. Ich sehe außerdem keine Verwechslungsgefahr der beiden Marken …*

Dann wollte ich mich gerade wieder hinsetzen, als mir einfiel, dass ich ja noch etwas vorbereitet hatte. So trat ich an das Pult der Anwältin von Donna Karan und zog eine Klarsichtfolie mit zwei DIN-A4-Blättern aus der Innentasche meines Jacketts. Auf dem einen hatte ich flächendeckend »DKNY« ausgedruckt und auf dem anderen das neue *dky*-Logo. Ich hielt ihr beide Blätter vor die Nase, dann hielt ich sie hoch und drehte mich langsam im Kreis. Dabei stellte ich der Anwältin die Frage, ob sie es wirklich nicht schaffen würde, diese beiden Bildmarken auseinander zu halten. Eine Antwort wartete ich gar nicht mehr ab, sondern bedankte mich für die mir gegebene Zeit und setzte mich wieder auf meinen Stuhl.

Das alles war eine gute Erfahrung für mich.

Das Gerichtsverfahren brachte die Teillöschung meiner Marke mit sich – *nur die Teillöschung* besser gesagt.

Nach dem Gerichtsverfahren erreichte mich ein weiterer Widerspruch von DKNY auch gegen die Eintragung der Marke *dky project*. Die endgültige Einigung wird es wohl erst geben, wenn dieses Buch schon auf dem Markt erschienen ist.

Inzwischen habe ich in einer weiteren Instanz das Recht zur weiteren Nutzung der Marke bekommen, doch DKNY geht auch gegen diese Entscheidung an.

dky PROJECT don't kill ya'self!

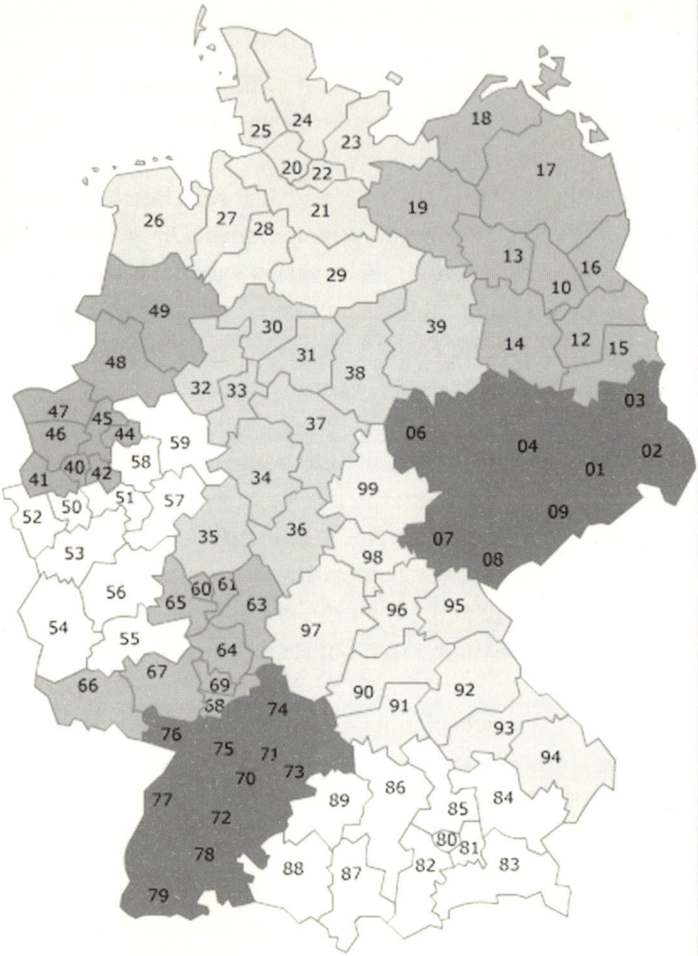


Die Postleitzahlenkarte der Bundesrepublik Deutschland

# ADRESSEN

Dies sind ausgewählte Adressen, an die sich Betroffene oder Angehörige von Betroffenen wenden können. Die Adressen sind nach Postleitzahlen aufsteigend sortiert. Noch mehr Adressen, Telefonnummern und Links gibt es unter: www.dky.de.

## Bundesweite Anlaufstellen

***Evangelische Telefonseelsorge***
In ganz Deutschland rund um die Uhr erreichbar.
Tel. 08 00/1 11 01 11

***Katholische Telefonseelsorge***
In ganz Deutschland rund um die Uhr erreichbar.
Tel. 08 00/1 11 02 22

## Ausgewählte Beratungsstellen nach Postleitzahlen

***Deutsche Gesellschaft für Suizidprävention (DGS)***
Die DGS ist die Dachgesellschaft für alle Einrichtungen und Personen, die sich in Forschung, Lehre oder Praxis mit Suizidprävention als Hilfe in Lebenskrisen befassen.

Die neueste Initiative der DGS ist die Gründung und Beförderung eines nationalen Suizid-Präventions-Programms für Deutschland, www.suizid-praevention-deutschland.de, welches eine gesamtgesellschaftliche Aktivierung im Sinne der Ziele der DGS darstellt. Es kann als das umfänglichste Vorhaben auf dem Gebiet der Suizidprävention in Deutschland seit der Gründung der DGS angesehen werden.

Fetscherstr. 74
c/o Universitätsklinikum Carl Gustav Carus Dresden
01307 Dresden
Tel. 03 51/4 58 27 60

***neuhland – Hilfen für suizidgefährdete Kinder und Jugendliche e.V.***
Neuhland ist ein Verbund von psychotherapeutisch orientierter Beratungsstelle und Krisenunterkunft. Kinder und Jugendliche bis 25 Jahre, die nicht mehr weiterwissen und daran denken, sich das Leben zu nehmen, können sich an neuhland wenden. Auch für Angehörige ist das Beratungsangebot offen.

Nikolsburger Platz 6
10717 Berlin
Tel. 0 30/8 73 01 11

***Überregionaler Bereitschaftsdienst aller Regionen***
Turmstraße 21
10559 Berlin-Tiergarten
Telefonische Erreichbarkeit unter allen angegebenen, regionalen Telefonnummern: 0 30/3 90 63-10 bis 3 90 63-90

***Caritasverband für Berlin e.V. Hilfe für Menschen in Krisen***
Wir unterstützen in Not geratene Menschen bei der Suche nach neuen Möglichkeiten ihrer Lebensgestaltung. Wir bieten sofortige Aufnahme in unser Haus, Krisenintervention, Beratung und Begleitung.

Manetstr. 83
13053 Berlin
Tel. 0 30/ 9 86 49 01

***Therapiezentrum für Suizidgefährdete, Uni-Klinik Hamburg***
Martinistraße 52
20246 Hamburg
Tel. 0 40/4 28 03 22 02

***Kinder- und Jugendnotdienst***
Ambulante sozialpädagogische Beratung von Minderjährigen und ihren Bezugspersonen in Krisensituationen.

Feuerbergstr. 43
22337 Hamburg
Tel. 0 40/42 84 90

***Jugendberatung***
Beratung und Hilfe in Krisensituationen, Präventionsprojekte in Schulen und anderen Lebensfeldern von Jugendlichen und jungen Erwachsenen. Das Angebot richtet sich an Menschen im Alter von 14-27 Jahren, mit materiellen, sozialen, psychischen Problemen und jugendspezifischen Fragestellungen sowie ihre Bezugspersonen.

Ulmenstraße 67
40476 Düsseldorf
Tel. 02 11/4 69 62 00

***Krisenbegleitung der Telefonseelsorge***
Gespräche für Menschen in Lebenskrisen, Suizidgefährdete und ihre Angehörigen.

Vom-Rath-Str. 10
47051 Duisburg
Tel. 02 03/2 26 56

***Beratungsstelle für Eltern, Kinder und Jugendliche der Stadt Mainz***
Erziehungs-, Familien- und Lebensberatung, Krisenintervention, Beratung und Therapie.

Goethestr. 7
55118 Mainz
Tel. 0 61 31/67 02 25

***Caritasverband Frankfurt e.V.***
Postadresse:

Alte Mainzer Gasse 10
60311 Frankfurt
Tel. 0 69/91 33 16 61

***Die Arche***
Beratung und Hilfe in Lebenskrisen, Spezialdienst der Ehe-, Familien- und Lebensberatungsstelle des Diakonischen Werkes der Pfalz.

Falkenstrasse 19
67063 Ludwigshafen
Tel. 0621/51 01 84

***Psychologische Beratungsstelle für Eltern, Kinder, Jugendliche und junge Erwachsene***
Krisenintervention auch vor Ort, sofortige Gespräche an Beratungsstelle, Kurz-, Langzeitberatung, Psychotherapie, muttersprachliche Beratung in Kroatisch.

Katherinenstr. 2 B
70182 Stuttgart
Tel. 07 11/24 89 29 20

***Arbeitskreis Leben e.V. (AKL)***
Hilfe bei Selbsttötungsgefahr und Lebenskrisen.
Krisenintervention, Begleitung durch ehrenamtliche Krisenbegleiter-Innen, Beratungsgespräche (Einzel-, Paar- und Familienberatung), Beratung für Angehörige, Freunde und andere Betroffene, Angehörigengruppen für Menschen, die einen Nahestehenden durch Suizid verloren haben, verschiedene Gruppenangebote.
Österbergstr. 4
72074 Tübingen
Tel. 0 70 71/1 92 98 (Beratung) und 0 70 71/922 10 (Geschäftsstelle)

***Arbeitskreis Leben Heilbronn e.V. (AKL)***
s. AKL
Weinsbergerstr. 45
74072 Heilbronn
Tel. 0 71 31/16 42 51

**Brücke**
Gespräche – Information – Lebensberatung
Begleitung von Menschen mit akuten, persönlichen Problemen – direkt zugänglich, ohne Voranmeldung und lange Wartezeiten, kostenlos.
Kronenstr. 23
76133 Karlsruhe
Tel. 07 21/38 50 38

***PSB Klause***
Psychosoziale Beratungsstelle für Selbstmordgefährdete und Menschen in Lebenskrisen. Krisenintervention, Beratung und Begleitung von Suizidgefährdeten und Angehörigen sowie Hinterbliebenen von Suizidtoten. Einzel-, Paar- und Familienbehandlung, Therapeutisch geleitete Selbsthilfegruppen für Hinterbliebene nach Suizid.
Karthäuserstr. 77
79104 Freiburg
Tel. 07 61/3 33 88